Eva Maria Bachinger, Gerald Lehner

IM SCHATTEN DER RINGSTRASSE

Reiseführer durch die braune Topografie von

WIEN

Czernin Verlag, Wien

Gedruckt mit Unterstützung des Zukunftsfonds der Republik Österreich und des Nationalfonds der Republik Österreich für Opfer des Nationalsozialismus

Nationalfonds der Republik Österreich
für Opfer des Nationalsozialismus

Bachinger, Eva Maria; Lehner, Gerald: Im Schatten der Ringstraße.
Reiseführer durch die braune Topografie von Wien /
Eva Maria Bachinger, Gerald Lehner
ISBN: 978-3-7076-0432-0

Coverbild: Deutsches Bundesarchiv
Lektorat: Joe Rabl
Gestaltung: Burghard List
ISBN: 978-3-7076-0432-0

INHALT

VORWORT

Wien war seit dem 19. Jahrhundert die europäische Hauptstadt des Judenhasses. Hier trieben der christlich-soziale Bürgermeister und Hetzer Karl Lueger, deutschnationale Einpeitscher und Esoteriker ihr Unwesen. Ab 1938 war Wien neben den Reichskanzlei-Standorten Berlin und Berchtesgaden/Bischofswiesen die zweite Hauptstadt des „Dritten Reiches". In Wien hat Adolf Hitler seinen Antisemitismus gelernt. 66.000 tote Kinder, Jugendliche, Frauen und Männer, davon ca. 65.000 in Wien, der Rest im übrigen Österreich: Der Blutzoll des Judentums im „Dritten Reich" ist mit Worten nicht zu beschreiben. Selbst Fachleute, die sich seit Jahrzehnten mit der Thematik befassen, tun sich immer wieder schwer, die bürokratische Logistik der Vernichtung, auf Reißbrettern von Ingenieuren industriell geplant, zu fassen, sich das Leid vorzustellen, das allein in Wien geschehen ist. Es gibt heute kein einziges Foto mehr von den Massentransporten, die vor allem vom früheren Aspangbahnhof in die Lager in Osteuropa abfuhren. Alles „gesäubert", verbrannt, zerstört, weggesperrt, zu Staub zerfallen, die Erinnerungen an die systematischen Verbrechen in Fetzen gerissen, um ab 1945 der Bestrafung zu entgehen.

Licht und Schatten

Gleichzeitig gab es in Wien als traditionell „roter" Hochburg der sozialdemokratischen Arbeiterkultur auch besonders viele, die dem Regime ihren Widerstand entgegengesetzt und dies mit Haft, Folter und Hinrichtung bezahlt haben. Auch ihnen sind zahlreiche Kapitel in diesem Buch gewidmet. Allerdings gibt es auch beim offiziellen Erscheinungsbild der heutigen Sozialdemokratie und ihrem Umgang mit der eigenen Parteigeschichte einige Fragezeichen. Da sind einerseits die – nach 1945 – problemlos und rutschfest in die Partei integrierten Nationalsozialisten. Viele Braune erhielten als neuerdings rote Funktionäre hohe Auszeichnungen von Stadt Wien und Republik Österreich. Zu ihnen gehörten auch mutmaßliche Massenmörder wie der Arzt und Hirnforscher Dr. Heinrich

Gross vom einstigen Wiener Krankenhaus „Am Spiegelgrund", der Hunderte Kinder und Jugendliche mit mehr oder weniger schweren Behinderungen auf dem Gewissen hat. Gross wurde nie gerichtlich dafür belangt. Im Gegenteil: Als hoch bezahlter Gerichtsgutachter wurde er selbst noch bis in die 1980er-Jahre von der österreichischen Justiz beschäftigt. Wesentlich weiter in die Geschichte der Sozialdemokratie zurück reicht die noch andauernde Verherrlichung ihres Pioniers Julius Tandler. Der war zu Beginn des 20. Jahrhunderts ein erstklassiger Arzt und Anatom. Als Sozialreformer brachte er viele Projekte zum Wohl der Wiener Jugend und der Armen auf den Weg, war gleichzeitig aber ein früher Prediger der Ermordung von Behinderten – lange vor den Nazis. Diese Seiten des Parteihelden kommen bis heute in der Ikonografie der SPÖ nicht vor. Deshalb wandelt dieses Buch auch auf den Spuren von Julius Tandler.

2013: Ende eines langen Kulturkampfes

Dass sich Österreich trotz vieler Stillstände auch verändert, zeigt eine Auseinandersetzung über den Umgang mit der braunen Vergangenheit, die erst 2013 beendet wurde: der Kulturkampf um den Schriftsteller Thomas Bernhard und sein Theaterstück „Heldenplatz". Es nahm ab 1988 nicht nur die politische Symbolik des großen Platzes im Zentrum Wiens aufs Korn, wo Hitler im März 1938 vor einer riesigen Fangemeinde den „Anschluss" Österreichs verkündet hatte. Bernhard reizte mit seinem Stück seine konservativen, rechtsgerichteten bis rechtsradikalen Kritiker bis zum Exzess. Er prangerte die strukturellen Geschichtslügen der Republik mit literarischen Mitteln an. Die Produktion war von dem deutschen Theatermacher Claus Peymann in Auftrag gegeben worden, dem damaligen Direktor des Wiener Burgtheaters. Wegen seiner kritischen Haltung zu Österreichs Mythen mutierte Peymann rasch zur Hassfigur des Zeitungsboulevards. Zu den schärfsten Gegnern zählte Andreas Khol, damaliger Spitzenpolitiker der christlichkonservativen Volkspartei (ÖVP). Die beiden Ex-Kampfhähne trafen sich nach vielen Jahren wieder – am 21. September 2013 im Salzburger Bergdorf Goldegg. In dessen Nachbargemeinde St. Veit hatte einst auch der lungenkranke Thomas Bernhard gekurt. Es kam zu einer sachlich noch immer harten, doch sehr charmanten und vielschichtigen Diskussion vor Publikum. Dabei outete sich Khol neuerdings sogar als Fan von Peymann und Thomas Bernhard. Er sagte: „Man lernt mit den Jahren dazu." Mehr darüber lesen Sie in unseren Kapiteln über Burgtheater und Heldenplatz.

Untergegangene Welten

Nach Jahrzehnten des Streits also nur noch Harmonie im schönen Österreich? Warum braucht es dann einen solchen Reiseführer über Wien, wo die Stadt doch so prachtvoll und für ihre Walzerseligkeit international beliebt und bekannt ist? Ist das nur die ewige Leier der Moralisten, der erhobene Zeigefinger der Korrekten, die päpstlicher sind als der Papst?

Selbst über die international bekanntesten Wahrzeichen Österreichs sind in der breiten Öffentlichkeit noch immer kaum Details bekannt, was vor, während und nach dem „Dritten Reich" damit getrieben wurde. Nehmen wir das Riesenrad als herausragendes Beispiel. Über seine Gründer und ihre Schicksale – Eduard Steiner wurde mit seiner Ehefrau im KZ Auschwitz ermordet, Gabor Steiner musste in die USA emigrieren – wird weder im Vergnügungspark Wiener Prater hingewiesen noch auf der offiziellen Website der heutigen Riesenrad-Betreiber. Auch das Theater in der Josefstadt stellt sich nur zögerlich seiner dunklen Vergangenheit. Zahlreiche Schauspieler aus dem Ensemble, das bis 1938 spielte, sind als Verfolgte völlig in Vergessenheit geraten. Das Theater tut wenig, um sie zu würdigen: Auf der Website werden viele Stars der Vergangenheit erwähnt, doch die Namen von vielen vertriebenen, ermordeten Kollegen finden sich nicht. Sie konnten keine Publikumslieblinge werden, weil sie ihr Leben als Juden und/oder kritische Geister verwirkt hatten. Auch wenn man schon lange in Wien lebt, kennt man viele Schicksale, Geschichten und Orte nicht. Wer weiß, wo sich Egon Friedell aus Verzweiflung aus dem Fenster stürzte, wo die meisten Kinder vor Deportation und Vergasung vegetieren mussten, wo einst prächtige, unwiederbringlich verlorene Synagogen standen? Vielen ist wenigstens bekannt, dass das Gestapo-Hauptgebäude am Morzinplatz stand, und dass besonders viele Frauen, Kinder und Männer aus der Leopoldstadt deportiert wurden. Doch im Trubel unseres Alltags finden wir kaum Zeit zu ermessen, was diese Fakten konkret bedeuteten und bedeuten. Man geht über Plätze, vorbei an Gebäuden und ahnt nichts von dem, was sich hier abspielte, nichts von den Seelenqualen, Tränen und Folterschmerzen, nichts von den betroffenen Menschen. Wir versuchen mit diesem Buch, den Zugang zu Verschüttetem zu erleichtern – für Bewohner der Stadt Wien und Österreichs und ihre Besucher aus der ganzen Welt.

Intellektuelle Auseinandersetzung allein reicht nicht

Unsere ausgewählten Geschichten wollen nicht nur informieren, wir hoffen, dass sie auch berühren, zum Nachdenken und zu eigenem Weiterforschen anregen; vielleicht in der eigenen Familie. Möge unser Buch ein wenig mithelfen, Wiener Opfer des Regimes und die Widerständler dem Vergessen zu entreißen. Oft wird gesagt, politische Verbrechen der Zukunft ließen sich verhindern, wenn man sich mit denen der Vergangenheit befasst. Es wäre ein Hoffnungsschimmer, wenn es denn zutrifft. Dabei dürfte die rein intellektuelle Beschäftigung mit dem Thema aber deutlich zu wenig sein. Man sollte oder könnte so manches auch ans Herz heranlassen, um tiefer einzutauchen in das Verständnis. Diese Vernichtungsorgien galten und gelten nämlich uns allen.

Die „Weihestätte" im Wiener Landesgericht ist einer dieser Orte, deren Grauen man kaum fassen kann: In dem Raum, in dem rund 1.200 Menschen enthauptet wurden, sieht man die Original-Kacheln an der Wand. Am Boden ist die Stelle, wo die Köpfe hinabgefallen sind. Und da gibt es noch immer den Wasserhahn, mit dem man das Blut wegspülte. Diese Relikte sind stumme Zeugen. Oder nehmen wir die Geschichte des Kabarettisten Fritz Grünbaum, der mit seinen berühmten Doppel-Conferéncen im Kabarett Simpl so viele zum Lachen brachte. Es half ihm nichts – auch er wurde ermordet. Der Fritz-Grünbaum-Platz im sechsten Bezirk erinnert heute an diesen großen Künstler und Kunstsammler. Drohend ragt genau dort auch einer der sechs Wiener Flaktürme in den Himmel, von dem aus die Bomber der Alliierten bekämpft wurden. Wo Grünbaums große Gemälde- und Grafikensammlung geblieben ist, bleibt weiter unklar. Schon die Statistik legt nahe: Auch in Wien dürften viele private Wohnungen und Häuser noch immer reich ausgestattet sein – mit Kunstgegenständen, die den Opfern der Nazis geraubt wurden.

Großes Personenregister

Wir haben in diesem Reiseführer fast 500 Frauen und Männer aus Geschichte und Gegenwart namentlich erwähnt. Das umfangreiche Personenregister soll die Suche nach Personen und Persönlichkeiten erleichtern und einen Überblick verschaffen. Doch ist es nicht endlich genug mit dem Gedenken und Erinnern? Nein, denn die Frage lautet: Was geschieht, wenn wir vergessen, uns zu erinnern? Die Verankerung des Erinnerns in der Landschaft und in der Topografie der Stadt könnte ein Werkzeug sein, Vergangenheit und Gegenwart ein wenig besser zu verstehen. Die meisten Zeitzeugen und damals überlebenden Opfer sind mittlerweile verstorben. Ihre Stimmen und die Authentizität der persönlichen Zeugenschaft fehlen. Werden der Holocaust und die von Hitler angepeilte Weltherrschaft bald so abgehandelt werden wie der Dreißigjährige Krieg? Auch die meisten Täter und Mitläufer sind längst tot. Dafür gibt es neue Verharmloser, sich als unantastbar und „differenziert" präsentierende Mythenbildungen, wonach alles nicht so schlimm gewesen sein könne. Braune Pioniere, Prediger und Handlanger werden zu Opfern stilisiert, die vom System „missbraucht" worden seien. Geschichtstechnokraten, Schlussstrichzieher, Herunterspieler und idealistische Ministranten des Vergessens gewinnen Oberwasser. Das geistige Erbe der Nazizeit schwappt problemlos in die Gegenwart herüber. Rechtspopulistische und rechtsradikale Politiker befinden sich dauerhaft im Aufwind.

Neues über Herbert Tichy

Neben diesen „harten" Szenarien gibt es noch andere Graubereiche, Debatten und „kalte" Konflikte, die über klassische Grenzen politischen und historischen Denkens hinausgehen. Herausgegriffen sei die esoterisch und buddhistisch angehauchte Fangemeinde eines

Wiener Schriftstellers, Journalisten, Achttausender-Besteigers und österreichischen Nationalhelden: Herbert Tichy. Auch ihm ist ein Kapitel in diesem Buch gewidmet. Der Beginn seiner Laufbahn stellt sich laut neueren Forschungen als nationalsozialistisches Biotop dar. Über Jahrzehnte wurde er wegen seiner Bücher, Touren und Bergbesteigungen in Indien, Nepal und Tibet als Humanist gefeiert. Dann fand der Wiener Historiker Hannes Stanik heraus, dass Tichy schon seit 1932 (!) bei der NSDAP war und ab 1939 als Asien-Korrespondent für NS-Zeitungen in Deutschland antisemitische Artikel geliefert hatte. Tichy saß damals in China, das von Japans Faschisten, den Verbündeten Hitlers, unterjocht wurde. Er diffamierte die jüdische Community von Shanghai, wohin sich auch einige Wiener geflüchtet hatten. Daneben bezog er Stellung gegen die USA, Großbritannien und Australien, pries Hitler und das japanische Regime als Motoren einer neuen Weltordnung. In Unkenntnis dieses Materials benannte die Stadt Wien vor vielen Jahren einen Wanderweg im Stadtteil Währing zu Tichys Ehren. Seit Bekanntwerden seiner politischen Vergangenheit steht dieser Weg auf einer Liste möglicher Umbenennungen. Während in Wien die Tichy-Verehrung mittlerweile in Frage gestellt wird, zelebrieren viele Fans im In- und Ausland weiter einen Personenkult. Beim Bergfilmfestival des eher „links" bzw. „alternativ" ausgerichteten Salzburger Filmkulturzentrums „Das Kino" wurde Tichys NSDAP-Vergangenheit im Herbst 2014 einmal mehr relativiert und heruntergespielt. Ein Diskussionsabend mit Historiker Stanik wurde vom Leiter des Filmfestivals verhindert.

Antisemitismus, Bergsteigen, Indien, Neuseeland …

Warum auch ein Fokus auf Berge in diesem Buch über eine Stadt? Wien war neben Dresden, Prag, München, Innsbruck und Salzburg eine der traditionellen Bergsteigerstädte Europas. Hier lebten, studierten und arbeiteten viele Pioniere des Alpinismus und Klettersports – darunter Juden wie Paul Preuß. Das Bergsteigen spielte auch in der Entwicklung des Deutschnationalismus eine zentrale Rolle. Das „Herrenmenschentum" und der Sozialdarwinismus der Nazis haben im Bergsport ideengeschichtlich frühe und verhängnisvolle

Wurzeln. Der Deutsche und Österreichische Alpenverein waren eine der ersten Brutstätten für den „rassischen" Antisemitismus. Lange vor der Machtübernahme Hitlers wurden Frauen und Männer aus dem Alpenverein ausgeschlossen und gebrandmarkt, weil sie Juden war. Über den demokratisch gesinnten Extrembergsteiger Fritz Kolb von den Wiener „Naturfreunden" lässt sich die Brücke zu dessen Freund, einem später weltberühmten Wiener, schlagen: Auf den Spuren des Philosophen Karl Popper führten uns Recherchen bis ins ferne Neuseeland. Dort lebte und lehrte der als Jude früh geflüchtete Popper im Exil. In Neuseeland fanden wir auch eine 96-jährige Frau – die letzte noch Lebende, die einst an der Canterbury University von Christchurch bei dem Wiener Popper studiert hatte: Betty Selima-Rogaczewski.

Wien, Salzburg, im Jänner 2015
Eva Maria Bachinger & Gerald Lehner

1 STEPHANSDOM

Legendäres Chiffre, rechts beim Eingang des Stephansdoms. Aus denkmalschützerischen Gründen und gegen Attacken von Rechtsradikalen ist die Gravur mit Panzerglas abgedeckt.
Bild: Gerald Lehner

Reiseziel

- Stephansdom, Stephansplatz, 1010 Wien
- Direkt rechts neben dem Hauptportal befindet sich die legendäre Chiffre O5 der österreichischen Widerstandsbewegung – in der Außenmauer des Doms eingraviert und aus denkmalschützerischen Gründen mit einem Panzerglas abgedeckt.
- Geografische Position: 16°22'21" östlich von Greenwich / 48°12'31" nördlich des Äquators.
  Von hier aus – dem „Ausgangspunkt" für dieses Buch – haben wir alle Entfernungen zu den anderen Orten/Kapiteln verankert (Luftlinie vom Stephansdom).

Öffis

- U1, U3 Stephansplatz; Station Stephansplatz – Bus: 1A, 2A, 3A;

ZERSPLITTERTER WIDERSTAND

In Wien gab es viele österreichische Patrioten, die im Widerstand waren. Im traditionell „roten" Milieu trugen sozialdemokratische Fabrikarbeiter die Hauptlast des zivilen Kampfes gegen Hitler. Daneben engagierten sich viele Straßenbahner und andere Mitarbeiter der Verkehrsbetriebe. Der bürgerliche Widerstand war zahlenmäßig klein, doch einflussreich sowie taktisch effizient – bis hin zu Kontakten zur amerikanischen Regierung und ihrem militärischen Geheimdienst. Ihre legendäree Chiffre „O5" ist beim Portal des Stephansdoms eingraviert. Insgesamt gibt es in Wien ca. 60 Kleindenkmäler für Widerständler.

O5 war das Kürzel für die bekannteste und einflussreichste Widerstandsgruppe in Österreich. O für Österreich, 5 für E als fünften Buchstaben des Alphabets: OE = Ö(sterreich). Gegründet wurde sie von einigen wenigen jungen Männern aus großbürgerlichen Familien, die gegen die „Anschluss"-Ideologie der Nazis von Anfang an immun waren: Fritz Molden, Hans Becker, Willi Thurn und Taxis, Emanuel Treu und andere traten vehement für die Befreiung Österreichs aus deutscher Herrschaft ein. Teile der Sozialdemokraten hingen dagegen seit 1918 der Theorie an, wonach der kleine Rest des einst riesigen Habsburgerreiches allein nicht lebensfähig und der „Anschluss" an Deutschland nötig sei. Der Sozialdemokrat Adolf Schärf war – im Gegensatz zu seinem Parteifreund Karl Renner – immer ein vehementer Gegner des „Anschlusses". So wurde Schärf einer der wichtigsten Sozialdemokraten innerhalb der Gruppe O5, nachdem sich diese politisch nach links geöffnet hatte und zahlreiche Sozialisten aufnahm. O5 entwickelte sich zu einem starken überparteilichen Sammelbecken von NS-Gegnern in ganz Österreich.

Die Chiffre O5 wurde bis 1945 – vor allem in Wien und Innsbruck – vielerorts aufgemalt. Die bekannteste Stelle findet sich am

Der Widerstandskämper, O5-Mitglied und spätere Verleger Fritz Molden († 2014).
Bild: Michael Thurm

Wiener Stephansdom, rechts direkt neben dem Haupteingang. Die O5 kooperierte auch mit Tiroler Netzwerken und dem militärischen Widerstand in der Wehrmacht. Den führte in Österreich Major Carl Szokoll an. Der spätere Verleger Fritz Molden von der O5 war erst 20, als er im Sommer 1944 mit Vertretern der USA in der Schweiz und Norditalien Kontakt aufnahm. Die gut getarnte Reise hatte Folgen. Sie kam dem sowjetischen Verbindungsoffizier in Paris zu Ohren, der in Moskau Meldung erstattete. Stalin wollte keinesfalls die antisowjetische O5 als treibende Kraft des Widerstands. Sofort ließ er nach Karl Renner suchen, einem eher deutschnational eingestellten Sozialdemokraten. Ihn ließ Stalin im Frühjahr 1945 rasch mit der Bildung einer provisorischen Regierung betrauen, in der Hoffnung, Renner würde als sowjetische Marionette agieren. Die USA, Großbritannien und Frankreich akzeptierten Renners Regierung erst, als die verbündeten Widerständler der O5 in Westösterreich ihren Segen zu den Vorgängen im fernen Wien gaben.

Chiffre O5 mit Erklärungs- und Gedenktafel, die in den Stephansplatz eingelassen ist.
Bild: Gerald Lehner

Kohr und Ranshofen-Wertheimer in Amerika

Zu dieser Zeit hatten im fernen Washington DC zwei Männer aus der Inn-Salzach-Region schon jahrelang Propaganda und Medienarbeit für die Befreiung Österreichs geleistet. Der Jurist, Politikwissenschaftler, Journalist und gebürtige Salzburger Leopold Kohr aus Oberndorf hatte in Wien studiert. Später wurde er als Philosoph berühmt („Small is beautiful"). Mit dem Oberösterreicher Egon Ranshofen-Wertheimer aus Braunau am Inn – ein ehemaliger Diplomat des Völkerbundes in Genf und wie Kohr ein Sozialdemokrat – zog Kohr in Amerika diverse Fäden. Sie kommentierten in führenden Zeitungen das Zeitgeschehen in Österreich und Europa. Beide waren sie auch Berater des US-Außenministeriums. All das konnte nicht darüber hinwegtäuschen, dass es österreichischen Flüchtlingen im Ausland und den Gruppen der O5 im Land selbst nicht gelang, einen kampfkräftigen Widerstand aufzubauen oder eine Exilregierung auf die Beine zu stellen. Für eine mächtige

Stephansdom mit Hakenkreuzfahnen im Vordergrund (vermutlich Haas-Haus). Beflaggung anlässlich der kommenden Volksabstimmung. Aufnahme aus der Serie „Großdeutschlands Wiedergeburt" von Heinrich Hoffmann.
Bild: ÖNB – Bildarchiv Austria

Bewegung wie die französische Résistance waren Konservative und Sozialisten viel zu zerstritten.

In Wien gab es zahlreiche kleinere Netzwerke des Widerstands. Ihr Blutzoll war äußerst hoch. Das zeigen auch die vielen Gedenktafeln und Kleindenkmäler im ganzen Stadtgebiet. 16 Orte erinnern an ermordete Arbeiter – Frauen, Männer und junge Leute. Zehn Orte sind den Toten der Wiener Verkehrsbetriebe bzw. Straßenbahnern gewidmet. Jeweils vier Denkmäler gibt es für die vielen Opfer der Gestapo, für die Sklavenarbeiter und Häftlinge von

Konzentrationslagern bzw. deren Außenlagern im Wiener Stadtgebiet. Vier Gedenkstätten haben die Toten der Österreichischen Bundesbahnen (ÖBB). Weitere Kleindenkmäler gibt es für Feuerwehrleute, Arbeiter von Gas- und E-Werken der Gemeinde Wien, Deserteure, Stadtpolitiker und Nationalratsabgeordnete. Eine genaue Liste der Mordopfer und fast 60 Orte dazu finden Sie im Web auf http://dasrotewien.at.

Dazu kommen noch eigene Orte für kirchliche Märtyrer. Angesichts dieser Vielfalt ist es für Besucher der Stadt unfassbar, dass es bis zum Jahr 2000 keinen angemessenen und eigenen Ort für die 65.000 (!) ermordeten Juden Österreichs gab. Der wurde erst von der Israelitischen Kultusgemeinde, Simon Wiesenthal bzw. der britischen Künstlerin Rachel Whitehead mit ihrer Skulptur auf dem Judenplatz geschaffen. (leh)

Literaturtipps

Herbert Exenberger, Heinz Arnberger: Gedenken und Mahnen in Wien 1934–1945. Wien 1998

Friedrich Heer: Der Kampf um die österreichische Identität. Graz 1981

Gerald Lehner: Das menschliche Maß. Eine Utopie? Gespräche mit Leopold Kohr über sein Leben. Salzburg 2014

Webtipps

dasrotewien.at – Stichwortsuche: Widerstand, Antifaschistische Denkmäler und Gedenkstätten

kohr.at

stephansdom.at

2 BALLHAUSPLATZ

Wozu dieser riesige Buchstabe in Wien? Die Wörter „all“ und „alone“ bilden das X – der einzelne Mensch stellt sich als Deserteur gegen den übermächtigen Gruppenzwang der fanatischen Mehrheit.
Bild: Anne Beskova

Reiseziel

- Denkmal für die Verfolgten der NS-Militärjustiz, Ballhausplatz 2, 1010 Wien
- Luftlinie vom Stephansdom: 600 m West
- 16°21′51″ Ost / 48°12′30″ Nord

Öffis

- U3 Herrengasse; Station Herrengasse – Bus: 1A, 2A;

WOFÜR STARBEN UNSERE DESERTEURE?

In Wien gibt es erst seit Herbst 2014 ein Denkmal für mehr als 1.500 Österreicher, die von Hitlers Militärjustiz hingerichtet wurden. Andere Deserteure kämpften mit den Alliierten. Politiker der mühsam befreiten Heimat erklärten ab 1945 aber andere Leute zu Vorbildern: Erst seit kurzem wird auch in Wien überlegt, die vielen noch immer nach Nazis und ihren Helfershelfern benannten Straßen, Gassen und Plätze umzubenennen. Beide Themen zeigen einen Wandel in der österreichischen Erinnerungskultur. Im öffentlichen Raum galten Deserteure fast 70 Jahre lang als „Kameradenmörder", „Verräter" und Kriminelle. Braune Stars und Sternchen wurden dagegen verehrt und mit Straßenschildern bedacht.

Über Motive und Schicksale der Deserteure wurde in Österreich seit 1945 nicht nur geschwiegen. Es wurde auch systematisch gelogen und das Rechtssystem missbraucht. Rechtslastige Politiker und der Österreichische Kameradschaftsbund ließen kaum ein gutes Haar an jenen, die einst der Hitler-Armee den Rücken kehrten, sich versteckten oder zu den Alliierten überliefen. Obwohl diese Männer für Österreichs Befreiung kämpften, wurden sie vom Gesetzgeber erst 2009 „rehabilitiert". Bizarres Detail: Formaljuristisch galten die von den Nazis verurteilten Deserteure auch in Österreich noch als Straftäter. Erst das „Aufhebungs- und Rehabilitationsgesetz" von 2009 hob alle Urteile der NS-Gerichte auf. Die staatsbürgerlichen Ehren wurden damit wiederhergestellt.

Es mussten noch weitere vier Jahre ins Land gehen, ehe am 24. Oktober 2014 auf dem sehr prominenten Ballhausplatz beim Bundeskanzleramt im Zentrum Wiens das neue Denkmal zur Erinnerung an den Mut und die Blutopfer von Deserteuren enthüllt wurde. Von den Rehabilitierten waren zu diesem Zeitpunkt nur noch wenige am Leben. Der 91-jährige Wiener Richard Wadani legte sich für das Denkmal ins Zeug – auch im Gedenken an seine ermordeten Kameraden. Wadani war 1944 zu den Amerikanern übergelaufen. So ganz zufrieden zeigte er sich 2014 mit dem Design der Gedenkstätte nicht: „Ich gehöre noch zu einer Generation, die eine andere Auffassung von künstlerischer Darstellung hat." Die X-förmige Treppenskulptur in Blau ist ihm zu abstrakt. Wadani hätte etwas Gegenständlicheres bevorzugt. Vielen, nicht nur jüngeren Semestern, gefällt das Denk- und Mahnmal des deutschen Künstlers Olaf Nicolai, der den Wettbewerb gewann. Symbolträchtig ist die Inschrift, ein Werk des schottischen Lyrikers Ian Hamilton Finlay: Die Wörter „all" und „alone" bilden das X – der einzelne Mensch stellt sich gegen den übermächtigen Gruppenzwang der fanatischen Mehrheit.

Der 1908 geborene Wiener Spitzensportler Franz „Ferry" Dusika ist ein Gegenpol solcher Werte. Der Radrennfahrer war schon vor Hitlers Machtübernahme in Österreich bei der illegalen NSDAP. Als Sporthändler profitierte er 1939 von der „Arisierung" eines Fahrradgeschäfts in der Brünner Straße 45, das dem Juden Abraham Adolf Blum gehörte. Dusika war Oberscharführer der SA und hetzte gegen einen früheren Funktionär des Radsportverbandes: „Der war nur ein Judenmischling." Den deutschen Überfall auf Polen kommentierte er als „Abwehrkampf für die gerechteste Sache der Welt". In der Fachzeitschrift „Ostmark Radsport" schrieb er über Hitler: „Sein Genius überstrahlt alles." Nach 1945 gelang es ihm, sich als Protegé der Wiener Sozialdemokratie zu positionieren. 1978 war Dusika Trauzeuge des ORF-Fernsehdirektors und späteren Bürgermeisters Helmut Zilk (SPÖ), als dieser die Tänzerin Dagmar Koller heiratete. Nach seinem Tod (1984) übernahm Zilk die Villa Dusikas in Portugal. Der Radhändler bekam ein Ehrengrab. Und wenig später wurde ein großes Stadion in „Ferry-Dusika-Hallenstadion" umbenannt. Dazu kam die neu benannte Dusika-Gasse.

Dusika ist einer von vielen, die seit Herbst 2014 in einem aufschlussreichen Buch aufscheinen: „Umstrittene Wiener Straßennamen". Darin machen vier Historiker insgesamt 159 Personenkulte auf Straßenschildern und anderen Ortsbezeichnungen der Stadt Wien sichtbar. Nicht nur Nazis – Männer und Frauen – sind vertreten, auch sozialistische Antisemiten und bizarre Persönlichkeiten

In direkter Nachbarschaft des Heldenplatzes (hinten Statue von Erzherzog Karl, Hofburg und Kunsthistorisches Museum), wo Rechtsradikale über Jahrzehnte die toten Soldaten von Hitlers Armee würdigten, haben die Deserteure der Wehrmacht nun ein großzügig gestaltetes Denkmal.
Bild: Kunst im öffentlichen Raum / Iris Ranzinger

anderer Lager werden vorgestellt. Die Autoren wollen Anrainern und Politikern das Rüstzeug für Entscheidungen liefern: Umbenennungen, ergänzende Tafeln oder – wie üblich – nichts tun?

Schrecken für geschichtslose Sportfans: Neben dem Bergsteiger, NSDAP-Mann, Journalisten und braunen China-Korrespondenten Herbert Tichy mit dem Tichyweg ist auch der Nationalheld und Fußballer Matthias Sindelar mit der Sindelargasse in dem Buch verewigt. Wegen seiner schmächtigen Statur „der Papierene" genannt, war er in der Zwischenkriegszeit einer der besten Fußballer weltweit und Mitglied des „Wunderteams". Jahrzehntelang hieß

Aus Hitlers Armee desertierter Österreicher auf der Flucht.
Filmszene im preisgekrönten Doku-Drama „Deserteur!".
Bild: pimptheponyproductions.com

es, der 1939 mit seiner Geliebten an einer Rauchgasvergiftung gestorbene Fußballer sei Opfer der Nazis gewesen. In Wirklichkeit „arisierte" Sindelar 1938 um einen Schnäppchenpreis das Kaffeehaus des Wieners Leopold Simon Drill, der im KZ Theresienstadt ermordet wurde. Immerhin soll sich Sindelar geweigert haben, der NSDAP beizutreten, was noch verifiziert wird. (leh)

Filmtipp

Der berührende und spannende Kinofilm „Deserteur!" (Doku-Drama) der Salzburgerin Gabriele Neudecker greift Österreichs letztes Tabuthema auf und zeigt vier reale Schicksale von Deserteuren im Hungerwinter 1946. „Deserteur!" wurde mit sechs internationalen Awards ausgezeichnet und erhielt Einladungen zu rund 30 Filmfestivals, darunter die Berlinale, das Toronto International Film Festival und das Festival der Menschenrechte in Nürnberg. Die DVD (90 Minuten, Farbe) kann ab Frühjahr 2015 bezogen werden über: office@pimptheponyproductions.com oder: Pimp the Pony Productions, Tödtleinsdorf 46, 5203 Köstendorf bei Salzburg.

Literaturtipps

Peter Autengruber, Birgit Nemec, Oliver Rathkolb, Florian Wenninger: Umstrittene Wiener Straßennamen. Wien 2014

David Forster: Das Sindelar-Märchenbuch. In: Fußball-Fachzeitschrift „Ballesterer". Frühling 2014

Webtipps

ballesterer.at – Stichwortsuche: Sindelar

pk-deserteure.at

3 HELDENPLATZ

Adolf Hitler verkündet auf dem Balkon der Hofburg im März 1938 vor jubelnden Wiener Massen auf dem Heldenplatz den „Anschluss" und das Ende Österreichs.
Bild: Deutsches Bundesarchiv

Reiseziel
- Hauptplatz westlich der Hofburg, 1010 Wien
- Luftlinie vom Stephansdom: 700 m Westsüdwest
16°21'50" Ost / 48°12'22" Nord

Öffis
- U2, U3 Volkstheater; Station Burgring – Straßenbahnlinien: 1, 2, 71, D; Bus: 57A;

BRENNPUNKT DER SCHANDE

Im Zentrum von Wien überlagern sich auf dem Heldenplatz deutschnationale und österreichische Mythen, historische Entwicklungen, Umdeutungen, staatspolitische Tragödien und Kulturkämpfe. Sie reichen vom Türkenkrieg im 17. Jahrhundert über den Kampf der Habsburger gegen Napoleon (1809) und den Jubel zahlreicher Wiener für Hitler (1938) bis in die Gegenwart. Und der symbolische „Kampf" um den Heldenplatz geht weiter: zwischen verkappten Nazis, Deutschnationalen und Österreichern, die sich treu zur österreichischen Nation bekennen.

Im Äußeren Burgtor befindet sich eine Gedenkstätte für die Opfer des österreichischen Freiheitskampfes. Zwischen 1938 und 1945 wurden 2.700 Österreicher – Männer und Frauen – hingerichtet. 16.100 kamen in den Kerkern der Gestapo ums Leben. 82.000, davon 65.000 Juden, wurden in Konzentrationslagern ermordet. In Hitlers Wehrmacht starben 247.000 Österreicher, 24.300 Zivilisten fielen dem Krieg zum Opfer.

Daneben die Unbelehrbaren: Österreichs und Deutschlands extreme Rechte haben auf dem Wiener Heldenplatz über Jahrzehnte – jeweils am 8. Mai in Erinnerung an das Kriegsende von 1945 – ihre Gedenkfeiern für „alle Toten" des Krieges abgehalten. Kritiker sehen darin eine wiederkehrende (oft nur leicht getarnte) Verherrlichung von Hitlers Wehrmacht und SS. Die Rechten marschierten dabei stets direkt vor dem Amtssitz von Österreichs Staatsoberhaupt auf. Der Bundespräsident residiert nämlich neben dem Heldenplatz in der Wiener Hofburg. Erst in jüngerer Vergangenheit mussten die rechten Recken weichen. Verteidigungsminister Gerald Klug (SPÖ) und der Generalstab des Bundesheeres „besetzten" den Heldenplatz mit österreichischen Soldaten erstmals am 8. Mai 2013. Künftig wird hier nun jedes Jahr eine große Gedenkfeier zur Befreiung vom nationalsozialistischen Joch abgehalten.

Warum überhaupt „Heldenplatz"?

Am 15. März 1938 hielt Reichskanzler Adolf Hitler hier vom Balkon der Hofburg seine Rede, mit der er offiziell „den Anschluss meinerrrr Heimat an das Deutsche Rrrreich" verkündete. Dabei jubelten ihm Zehntausende Österreicher bzw. Wiener zu; Frauen, Männer, Jugendliche und Kinder. Es war der Startschuss, mit dem der – von Wiener Politikern seit langem herangezüchtete extreme – Judenhass in den folgenden Wochen, Monaten und Jahren zum „normalen" Teil des öffentlichen Lebens wurde. Das Szenario bei Hitlers Rede auf dem Heldenplatz hatte zu Wochenschauen, Filmen, Fotos und Zeitungsberichten geführt, die das Image Österreichs international endgültig ramponierten.

Habsburgische Reiter als deutschnationale Helden

Die beiden Riesenstatuen auf dem Heldenplatz stellen „Helden" der Habsburgermonarchie dar. Kaiser Franz Joseph I. ließ die Standbilder aus edlem Metallguss in der zweiten Hälfte des 19. Jahrhunderts auf dem großen Areal errichten. Sie sollten die Glorie des machtpolitisch abgewirtschafteten Erzhauses (kaiserlich-königliche Familie) retten. Ein Standbild stellt Erzherzog Karl dar, dessen Heer 1809 bei Aspern den Truppen Napoleons eine erste Niederlage zugefügt und verhindert hatte, dass von Frankreich ausgehend eine Modernisierung Österreichs hätte stattfinden können. Zweiter „Held" mit Statue ist Prinz Eugen. Deutschnationale und Nazis lieben ihn noch mehr als Erzherzog Karl. Eugen habe bei der Schlacht gegen die Türken vor Wien 1689 Österreich, das gesamte „Deutsche Reich" und damit das Abendland vor den „Horden aus dem Osten" beschützt, schwärmen Rechte. Die Statue und dieser Mythos ließen sich ab 1941 auch im „Rassenkrieg" der Nazis gegen die Sowjetunion und ihre „Untermenschen" instrumentalisieren.

Thomas Bernhards „Heldenplatz"

Der österreichische Autor Thomas Bernhard nahm 1988 mit seinem heftig umstrittenen Theaterstück „Heldenplatz" einige zentrale Funktionen des Heldenplatzes ins Visier. Das riesige Areal dient seit jeher als Sehnsuchtsort für Österreichs Staatsidee. Andererseits

Statue von Prinz Eugen auf dem Heldenplatz mit „Hitlers Balkon" an der Hofburg.
Bild: Gerald Lehner

war es lange das Symbol des abendländischen Kampfes gegen das „Fremde". Der Missbrauch durch die Nazis verwandelte den Heldenplatz politisch und historisch endgültig in ein Endlager des Deutschnationalismus, eine Gruft der staatspolitischen Verirrungen und Abgründe. Es gab aber auch viele, die sich gegen die Geschichtsbilder der Rechten wehrten. Der damalige Direktor des Wiener Burgtheaters, Claus Peymann, gab bei Thomas Bernhard das Stück „Heldenplatz" in Auftrag. Mehr dazu im Kapitel „Burgtheater". (leh)

Literaturtipps

Thomas Bernhard: Heldenplatz. Frankfurt am Main 1988
Burgtheater Wien (Hrsg.): Heldenplatz – Eine Dokumentation. Wien 1989
Margaret Gottfried: Das Wiener Kaiserforum. Utopien zwischen Hofburg und Museumsquartier. Wien 2001
Dirk Jürgens: Das Theater Thomas Bernhards. Frankfurt am Main 1999
Martin Kraus: Zwei Skandalstücke im Kontext von Antisemitismus: Thomas Bernhards Heldenplatz und Rainer Werner Fassbinders Der Müll, die Stadt und der Tod. Waterloo 2009
Peter Stachel: Mythos Heldenplatz. Wien 2002

Webtipp

thomasbernhard.at

4 WIENER HOFBURG

Wahlplakat der christlich-konservativen ÖVP, das auch international Empörung auslöste und neben der Heuchelei der konkurrierenden SPÖ zur Spaltung der Bevölkerung beitrug.
Bild: Walter Wobrazek

Reiseziel

- Hofburg, Präsidentschaftskanzlei, Michaelerkuppel, 1010 Wien
- Luftlinie vom Stephansdom: 600 m Westsüdwest
- 16°21'54" Ost / 48°12'19" Nord

Öffis

- U3 Herrengasse; Station Herrengasse – Bus: 1A, 2A;

WALDHEIM ERSCHÜTTERT DIE WELT

In der jüngeren Geschichte gibt es nichts, das Österreich so erschüttert und erneuert hat wie die „Waldheim-Affäre" zwischen 1986 und 1992. Die Debatte um die Kriegsvergangenheit des früheren UNO-Generalsekretärs und österreichischen Bundespräsidenten Kurt Waldheim brachte dem Land die Katharsis. Der Streit wurde international, zum Teil auch weltweit mit großer Härte geführt. Der spätere Gründer des Czernin Verlags, der Wiener Journalist Hubertus Czernin, war einer der Aufdecker. Er wies Waldheim nach, dass er in einem Buch die Unwahrheit verbreitet bzw. seine Funktionen in Hitlers Wehrmacht verschwiegen hatte.

Mit dem Mythos, Österreich sei 1938 das erste „Opfer" Hitlers gewesen, war durch die Waldheim-Affäre endgültig Schluss. Damit hatten sich die politischen Parteien 40 Jahre lang über die Mittäterschaft zahlreicher Österreicher bei Nationalsozialismus und Holocaust hinweggelogen. Kurt Waldheim wurde 1986 zum Bundespräsidenten gewählt. Seine Kandidatur für die christlich-konservative Volkspartei (ÖVP) führte zum größten Politik-Skandal der Zweiten Republik. Die antisemitischen Untertöne im Wahlkampf, seine bizarren Unwahrheiten und (unbewiesenen) Vorwürfe, er sei sogar ein Kriegsverbrecher gewesen, führten zur jahrelangen Isolation Österreichs auf dem internationalen Parkett. Die USA verhängten ein Einreiseverbot über Waldheim. Bis zum Ende seiner Amtszeit (1992) wurde Waldheim nur von arabischen Regierungen und islamischen Diktatoren zu Staatsbesuchen eingeladen. 1987 beschäftigte sich ein internationales Team von Historikern mit seiner Kriegsvergangenheit auf dem Balkan. Fazit: Waldheim habe persönlich keine Verbrechen begangen, aber Detailkenntnisse von Mordbefehlen gegen Kriegsgefangene, Juden und alliierte Agenten sowie von Deportationen und Morden in seiner Umgebung gehabt. Er habe auch deren Ausführung einige Male erleichtert.

Der Oberleutnant der Wehrmacht Kurt Waldheim in Podgorica, Jugoslawien. 22. Mai 1943.
Bilder: World Jewish Congress

ÖVP-Politiker und Waldheim-Fans diffamierten die unabhängigen Historiker als politische Gegner des Präsidenten, darunter sei „ein Sozialist", und die übrigen seien „jüdischer Abstammung".

Waldheim spaltete das Land. Er brachte viele Bürger und mit der Zeit auch immer mehr Parteifreunde gegen sich auf. Am 7. März 1988 gab er erstmals zu, 1942 von Verhören alliierter Kriegsgefangener und ihren Hinrichtungen gewusst zu haben. Zuvor hatte er jahrelang beteuert, in der deutschen Wehrmacht nur „seine Pflicht erfüllt" und nichts von Kriegsverbrechen gewusst zu haben. Jüngere Leute und Opfer bzw. Gegner des NS-Regimes empörten sich über dieses gestrige Geschichtsbild. Bei den Älteren hatte Waldheim andererseits viele Unterstützer. Viele hatten selbst dienen müssen; viele waren auch freiwillig und fanatisch in Hitlers Krieg gezogen. Waldheim rechnete damit, seine Halb- und Unwahrheiten würden ihm viel Zustimmung bringen. Er wurde tatsächlich mit deutlicher Mehrheit zum Bundespräsidenten gewählt. Einige der ihn unterstützenden Politiker der konservativen Volkspartei (ÖVP) verstiegen sich angesichts der nicht verstummenden Kritik in immer neuen Antisemitismus. So hieß es, neben den Sozialdemokraten hätte „die Ostküste" (gemeint waren Juden in den USA) die Kampagne gegen Waldheim angezettelt. Der ÖVP-Spitzenpolitiker Michael Graff behauptete sogar, solange man Waldheim nicht nachweisen

könne, dass er sechs Juden eigenhändig erwürgt habe, sei alles nicht so schlimm.

Bald ging es in dem Streit nicht mehr nur um den Bundespräsidenten und seine Eitelkeiten. Österreichs offizielle Geschichtslügen, von den staatstragenden Parteien ÖVP und SPÖ über Jahrzehnte nicht zuletzt der Schuljugend eingehämmert, standen auf dem Prüfstand. Nun, 40 Jahre nach Kriedsende, war erstmals öffentlich von der Mitverantwortung bei der Vertreibung, Ermordung und Vernichtung der europäischen Juden die Rede. Dazu kamen Diskussionen über Schandtaten der bisher von ihren Ex-Soldaten als „sauber" verkauften deutschen Wehrmacht.

Angesichts der internationalen Reaktionen erscheint Waldheims Wahlkampf heute wie eine Satire. Zu Beginn drehte sich vieles um die Frage, ob, wann und in welcher Form er Mitglied in nationalsozialistischen Organisationen war. Waldheim wies alles zurück. Dann wurde bekannt, dass der Sohn aus wohlhabendem Haus als Mitglied einer SA-Reitertruppe fotografiert worden war. Waldheim wusste wieder von nichts. Der frühere Bundeskanzler Fred Sinowatz (SPÖ) reagierte mit dem legendären Spruch: „Er selbst war also nicht bei der SA, sondern nur sein Pferd." Die Sozialdemokraten kochten mit viel Heuchelei ihr eigenes Süppchen, nachdem sie über Jahrzehnte die kollektiven Gedächtnislücken mit gepflegt und viele Nazis in

Statue des – gegen Napoleon (und die französische Aufklärung) – angreifenden Habsburgers Erzherzog Karl. Hinten: Dach und Flaggen der Präsidentschaftskanzlei bei Hofburg und Heldenplatz, wo Österreichs Bundespräsidenten residieren.
Bild: Gerald Lehner

ihre Partei integriert hatten. Der SA-Reiter inspirierte auch Künstler. Der Wiener Bildhauer Alfred Hrdlicka nagelte ein Trojanisches Pferd aus Holz zusammen und stellte es auf Rollen. Waldheim-Gegner schleppten das übermannshohe Ungetüm als Zeichen des Protests zu vielen Orten mit, wo der Politiker auftrat. Das Holzpferd wurde zum Maskottchen für die Modernisierung Österreichs – eine schwere Geburt und zweite Befreiung vom NS-Joch. (leh)

Wien, 5. Oktober 1987, ÖGB-Kongress im Austria Center Vienna: Auch dabei kam es vor dem Tagungsgebäude zu einer der vielen Anti-Waldheim-Demonstrationen, wo Protestierende das von dem Künstler Alfred Hrdlicka entworfene Holzpferd gegen das Staatsoberhaupt ins Feld führten.

Bild: M. Leckel / APA-Archiv / picturedesk.com

Literaturtipps

James L. Collins Jr., H. R. Kurz, Jean Vanwelkenhuyzen, Gerald Fleming, Hagen Fleischer, J. L. Wallach, M. Messerschmidt: Bericht der internationalen Historikerkommission, Schlussbetrachtung. In: Österreich im 20. Jahrhundert. Ein Studienbuch in zwei Bänden.
Wien 1998

Robert Edwin Herzstein: Waldheim: The Missing Years. New York 1988

Anton Pelinka (Hrsg.): Das große Tabu: Österreichs Umgang mit seiner Vergangenheit. Wien 1987

Barbara Tóth, Hubertus Czernin: 1986. Das Jahr, das Österreich veränderte. Wien 2006

Kurt Waldheim: Die Antwort. Wien 1996

Simon Wiesenthal: Der Fall Waldheim. In: Simon Wiesenthal: Recht, nicht Rache. Erinnerungen. Berlin 1990

Webtipp

erinnern.at – Stichwortsuche: Kurt Waldheim

5 PALAIS PALLAVICINI

Superstar Orson Welles spielte den Schwarzhändler Harry Lime.
Bild: canal +

Reiseziel
- Palais Pallavicini (Wohnhaus von Harry Lime), Josefsplatz 5, 1010 Wien
- Luftlinie vom Stephansdom: 400 m Südwest
- 16°22'3" Ost / 48°12'24" Nord

Öffis
- U3 Herrengasse; Station Herrengasse – Bus: 1A, 2A;

„DER DRITTE MANN"

So heißt ein britisch-amerikanischer Thriller in Schwarzweiß aus den frühen 1950er-Jahren. Der Film spielt in Wien und wurde auch hier gedreht – zum Teil im städtischen Abwasser- und Kanalsystem. Hauptdarsteller: Orson Welles. Mit seinen düsteren Bildern aus der Unterwelt der Schwarzhändler, Schmuggler und Spione begeisterte der Film Cineasten in aller Welt. Wer das Kunstwerk heute in Programmkinos zu Gesicht bekommt, kann sich das Wien der Nachkriegszeit gut vorstellen.

Sowjetunion, USA, Großbritannien und Frankreich: Die hatten Befreier Österreichs hatten sich die Stadt in vier Macht- und Einflusszonen aufgeteilt – ähnlich wie Berlin. Mit dem Klischee der Walzerseligkeit hatte die zerbombte Stadt damals noch weniger zu tun als heute. Und die Nachkriegszeit brachte nach dem Terror der Nazis neue Herausforderungen: Wien ist noch heute ein gutes Pflaster für Spione. Das war zuletzt wieder spürbar, als die NSA-Abhöraffäre weltweit die Gemüter erregte. In Berichten über diesen Skandal wurde immer wieder auch auf die Rechtslage verwiesen, wonach Spionage und Agententätigkeit in Österreich weiterhin erlaubt seien, solange sie sich nicht gegen das Land und seine Regierung selbst richten. Dazu kommt die zentrale Lage des kleinen Landes zwischen den Machtblöcken mitten in Europa. Das alles begann schon 1945, als das Naziregime besiegt war und allmählich der Kalte Krieg zwischen den ehemals Alliierten ausbrach. Ganz besonders zeigte sich dies in Wien, wo der Schwarzhandel aufgrund der Not der Bevölkerung blühte und die politischen Rivalitäten zwischen Sowjettruppen, U.S. Army, britischen und französischen Streitkräften zunahmen. Den Spannungsbogen eines klassischen Hollywood-Thrillers oder Sozialkritik bietet dieser Film nicht. Gut und Böse sind nicht ganz klar definiert. Grauzonen kennzeichnen das künstlerisch inszenierte Epos über menschliche Abgründe: Hass, Habgier, Gewalt, Skrupellosigkeit und Geschäftemacherei auf

Kosten von Schwächeren. All das kommt in Kriegszeiten und kurz danach besonders stark zum Tragen.

Die Story dreht sich um den Amerikaner Holly Martins, einen Autor billiger Westernromane. Er kommt im Februar 1947 nach Wien, um seinen alten Jugendfreund Harry Lime zu treffen. Doch der sei, so hört er, bei einem Verkehrsunfall ums Leben gekommen. Beim Begräbnis erzählt ihm der britische Militärpolizist Calloway, dass Lime einer der gefährlichsten Schwarzhändler gewesen sei. Er habe mithilfe der sowjetischen Militärführung über die russische Zone Wiens gefälschtes und lebensgefährliches Penicillin massenhaft verschoben und verkauft. Martins kommt bei Recherchen drauf, dass der tödliche Verkehrsunfall von Lime nur vorgetäuscht war. Bei der Aufklärung spielt ein dritter Mann die entscheidende Rolle, einer der Träger des Sarges. In Wirklichkeit macht Lime weiterhin Profit mit Penicillin. Eine Verfolgungsjagd durch das Kanalsystem Wiens gehört ebenso zu den Höhepunkten des Films wie der Showdown auf dem Wiener Riesenrad.

Für Fans in aller Welt ist auch die Titelmelodie unvergesslich, der traditionell angehauchte Ohrwurm des Wiener Zitherspielers Anton Karas. Der britische Starregisseur Carol Reed hatte Karas in einem Vorstadtgasthaus zufällig gehört und angeheuert. Das Drehbuch schrieb kein Geringerer als Graham Greene. Kameramann Robert Krasker erhielt für seine Arbeit den Oscar. Der internationale Erfolg war auch durch Superstar Orson Welles vorprogrammiert, der den Schwarzhändler Harry Lime spielte. Seinen Gegenspieler Holly Martins verkörperte Joseph Cotten. Herausragend auch Alida Valli als Limes Geliebte Anna Schmidt, Österreichs Bühnenlegende Paul Hörbiger war als Hausmeister von Harry Lime zu sehen. Gedreht wurde ab Oktober 1948. Sieben Wochen arbeiteten drei Kamerateams penibel und keineswegs chronologisch ihre Szenen und Einstellungen ab. Es wurden auch Attrappen von Häusern oder Brunnen auf Wiener Plätze gezimmert. Und um die düstere Atmosphäre bei Nacht zu verstärken, musste die Wiener Berufsfeuerwehr das Straßenpflaster besprühen und feucht halten. Drehorte: Zentralfriedhof, Kanalisation, verschiedene Orte der Inneren Stadt, Palais Pallavicini (Wohnhaus von Harry Lime), Hoher Markt, Am Hof,

Das spektakuläre Portal des Palais Pallavicini beim Wiener Josefsplatz, fiktives Wohnhaus des Filmhelden Harry Lime, der hier seinen Schwarzhandel organisiert.
Bild: Privatarchiv, Wien

Judengasse, Mölker Bastei, Reichsbrücke und die Kirchen Maria am Gestade und St. Ruprecht. „Der dritte Mann" hatte seine Uraufführung am 31. August 1949 in London. Am 2. Februar 1950 erfolgte der Start in New York. Vier Tage später kam der Film in die deutschen Kinos. Am 10. März 1950 ging es in Österreich los. Erst seit 2006 gibt es die ungekürzte Originalfassung auf DVD in Deutschland und Österreich. Unser Prädikat: zeitlos sehenswert! (leh)

Literaturtipps

Alexander Glück: Auf den Spuren des Dritten Mannes in Wien. Wien 2014

Graham Greene: Der dritte Mann (OT: The Third Man). München 2009

Michael Hansel, Michael Rohrwasser (Hrsg.): Kalter Krieg in Österreich. Wien 2010

Eva Horn: Graham Greenes Herz der Finsternis: Wiener Nachkrieg in The Third Man. In: Kalter Krieg in Österreich. Wien 2010

Brigitte Timmermann, Frederick Baker: Der dritte Mann. Auf den Spuren eines Filmklassikers. Wien 2002

Webtipps

drittemanntour.at (geführte Touren zu Drehorten)

6 INSTITUT FÜR THEATERWISSENSCHAFT

Eine Büste des langjährigen und umstrittenen Institutsleiters Heinz Kindermann, ein Verfechter einer „deutschen Leitkultur" und früh überzeugter Nationalsozialist. Die Aufarbeitung der Vergangenheit und der Kontinuitäten nach 1945 dauerte bis ins Jahr 2008, als auch durch die Historikerin Birgit Peter Bewegung in der Sache kam.

Bild: Anna Beskova

Reiseziel

- Das heutige Institut für Theater-, Film- und Medienwissenschaft der Universität Wien hat einen seiner Standorte an der Batthyany-Stiege in der Hofburg im ersten Wiener Gemeindebezirk.
- Luftlinie vom Stephansdom: 500 m Westsüdwest
- 16°21′57″ Ost / 48°12′27″ Nord

Öffis

- U3 Herrengasse; Station Herrengasse – Bus: 1A, 2A; zu Fuß zum Michaelertor bei der Hofburg

DIE BRAUNEN GESPENSTER DES THEATERS

In Wien gründeten die Nationalsozialisten das – weltweit erste – Institut für Theaterwissenschaft. So sollten Literatur und Bühne endgültig und vollständig „germanisiert" sowie das kulturinteressierte Publikum mit noch subtileren Methoden zum Rassenwahn „erzogen" werden. Die Wiener Universität war schon lange vor dem „Anschluss" eine Brutstätte für den Nationalsozialismus. Die Geschichte ihres Instituts für Theaterwissenschaft ist ein besonders dunkles Kapitel. Hier spukte der Geist der Nazis bis in die Gegenwart.

Deutschtümelnde Experten wie Heinz Kindermann hatten das Theater bereits in den frühen 1920er-Jahren instrumentalisiert. Sie wollten eine rein germanische Kultur erfinden und definieren. Diese Art von Theaterwissenschaft sollte den Führungsanspruch einer „deutschen Leitkultur" für ganz Europa legitimieren und beweisen. Schriftsteller vieler Epochen wurden dafür vereinnahmt, Autoren mit jüdischer Herkunft ausgeblendet und diffamiert. Gründungsjahr des Wiener Instituts war 1943. In der alten Kulturstadt hatten Theater und Musiktheater (Oper) schon seit der Barockzeit einen besonders hohen Stellenwert. Hitlers „Reichsstatthalter" Baldur von Schirach war ein besonderer Förderer des neuen Instituts. Unterstützung kam auch vom Reichserziehungsminister Bernhard Rust. Die Universität Wien hatte sich zuerst noch gegen Heinz Kindermann als Chef des Instituts gewehrt. Nicht weil er Nazi war. Die NS-Führung der Uni sah sich jedoch in ihrer Autonomie beschränkt und hätte andere bevorzugt. Kindermann wurde vom Regime durchgedrückt. Er betrachtete den Job auch als „Lebenswissenschaft", mit der man „undeutsche Literaturprodukte" aussondern könne. Um das historische Fundament zu schaffen, schrieb er gleich eine „rassisch und volkhaft bedingte Theatergeschichte". Der Fanatiker gehörte zu einer Generation von Wissenschaftlern, die sich der NS-Ideologie stark anpasste und nach dem Krieg eine betont „unpolitische", objektivistische Geisteswissenschaft betreiben wollte. Kindermann wich bis zuletzt jeder Debatte über die Nazis aus.

Die Räume sind hoch, die Gänge verwinkelt, die alten Böden knarren: Unter dunklen Möbeln und Tonnen von Büchern sitzt die Historikerin Birgit Peter in ihrem Büro. Das Institut für Theaterwissenschaft ist noch immer in einem Seitentrakt der Wiener Hofburg untergebracht. Peter beschäftigt sich seit Jahren wissenschaftlich mit Heinz Kindermann. Noch 2008 musste sie erfahren, wie ungewollt ihre Arbeit ist. Mit Studenten hatte sie eine Ausstellung dazu geplant, als es plötzlich hieß, das schade dem Institut und der gesamten Theaterwissenschaft. Dennoch gab es nun immer mehr kritische Diplomarbeiten, Forschungsprojekte und Lehrveranstaltungen, die sich mit der Geschichte des Hauses befassten. Der frühere Institutschef Kindermann war zu Kriegsende zwar von den alliierten Befreiern hinausgeworfen worden. Wie so viele NSDAP-Leute konnte er aber bald mithilfe österreichischer Freunde wieder zurückkehren – trotz Berufsverbots. 1954 leitete er sein Institut schon wieder – bis 1966. Auch nach der Emeritierung blieb er dem Haus erhalten. Kindermanns Arbeiten stuft die Historikerin Peter als rassistisch, antislawisch, antisemitisch und antiziganistisch ein – die volle Palette des NS-Rassismus. Peter stieß bei ihren Recherchen sogar auf ein Bankkonto der „Freunde von Heinz Kindermann". Mit dem Geld wurde der im Jahr 1945 Verstoßene einige Zeit durchgefüttert, um wieder fit für eine neue Karriere zu werden. Wenig später gratulierte ihm die Wiener Prominenz aus Politik und Kultur zum 70. Geburtstag. Seine einst für die Nazis verfassten Expertisen schrieb er ein wenig um und passte sie an. Nun galt Kindermann plötzlich als Experte für europäische Theatergeschichte. Er mutierte zum Menschenfreund und verkündete die völkerverbindende Macht des Theaters, würdigte sogar Leistungen des Judentums in seinen Texten. Dabei hatte er schon seit 1916 den Rassenwahn über Jahrzehnte propagiert und als Wissenschaft verkauft.

Wie vielerorts üblich, sorgten solche Akteure auch für die passende Nachfolge: 1966 übernahm Kindermanns ehemalige

Die Studenten der Theaterwissenschaft sind im Hörsaal umgeben von Porträts von Literatur- und Theatergrößen. Auch Stücke einer Ausstellung über die dunkle Vergangenheit des Instituts sind noch zu besichtigen.
Bild: Anna Beskova

Schülerin Margret Dietrich die Leitung des Instituts. Sie hatte sich 1952 mit einer Arbeit habilitiert, die einige Experten als Fortsetzung der Nazi-Anthropologie einstuften. In der Ära Dietrich blieb die Hitlerzeit das zentrale Tabu am Institut. Davon seien noch mehrere Generationen von Absolventen geprägt gewesen, betont Historikerin Peter. Das Szenario führte noch 1981 zu heftigen Kontroversen und Aufständen von Ewiggestrigen, als die drei Studierenden Peter Roessler, Monika Meier und Gerhard Scheit den Band „Theaterwissenschaft und Faschismus" veröffentlichten. Sie hatten sich – fast 40 Jahre nach Kriegsende – erdreistet, den Aufbruch in eine neue Zeit zu wagen. (eba)

Literaturtipps

Monika Meier, Peter Roessler, Gerhard Scheit (Hrsg.): Theaterwissenschaft und Faschismus. Antifaschistische Arbeitsgruppe, P. Roessler, Wien 1981

Birgit Peter, Martina Payr (Hrsg.): „Wissenschaft nach der Mode"? Die Gründung des Zentralinstituts für Theaterwissenschaft an der Universität Wien 1943. Wien 2008

Webtipp

tfm.univie.ac.at

7 MAHNMAL GEGEN KRIEG UND FASCHISMUS

Am 22. Juni 1991 stellte der Bildhauer Alfred Hrdlicka sein vielschichtiges Werk auf dem Albertinaplatz offiziell fertig – mit der Enthüllung des rechten Flügels beim „Tor der Gewalt".

Bild: Ulrich Schnarr / APA-Archiv / picturedesk.com

Reiseziel

- Mahnmal gegen Krieg und Faschismus, Albertinaplatz, 1010 Wien
- Luftlinie vom Stephansdom: 500 m Südsüdwest
- 16°22'9" Ost / 48°12'18" Nord

Öffis

- U1, U2, U4 Karlsplatz; Station Kärntner Ring / Oper – Straßenbahnlinien: 1, 2, 62, 71, D;

KLEINKRIEG UM GRANIT UND MARMOR

Im Herzen von Wien steht seit 1988 das „Mahnmal gegen Krieg und Faschismus". Es spaltete schon vor seiner Errichtung die Bevölkerung, polarisierte Medien und Politik. Der österreichische Zeichner, Maler und Bildhauer Alfred Hrdlicka entwarf und schuf das mehrteilige Monument. Der exklusive Standort verblasst in jüngster Zeit durch touristische Ab- und Übernutzung. Von Beginn an kämpften Boulevard-Medien und Österreichs Rechte gegen die Pläne für dieses Mahnmal, das Österreichs Gedenkkultur prägen und modernisieren sollte. Dieser Anspruch ebbte bald ab. Auch die Israelitische Kultusgemeinde Wiens hatte Bedenken, weil die Skulpturen Hrdlickas gestalterische Schwächen, Stereotype und Widersprüche in der Symbolik, aufweisen.

Der Marmor kam aus Carrara, der Granit aus Steinbrüchen beim ehemaligen NS-Konzentrationslager Mauthausen in Oberösterreich. Das aus mehreren Großskulpturen bestehende Kunstwerk steht auf dem Helmut-Zilk-Platz hinter Hofburg und Staatsoper – gleich neben der Grafischen Sammlung Albertina. Es ist als begehbares Monument konzipiert. Früher stand hier der sogenannte „Philipphof", der am 12. März 1945 – knapp einen Monat vor Kriegsende – von alliierten Bombern zerstört wurde. Hunderte Menschen hatten im Keller Schutz gesucht. Die Leichen konnten nie geborgen werden. Der Platz ist also auch ein großer Friedhof. Betrachtet man die Ticket-Buden des Wien-Tourismus, die sich mittlerweile hier breitmachen, wird die Pietätlosigkeit augenfällig. Wenigstens hat hinten am Zaun jemand ein kleines Holzkreuz mit Grablaterne aufgestellt – unerlaubt und ungeplant. Weiter vorne sitzen oder tänzeln Touristen auf Teilen des Mahnmals.

Größtes Einzelstück ist das „Tor der Gewalt". Es erinnert an die Opfer des NS-Massenmordes und des Zweiten Weltkriegs. Ob diese Mischung von KZ-Häftlingen und Hitlers Soldaten zu

Hrdlickas „Stein der Republik" mit Auszügen der österreichischen Unabhängigkeitserklärung von 1945, mit der Hitlers „Anschluss" symbolisch wieder rückgängig gemacht werden sollte.
Bild: Gerald Lehner

einem Opfer-Konglomerat angemessen ist, bezweifeln viele. Daneben plagt sich eine Gebärende, die Österreichs Wiedergeburt symbolisieren soll. Gleich daneben kauert eine Bronzefigur auf dem Straßenpflaster, viel zu klein, zu dick und unansehnlich – ein klischeehafter Straßen waschender Jude. Im Frühjahr 1938 hatten die Nazis nach ihrer Machtübernahme in Österreich viele Juden systematisch erniedrigt und dabei Männer und Frauen auch gezwungen, die Straßen genau auf diese Art zu reinigen – zum Teil mit Zahnbürsten, um die Schikane noch zu verschärfen.

Dann ist da noch der Marmorblock, der Orpheus zeigt, wie er den Hades betritt. Er soll an die Bombenopfer erinnern und an jene, die im Widerstand gegen Hitler umgebracht wurden. Weiter hinten steht der „Stein der Republik", auf dem Auszüge der ersten Regierungserklärung von 1945 eingemeißelt sind. Diese Skulptur zu Ehren von Österreichs Freiheit ist ein riesiger Hinkelstein. Nur

Hrdlickas „Straßenwaschender Jude", der – für viele überraschend klein – an die ersten Verfolgungen nach dem „Anschluss" und die massiven Übergriffe gegen jüdische Wiener im Frühling 1938 erinnern soll. Die Skulptur sorgt noch immer für Debatten. Manche sagen, sie sei klischeehaft.
Bild: Gerald Lehner

Obelix fehlt. Dem mehrteiligen Monument von Alfred Hrdlicka waren gewaltige Streitereien vorausgegangen. Das konservative Österreich empörte sich über den Bildhauer, einen bekennenden Kommunisten. Der international als Künstler geschätzte Wiener hatte sich mehrfach als Fan der Sowjetunion und „Euro-Stalinist" geoutet, der seine Mitgliedschaft in der Kommunistischen Partei Österreichs nach dem Überfall der Roten Armee auf Ungarn (1956) ruhend gestellt hatte. Dazu kam, dass Hrdlicka prominenter Unterstützer der Protestbewegung gegen den konservativen und von Gedächtnislücken geplagten Bundespräsidenten Kurt Waldheim (ÖVP) war. Federführend gegen Hrdlicka trat auf dem medialen Boulevard die „Kronen Zeitung" auf. „Pfui Teufel" hieß es in einer Kolumne im Rahmen einer wochenlangen Kampagne gegen das Monument. Viele Spitzenpolitiker schwiegen. Letztlich zeigte der Wiener Populist, Sozialdemokrat und Bürgermeister Helmut Zilk

Goldanschlag auf den „Straßenwaschenden Juden". Im Rahmen seiner Aktion „ZAHN-GOLD-ZEIT-GOLD" bemalte Johannes Angerbauer-Goldhoff 1990 Alfred Hrdlickas Bronzeskulptur – damals noch ohne Stacheldraht – mit einer eigens angefertigten Goldbronze, die er „Bindehautgold" nannte.

Bild: Johannes Angerbauer-Goldhoff, socialgold.com

– über Jahrzehnte mit der „Krone" eng verbunden – doch noch Rückgrat, wie das Hamburger Nachrichtenmagazin „Der Spiegel" vermerkte, und ordnete die Errichtung des Mahnmals an. Bald nach der Enthüllung offenbarten sich gestalterisch-funktionale Defizite. Immer wieder setzten sich Passanten, um auszuruhen, auf den „Straßenwaschenden Juden".

Der Bildhauer Johannes Angerbauer-Goldhoff bemalte 1990 die Bronzeskulptur mit Goldbronze – aus Protest und in Anspielung auf das Zahngold von jüdischen Mordopfern, das sich die Nazis zur eigenen und zur Bereicherung ihres Staates unter den Nagel gerissen hatten. Angerbauer-Goldhoff wurde an Ort und Stelle von der Staatspolizei festgenommen. Bürgermeister Zilk drohte ihm mit einer Anzeige wegen Sachbeschädigung. Das Verfahren wurde 1991 eingestellt. Als Reaktion pflanzte Hrdlicka einen Stacheldraht aus Bronze auf den Rücken seiner Skulptur, damit sich niemand mehr draufsetzen sollte. Doch das geschieht immer wieder. Die Israelitische Kultusgemeinde Wiens ist bis heute prinzipiell unzufrieden mit dem Mahnmal. Ende der 1990er-Jahre engagierte sie sich mit dem damals noch lebenden Simon Wiesenthal für ein anderes Monument – eine eigene Gedenkstätte für die 65.000

Gesamtes Ensemble auf dem Helmut-Zilk-Platz, der eigentlich auch Friedhof für Hunderte verschüttete Bombenopfer ist. Lange gab es auf Teilen des Platzes eine rege Geschäftskultur – mit einer Vielzahl von Ticketshops für Wiener Tourismus- und Kulturangebote. Nicht nur Besucher, deren Familien einst Tote durch NS-Maschinerie und Bombenkrieg zu verzeichnen hatten, empfanden das als pietätlos.
Bild: Gerald Lehner

österreichischen Toten des Holocaust. Der Bau in symbolischer Form einer jüdischen Bibliothek wurde im Jahr 2000 auf dem Wiener Judenplatz enthüllt – entworfen von der britischen Künstlerin Rachel Whitehead. (leh)

Literaturtipps

Ulrike Jenni (Hrsg.): Alfred Hrdlicka – Mahnmal gegen Krieg und Faschismus in Wien. 2 Bde. Graz 1993

Holger Thünemann: Holocaust-Rezeption und Geschichtskultur. Zentrale Holocaust-Denkmäler in der Kontroverse. Ein deutsch-österreichischer Vergleich. Idstein 2005

Webtipps

albertina.at

alfredhrdlicka.com

8 LEOPOLD MUSEUM

Einst als skandalös diffamierte Arbeiten von Egon Schiele, Gustav Klimt und anderen Stars der klassischen bzw. Wiener Moderne begeistern heute weltweit die Kunstfreunde. Das Wiener Leopold Museum beherbergt einige der besten Sammlungen.

Bild: Gerald Lehner

Reiseziel

- MuseumsQuartier Wien, Museumsplatz 1, 1070 Wien
- Luftlinie vom Stephansdom: 1,2 km Südwest
- 16°21'31" Ost / 48°12'12"

Öffis

- U2 Museumsquartier; Station Museumsquartier – Bus: 57A;

NS-RAUBKUNST IM „PRIVATEN" STAATSBESITZ?

Einige der berühmten Kunstsammlungen des Leopold Museums im Wiener MuseumsQuartier sind heftig umstritten. Das Leopold Museum gehört als privatrechtlich abgesicherte Stiftung dem österreichischen Staat. Wie fragwürdig und vielschichtig auch die Republik Österreich mit dem Erbe von Holocaust-Opfern umgeht, ist in Wien seit langem zu beobachten. Kunstfreunde und Mäzene, die viele Kunstwerke des Museums vor langer Zeit rechtmäßig besaßen, verschwanden bis 1945 in den Gaskammern.

Nachkommen und Erben der Ermordeten fordern seit Jahren von Österreich solche Kunstwerke zurück. Das betrifft unter anderem weltberühmte Bilder von Egon Schiele. Weil sich Österreichs Nationalrat und mehrere Bundesregierungen lange taub stellten, griff 1998 die – einst vor den Nazis nach London geflüchtete – Kunsthändlerin Lea Bondi-Jaray zur Selbsthilfe. Sie hatte schon 1953 den Wiener Augenarzt, Kunstsammler und späteren Museumsgründer Rudolf Leopold gebeten, ihr zu helfen, das „Bildnis Wally" – eines der schönsten Werke von Egon Schiele – zurückzubekommen. Stattdessen kaufte Leopold das Raubkunst-Bild von der staatlichen Österreichischen Galerie günstig für sich selbst. Die rechtmäßige Besitzerin nutzte 45 Jahre später eine Retrospektive des Museum of Modern Art in New York, um zwei – als Leihgaben des Wiener Leopold Museums – ausgestellte Schiele-Bilder von der US-Regierung beschlagnahmen zu lassen: „Bildnis Wally" und „Tote Stadt III". 2009 wurde „Bildnis Wally" in den USA gerichtlich als Raubkunst bestätigt. 2010 verstarb der Wiener Kunsthändler Leopold. Einen Monat später kam es zu einer Einigung zwischen der staatlichen Leopold Museum-Privatstiftung, den Erben von Lea Bondi-Jaray und der Regierung der USA. Die Leopold Museum-Privatstiftung musste 19 Mio. Dollar

9 NATURHISTORISCHES MUSEUM

Herbst 2014: Fassadenrenovierung des klassizistischen Baus aus der Gründerzeit.
Bild: Gerald Lehner

Reiseziel

- Naturhistorisches Museum, Burgring 7, 1010 Wien
- Luftlinie vom Stephansdom: 1 km Westsüdwest
- 16°21′35″ Ost / 48°12′19″ Nord

Öffis

- U2, U3 Volkstheater; Station Volkstheater – Straßenbahnlinie: 49; Bus: 48A;

WILDSAU UND GRAUGANS

Dass viele Aktivitäten von Nationalsozialisten nach 1945 unter den Teppich gekehrt wurden, ist die eine Seite. Neben dem Verschweigen und Verdrängen gibt es noch eine andere Strategie: Wissenschaftler und NS-Propagandisten werden von ihren Jüngern und Nachfolgern verklärt und als Idole gepriesen. Für solche Personenkulte seien Biologen, Verhaltensforscher und Anthropologen besonders anfällig, sagen Historiker. Diese Disziplinen und ihre Institutionen lieferten den Nazis das pseudowissenschaftliche Rüstzeug für den Massenmord. Herausragende Beispiele sind der Nobelpreisträger Konrad Lorenz und das Naturhistorische Museum in Wien.

Die Deutschen seien allen anderen Kulturvölkern „um tausend Schritte voraus", schrieb der 1903 in Wien geborene Konrad Lorenz 1939 in der NS-Zeitschrift „Der Biologe". Der „Mangel an natürlicher Auslese" führe zu „Verfallserscheinungen an Volk und Menschheit". 1940 forderte er die noch schärfere „Ausmerzung ethnisch Minderwertiger". Diese verglich er mit einer „bösartigen Geschwulst am Volkskörper". Die moderne Kultur sah Lorenz als degeneriertes Produkt von „Domestikation". Lorenz gehörte schon als Student, lange vor der Machtübernahme der Nazis in Österreich, zu den Wegbereitern der braunen Bewegung. 1973 übernahm er, als ehemaliges NSDAP-Mitglied, in seinem Bestseller „Die acht Todsünden der zivilisierten Menschheit" seine frühere Wortwahl und schrieb von „Parasiten der Gesellschaft". Er bezog sich auch auf sozial Schwächere; diese würden noch als Erwachsene die „Fürsorge" genießen, die „nur dem Kinde zusteht". Dann schwadronierte er über die „Verhausschweinerung des Menschen" und kritisierte, dass die „Verfallstypen das Volk und den Staat durchsetzen dank ihrer größeren Vermehrungsquote". Die Gesellschaft müsse sich viel stärker an Erkenntnissen der Genetik und der Verhaltensbiologie orientieren. Damit bezog er sich noch

1973 auf seine Schriften von 1940, als er das Nazireich vielfach pries: „Der rassische Gedanke als Grundlage unserer Staatsform hat schon unendlich viel in dieser Richtung geleistet." Und die „nordische Bewegung" sei seit jeher gegen die „Verhaustierung des Menschen" gerichtet gewesen.

Mit diesen Thesen wurde Lorenz zu einem Vordenker der späteren „Soziobiologie", die sich bis in die 2000er-Jahre international als Avantgarde ins Spiel zu bringen versuchte. Widerspruch und Kritik erntete Lorenz kaum. Im Gegenteil. Er wurde zum Nationalhelden verklärt. Auch das verdeutlicht, wie nationalsozialistisch-darwinistische Thesen in wissenschaftlichen Deckmänteln jahrzehntelang überdauern konnten. Als Verhaltensforscher, der nun medienwirksam Graugänse studierte, hatte sich der charmante und charismatische Lorenz seit den 1970er-Jahren ein Softie-Image zugelegt. Eine mächtige Lobby seiner Schüler „beschützte" den Weltbekannten. 1973 hatte er den Nobelpreis für Physiologie erhalten – von einem Komitee in Oslo, das schon vielfach problematische Geschichtslosigkeit bewiesen hat. Lorenz engagierte sich gegen das Kernkraftwerk Zwentendorf und wurde zum Namenspatron eines Volksbegehrens gegen das Wasserkraftwerk Hainburg. Seine Zivilisationskritik machte ihn zu einem der Urväter der Ökologiebewegung. Ein Aufschrei ging durch die Fachwelten von Biologen und Verhaltensforschern, als Benedikt Föger und Klaus Taschwer 2001 im Wiener Czernin Verlag eine kritische Biografie über Konrad Lorenz herausbrachten: „Die andere Seite des Spiegels". Schon 1970 hatte die amerikanische Wissenschaftshistorikerin Theodora J. Kalikow die ideologische Nähe zum NS-Regime erforscht und Lorenz des „bewussten Opportunismus" bezichtigt. Seine Gleichsetzung der Domestikation von Tieren mit dem Verlauf der menschlichen Zivilisation und deren Schilderung als Verfallsprozess – auch nach 1945 – stehe weiter in der Tradition der Nazis, so Kalikow.

„Rassensaal" im Naturhistorischen Museum

Besonders viele Fans hatte Lorenz beim Führungspersonal des Naturhistorischen Museums in Wien. Noch 1978 (!) eröffnete dort Johann Szilvassy, Leiter der anthropologischen Abteilung, eine

Konrad Lorenz im Porträt – mit Parteiabzeichen.
Bild: Geheimes Staatsarchiv Preußischer Kulturbesitz, Berlin

Dauerausstellung. In zwei Sälen mit 35 Vitrinen wurde die Entwicklung der Menschheit dargestellt – aufgegliedert nach „Rassen". Der Rundgang hatte zwei Endpunkte: Ein blonder, laut Begleittext „schwedischer Mann" war der Höhepunkt, während am anderen Ende ein Steinzeitmensch aus Tasmanien mit sehr dunkler Haut präsentiert wurde. Im Gegensatz zu den „Nordiden" hätten „Australiden" besonders „derbe" Gesichtszüge, hieß es. Dazu wurden Schädel präsentiert, um angeborene Hierarchien zu propagieren. Besucher erinnerte das an die NS-Zeit, als man durch Schädelvermessungen unterschiedliche Intelligenz belegen wollte. Die Art der Darstellung erinnerte unabhängige Fachleute an nationalsozialistische Propaganda. 1993 kritisierte der britische Anthropologe Adam Kuper in einem Leserbrief an die weltweit einflussreiche Fachzeitschrift „Nature", die Schau zeige „nazi-ähnliche Rassenforschung". Dadurch geriet der Wiener Ausstellungsgestalter Szilvassy wieder unter Beschuss. Einschlägig bekannt geworden war er durch ein Interview in einer Tageszeitung. Darin hatte er die Österreicher gewarnt, „Mischehen" mit Migranten einzugehen. Das führe zu „Veränderungen der Erbsubstanz". Die für das Naturhistorische Museum zuständige Bundesregierung stellte sich vorerst taub. Der „Rassensaal" wurde 1996 (!) geschlossen. Die Umwelthistorikerin und Anthropologin Ortrun Veichtlbauer sagt, es wäre besser gewesen, die Schau mit zeitgemäßen Kommentaren zu ergänzen, um zu zeigen, wie Rassismus manipuliert und die Suche nach Erkenntnis beeinflusst bzw. unmöglich macht.

Naturwissenschaft: Vorreiter oder Bankrotterklärung?

Im Naturhistorischen Museum in Wien fehlt weiterhin eine kritische Präsentation seiner Geschichte (Stand 2014). Auch anderswo läuft es schleppend: Im Salzburger „Haus der Natur" wurde 2014 ein solches Projekt abgeschlossen. Die „Aufarbeitung" der Vergangenheit endet mit dem Jahr 1977. Da starb der frühere Museumsdirektor und Gründer Eduard Paul Tratz – ein Vogelforscher, hoher SS-Offizier und enger Mitarbeiter von Heinrich Himmler. Es bleiben deswegen noch viele Fragen offen: Warum mussten für diese aktuelle Sonderschau im „Haus der Natur" fast

70 Jahre vergehen? Welche Rollen spiel(t)en die Salzburger Politik sowie die späteren Museumsdirektoren Eberhard Stüber und Norbert Winding beim langen Schweigen und bei der Aufarbeitung? Antworten sucht man vergeblich. Mittlerweile ist im „Haus der Natur" in Salzburg wieder ein Personenkult zu beobachten. Im Herbst 2014 wurde im Gebiet des Großglockners eine naturwissenschaftliche Forschungsstation nach dem früheren Direktor Eberhard Stüber benannt. Dieser hatte über Jahrzehnte dazu beigetragen, dass das Werk seines SS-Vorgängers und Lehrers Tratz öffentlich nicht näher beleuchtet wurde. Noch 1989 hatte Stüber veranlasst, dass die Station zu Ehren des ersten Direktors und Himmler-Freundes Tratz benannt wurde. Winding stattete sie damals mit einer eigenen Ausstellung über Gebirgsökologie aus. Nach öffentlichen Protesten, Medienberichten und auf Druck der Politik musste das Salzburger Naturkundemuseum diese Außenstelle an der Großglockner Hochalpenstraße in „Haus der Natur -Forschungsstation" umbenennen.

Der nun in Salzburg amtierende Direktor Norbert Winding sagte im Frühjahr 2014 bei der Präsentation der Sonderschau über die Geschichte seines Museums: Zuerst habe man geglaubt, man sei mit der Aufarbeitung spät dran. Doch im Vergleich zu anderen Naturkundemuseen habe man nun eine Rolle als Vorreiter. Also doch Avantgarde? Oder so viele Jahrzehnte nach Kriegsende eine Bankrotterklärung für die Naturwissenschaften und die Politik als Geldgeberin? Man kann es sich aussuchen. (leh)

Literaturtipps

Änne Bäumer: NS-Biologie. Stuttgart 1990

Ute Deichmann: Biologen unter Hitler – Vertreibung, Karrieren, Forschung. Frankfurt am Main, New York 1992

Benedikt Föger, Klaus Taschwer: Die andere Seite des Spiegels. Konrad Lorenz und der Nationalsozialismus. Wien 2001

Klaus Taschwer, Benedikt Föger: Konrad Lorenz. Biographie. Wien 2003

Webtipps

hausdernatur.wordpress.com
nhm-wien.ac.at

10 PARLAMENT

Eine Propaganda-Postkarte der Deutschnationalen Partei mit Abbildung eines Porträts des Parteiführers Georg Ritter von Schönerer, um 1899: Slogans wie „Heil und Sieg" oder „Durch Reinheit zur Einheit", auch Reden und politische Vorgaben von Schönerer prägten den jungen Adolf Hitler in seiner Zeit in Wien.

Bild: Stadtarchiv Zwettl

Reiseziel

- Parlament, Dr.-Karl-Renner-Ring 3, 1017 Wien
- Luftlinie vom Stephansdom: 1 km West
- 16°21'35" Ost / 48°12'29" Nord

Öffis

- U2, U3 Volkstheater; Station Stadiongasse / Parlament – Straßenbahnlinien: 1, 2, 71, D;

WO HITLER DEN RASSENWAHN LERNTE

Der österreichische Nationalrat als gesetzgebende Körperschaft und gewählte Vertretung der Bevölkerung existierte zwischen 1933 und 1945 nicht. Nach Ausschaltung des Parlaments durch den austrofaschistischen Ständestaat richteten ab 1938 die Nazis in dem Gebäude ihre Gauleitung ein. Wien war schon lange zuvor ein fruchtbarer Boden für den Rassenwahn gewesen. Im früheren Reichstag saß auch der Deutschnationale Georg von Schönerer. Seine Hetztiraden prägten den jungen Adolf Hitler.

Als Georg Ritter von Schönerer im Parlament saß, ging es anders zu als heute: „Abgeordneter Schönerer ergriff einen Ministerfauteuil und schwang ihn gegen die immer heftiger anstürmenden Tschechen. Diese entrissen ihm zwei Mal den schweren Stuhl, Schönerer bemächtigte sich seiner aber ein drittes Mal. Da packte ihn der deutschklerikale Abgeordnete Hagenhofer bei der Kehle, dass Schönerer nach rückwärts taumelte, er raffte sich aber rasch auf, schlug mit der Faust auf Hagenhofer ein. Graf Vetter, welcher beim Präsidium stand, ergriff ein Glas Wasser und goss es in das Gewühl", zitiert Brigitte Hamann in ihrem Buch „Hitlers Wien".

Schönerer war ein einflussreicher Prediger des Judenhasses. Seine Anhänger betrieben um ihn einen Führerkult, seine Rede-Texte wurden in hohen Auflagen verkauft, seine Biografie war die Bibel der antisemitischen „Alldeutschen". Der Agitator wurde 1842 in Wien geboren. Sein Kampf „für das deutsche Volk" wurde in den 1880er-Jahren ein erbitterter Kampf gegen „die Juden", zunächst vor allem russische Juden, die seit 1881 vor den Pogromen aus dem Zarenreich nach Wien flüchteten. Schönerer war einer der Ersten, die das Judentum an einer „Rasse" festmachten, so die Historikerin Brigitte Hamann. Er forderte, Juden – auch die christlich getauften – unter Sondergesetze zu stellen. Sie sollten sich nicht mehr frei bewegen oder reisen können. Dazu forderte Schönerer das Verbot des „jüdischen Zwischenhandels", Ausschluss von Staatsämtern, Lehramt und Presse. 1885 fügte er dem Programm seiner Partei nachträglich und eigenmächtig einen „Arierparagrafen" hinzu. Das machte Schule: Die Deutschen Burschenschaften warfen ihre – oft ganz und gar deutsch gesinnten – Juden hinaus, so etwa Theodor Herzl, Victor Adler und Arthur Schnitzler. Auch Alpenverein, Turn- und Lesevereine bis hin zu Ruderclubs schlossen neben Juden auch gleich Slawen aus. Moralische Bedenken zerstreute Schönerer energisch: „Und wenn gewisse Herren versichern: Es gibt ja Ausnahmejuden!, so sage ich: Solange sie mir keinen Ausnahme-Borkenkäfer zeigen können, habe ich zu dieser Versicherung kein Vertrauen." An seine Anhänger appellierte Schönerer: „Wer nicht vertrieben werden will, der muss vertreiben! Wenn wir die Juden nicht vertreiben, so werden wir Deutschen vertrieben."

Die Schönerianer hatten ihre Symbole: Kornblume, Runenzeichen, „Heil"-Gruß, Sonnwendfeiern und deutsche Kampflieder. Vor der Ehe mussten „arische" Abstammung und biologische Gesundheit geprüft werden. Kinder erhielten germanische Namen. Mädchen mussten „deutsche Mütter" werden. Fremdwörter wurden konsequent „eingedeutscht". Die Anziehungskraft Schönerers schwand ab 1900. Er wehrte sich gegen die Einführung des allgemeinen und gleichen Wahlrechts, das der Sozialdemokratie viel mehr Macht verschaffte. 1907 fanden die ersten Wahlen statt, die für den Rechtsradikalen die Abwahl aus dem Reichsrat bedeuteten. Seine Partei schrumpfte von 22 auf drei Mandate. 1921 starb Schönerer. Viele seiner Thesen fanden sich in Hitlers „Mein Kampf" wieder.

„Tatsächlich ist unübersehbar, dass Hitler Schönerers politische Grundsätze nicht nur aufnahm, sondern geradezu kopierte", betont Hamann. Schönerers 100. Geburtstag wurde 1942 mit einer großen Ausstellung im Wiener Messepalast gefeiert. 1941 hatte Hitler eine Gedenktafel für sein Vorbild am Wiener Parlament anbringen lassen. Das diente nun als „Wiener Gauhaus der NSDAP".

Seit 1938 hatte auch Josef Bürckel, „Reichskommissar für die Wiedervereinigung Österreichs mit dem Deutschen Reich", im Parlament sein Büro. Dazu kam die Abteilung der NSDAP für die Zerschlagung und Beraubung von jüdischen Vereinen. 1939 wurde es auch Sitz der Wiener Gauleitung, die ihre Amtsräume bis dahin Am Hof 4 hatte. Bis heute ist nicht ganz klar, warum die obersten Bonzen Wiens übersiedelten. Die Gauleitung hatte 1940 der „Reichsjugendführer" Baldur von Schirach übernommen. Die Historiker Bertrand Perz und Verena Pawlowsky untersuchen derzeit diese Phase der Nutzung. Bisher sei die Funktion des Parlaments in dieser Zeit unterschätzt worden: „Es war ein Zentrum der Gewaltherrschaft", so Perz. Erst 2009 durften auch Provenienzforscher mit ihrer Arbeit im Parlament beginnen. Sie nehmen unter anderem die Bibliothek unter die Lupe, die 340.000 Bücher umfasst. Man fand 37 Bände, die von den Nazis früheren Besitzern gestohlen wurden, die Herkunft von weiteren 1.800 Büchern sei bedenklich, sagen die Experten. 2.500 Bücher kamen in der Nazizeit in die Bibliothek.

Der Bau des Wiener Parlaments begann 1861, als noch Kaiser Franz Joseph mit großer Machtfülle herrschte. Architekt war Theophil von Hansen. Ab 1883 tagten die Abgeordneten und Herrenhausmitglieder (zumeist Adelige) des alten „Reichsrates" in dem Gebäude an der Ringstraße. Nach dem Untergang der Monarchie (1918) wurde die elitäre Herrenkammer aufgelöst, um endlich Demokratie und Republik zu ermöglichen. Der Bau wurde im Zweiten Weltkrieg durch Fliegerbomben stark beschädigt. Der alte Tagungssaal des Reichsrates überstand alle Wirren der Zeiten. Im November 1945 wählten die Österreicher – Männer und Frauen – den ersten Nationalrat der Zweiten Republik. Die Wahlbeteiligung betrug stolze 94 Prozent. Im Vergleich dazu sind die mageren Beteiligungen unserer Zeit kein Ruhmesblatt für die politische Bildung der Bevölkerung. (eba)

Literaturtipps

Wilhelm F. Czerny, Konrad Atzwanger: Das österreichische Parlament. Zum Jubiläum des 100-jährigen Bestandes des Parlamentsgebäudes. Wien 1984

Brigitte Hamann: Hitlers Wien. Lehrjahre eines Diktators. München 1996

Webtipp

parlament.gv.at (für Führungen: besucherservice@parlament.gv.at)

(11) KARL-RENNER-DENKMAL

Der Grundstein wurde am 27. April 1965 gelegt, dem 20. Jahrestag der Gründung der Zweiten Republik Österreich. Die Enthüllung erfolgte genau zwei Jahre später unter der Anwesenheit von Bundespräsident Franz Jonas (SPÖ) und Bundeskanzler Josef Klaus (ÖVP).

Bild: Gerald Lehner

Reiseziel

- Karl-Renner-Denkmal, Universitätsring (Rathauspark) direkt neben dem Parlament an der Ringstraße. Künstler: Alfred Hrdlicka (Bildhauer), Josef Krawina (Architektur). Enthüllung: 27. April 1967
- Luftlinie vom Stephansdom: 1 km West
- 16°21'35" Ost / 48°12'32" Nord

Öffis

- U2, U3 Volkstheater; Station Dr.-Karl-Renner-Ring – Straßenbahnlinien: 1, 2, 46, 49, 71, D; Bus: 48A;

DIE VIELEN GESICHTER DER ROTEN IKONE

Kaum jemand symbolisiert Licht- und Schattenseiten der österreichischen Sozialdemokratie wie ihr Staatsmann Karl Renner. Der Jurist und Rechtssoziologe lebte von 1870 bis 1950. Von der SPÖ bis heute als Held, Sozialreformer und Gründervater der Ersten und Zweiten Republik verehrt, sorgt seine chronische Vorliebe für den „Anschluss" Österreichs an Deutschland noch immer für heftige Debatten. Er propagierte ihn schon 1918 nach dem Untergang der Habsburgermonarchie. Und er biederte sich 1938 damit auch den Nazis an. Neuerdings wird ihm auch noch Antisemitismus vorgeworfen. An der Ringstraße steht seit 1967 ein Denkmal für Renner. Design: Alfred Hrdlicka.

Als Altösterreicher liebte Renner das Wandern. Nach seinem Studium war er maßgeblich an der Gründung der „Naturfreunde" beteiligt, die heute weltweit mehr als 500.000 Mitglieder haben. Renner stammte aus einer sehr armen Familie, aus einem deutschsprachigen Dorf in Mähren, sehr nahe an der Grenze Tschechiens zu Niederösterreich. Diese Grenznähe führte später zu seiner Vorliebe für den „Anschluss" an Deutschland. Renner glaubte, das kleine „Deutschösterreich" als Rest der riesigen Monarchie wäre wirtschaftlich nicht lebensfähig. Politisch zählte er zu den gemäßigten Kräften seiner Partei. Einem Umsturz, wie ihn „austromarxistische" Linke wie Otto Bauer propagierten, widersetzte er sich. Renner war überzeugt, nur im friedlichen Wettstreit mit politischen Gegnern könne man weiterkommen. Vieles von Karl Marx sah er als veraltet an, so verlangte er, dass der Arbeitsbegriff auf geistige Arbeit ausgedehnt werden müsse. 1907 wurde Renner in den Wiener Reichsrat gewählt und setzte sich für die Gründung von Genossenschaften, Gewerkschaften und Bildungsinstitutionen ein. Er förderte rote Einkaufsgenossenschaften („Konsum") und Arbeiterbanken. Die Parteilinke um Friedrich Adler warf ihm dennoch Verlogenheit, Prinzipienlosigkeit und Gaukelei vor. Der Erste Weltkrieg brachte das endgültige Ende des Habsburgerreiches. Am 30. Oktober 1918 wurde Renner zum Staatskanzler der Ersten Republik gewählt. Er unterschrieb 1919 für Österreich den Friedensvertrag von St. Germain und konnte es nicht fassen, dass die Alliierten einen „Anschluss" Österreichs an Deutschland vehement verboten. Die folgende Wirtschaftskrise brachte bis zum Bürgerkrieg (1934) instabile und wechselnde Verhältnisse. Für Renner war es Wasser auf seine Mühlen, wonach Österreich allein nicht mehr lebensfähig sei.

Im März 1933 gab es bei einer Sitzung im Wiener Parlament große Probleme mit der Einhaltung der Geschäftsordnung. Als Präsident des Nationalrats hatte sich Renner aus abstimmungstechnischen Gründen zum Rücktritt überreden lassen. Das organisatorische Vakuum nutzten die Konservativen bzw. Christlich-Sozialen für einen Staatstreich. Der „Austrofaschismus" übernahm die Macht, und nach dem Bürgerkrieg von 1934 wurde die sozialdemokratische Partei verboten. Der Hass auf die Konservativen überstieg nun in der SPÖ die Ablehnung der immer stärker werdenden Nazis, die ebenfalls verboten waren. Als im März 1938 Hitlers „Anschluss" kam, war sich Renner nicht zu schade, seinen alten Fetisch Deutschnationalismus wieder auszugraben. Er machte Werbung für Hitlers Pseudo-Volksabstimmung (mit längst festgelegtem Ergebnis) und betonte in einem Zeitungsinterview, er werde mit „Ja" zu Österreichs „Anschluss" an Nazideutschland stimmen. Erst vor kurzem wurde bekannt, dass Renner auch Hitlers Überfall auf die Tschechoslowakei und die Einverleibung des deutschsprachigen Sudetenlandes gutgeheißen hatte. Der Historiker Oliver Rathkolb ist überzeugt, dass er nach 1945 nicht mehr in neue Machtpositionen gekommen wäre, wenn seine Anbiederung an die Nazis im Detail schon bekannt gewesen wäre. Nach dem Krieg war Renner eine treibende Kraft, als österreichischen Nazis massenweise Persilscheine ausgestellt wurden – weil die SPÖ sie sich als Wähler sichern wollte. Renner förderte auch den verlogenen Opfermythos des neuen Staates, seit er 1945 von den Sowjets als

Chef der ersten provisorischen Bundesregierung eingesetzt worden war. Die Ermordung von 65.000 österreichischen Juden erwähnte er mit keinem Wort.

2013 fuhr der Historiker Franz Schausberger, früherer Landeshauptmann der konservativen ÖVP im Bundesland Salzburg, schwere Geschütze auf. Er legte eine Reihe von Zitaten vor, die Renner als schweren Antisemiten ausweisen. Bei vielen Reden vor dem Krieg hatte der rote Held wie ein Demagoge vom Leder gezogen – mit der ewig gleichen Leier, mit Klischees vom bösen Finanzjudentum, das die Arbeiterschaft ausbeute etc. Der Zeitgeschichtler Norbert Leser, nach eigenen Angaben „Historiker der Sozialdemokratie", wies die Kritik Schausbergers vehement zurück. Der betagte Leser outete sich dabei als Freund der Familie Renner und betonte, der Ex-Kanzler sei mit Sicherheit kein Antisemit gewesen. Er habe auch eine innige Beziehung zu seinem jüdischen Schwiegersohn gehabt. Beobachter empfanden Lesers Argumente als eher defensiv bis zahnlos. Von der sozialdemokratischen Parteispitze gab es dazu keinen Mucks. Ihre SPÖ-Bildungsakademie heißt wie eh und je „Renner-Institut". Für Experten zeigt sich dabei ein Muster: Fans von antisemitischen Politikern wiesen auch früher zur Verteidigung ihrer Idole immer wieder darauf hin, dass diese privat mit dem einen oder anderen Juden befreundet waren. Siehe auch das Kapitel „Rathaus" über den konservativen bzw. christlich-sozialen Wiener Bürgermeister und antisemitischen Hetzer Karl Lueger. (leh)

Literaturtipps

Siegfried Nasko, Johannes Reichl: Karl Renner. Zwischen Anschluss und Europa. Wien 2000

Anton Pelinka: Karl Renner zur Einführung. Hamburg 1989

Walter Rauscher: Karl Renner, ein österreichischer Mythos. Wien 1995

Webtipps

dasrotewien.at – Stichwortsuche: Karl Renner

renner-institut.at

rennermuseum.at (Museum in Gloggnitz)

12 BURGTHEATER

Das „neue" k.k. Hofburgtheater, am 14. Oktober 1888 mit Grillparzers „Esther" und Schillers „Wallensteins Lager" eröffnet, wurde im neubarocken Stil von Gottfried Semper (Grundriss) und Karl von Hasenauer (Fassade) entworfen. Der Bau begann am 16. Dezember 1874 und zog sich 14 Jahre hin, in denen sich das Architektenduo völlig zerstritt.
Bild: Gerald Lehner

Reiseziel

- Burgtheater, Universitätsring 2, 1010 Wien
- Luftlinie vom Stephansdom: 900 m Westnordwest
- 16°21'39" Ost / 48°12'37" Nord

Öffis

- Station Rathausplatz / Burgtheater – Straßenbahnlinien: 1, 71, D;

HAUPTBÜHNE DES KULTURKAMPFES

Es wurde 1888 eröffnet und ist das größte Sprechtheater des deutschsprachigen Raums. Ein Jahrhundert lang bediente es bevorzugt ein biederes, konservatives Publikum. Im Nationalsozialismus war das Haus die Hauptbühne zur Eindeutschung Österreichs. Erst Mitte der 1980er-Jahre – 40 Jahre nach Kriegsende – gelang es Thomas Bernhard und Elfriede Jelinek, die braunen Verkrustungen mit provokanten Stücken aufzubrechen. Die Rechte startete daraufhin einen erbitterten Kulturkampf. Doch der damalige Direktor des Burgtheaters, Claus Peymann, reagierte mit immer neuen Provokationen. Das ermöglichte eine Katharsis und den Aufbruch in die Moderne.

Österreich inszenierte sich selbst. Es entlarvte sich. Stücke und Texte, die Thomas Bernhard, Elfriede Jelinek und Claus Peymann ab 1988 auf die geheiligte Staatsbühne brachten, hatten von Beginn an zahlreiche Gegner. Zum Teil regierte auch nackter Hass. Diese Bühnenkunst wurde beschimpft, verfemt, in Medien systematisch verrissen. Damit bestätigte Österreichs Rechte genau das, was auf der Bühne thematisiert und angeprangert wurde. Es ging um Österreichs Geschichtslügen, seinen ewigen Opfermythos, der die zentrale Mittäterschaft in der Maschinerie Hitlers mehr als 40 Jahre nach dem Krieg noch immer übertünchte. Und es ging um die Gedächtnislücken, die sich 1986 bei der Wahl des heftig umstrittenen Bundespräsidenten Kurt Waldheim (ÖVP) einmal mehr gezeigt hatten. Der Kandidat hatte im Wahlkampf und danach angesichts seiner früheren Verstrickungen als Offizier in Hitlers Kriegsmaschinerie mehrfach von „Pflichterfüllung" schwadroniert. Wie so viele österreichische Kriegs„teilnehmer" seiner Generation, um deren Stimmen Waldheim besonders warb (siehe das Kapitel „Waldheim erschüttert die Welt").

Zwei Jahre nach Waldheims Wahl, im „Bedenkjahr" 1988, jährte sich zum 50. Mal der „Anschluss" Österreichs an Hitlerdeutschland. Gleichzeitig feierte das Wiener Burgtheater sein 100-Jahr-Bestandsjubiläum. Dort saß nun ein Aufklärer auf dem Chefsessel, der sich noch dazu als Linker outete. Der aus Deutschland stammende Claus Peymann war schon als „Preuße" für viele Österreicher eine Hassfigur. Und Peymann hatte für das vielschichtige Jahr 1988 den österreichischen Dichter Thomas Bernhard beauftragt, ein Stück zu schreiben. Der wählte dafür den Titel „Heldenplatz" – in Anspielung auf die stürmische Begeisterung, mit der Zehntausende Wiener im Frühjahr 1938 ihren „Führer" Adolf Hitler vor der Hofburg empfangen hatten. Das Stück spielt kurz nach dem Tod des Mathematikers Josef Schuster. Der fiktive Universitätsprofessor stürzt sich im März 1988 aus dem Fenster seiner Wiener Wohnung direkt auf den Heldenplatz. Die Hauptfiguren, allen voran der Bruder des Verstorbenen, beschäftigen sich mit dessen Charakter und den eigenen Lebenssituationen. Es zeigt sich, dass Professor Schuster überzeugt war, Österreich sei noch immer nationalsozialistisch. Und gleichzeitig beeinflusse noch immer „katholischer Stumpfsinn" das Denken der Menschen, so Bernhard. Mehr brauchte es nicht. Inhalt und Texte des Stücks sollten erst im Oktober 1988, kurz vor der Uraufführung Anfang November, bekannt werden. Als das Nachrichtenmagazin „profil" lang vorher erste Auszüge druckte und einen harten Kulturkampf prophezeite, blieb es noch relativ ruhig. Richtig los ging es, als die konservative „Wochenpresse" und das Boulevardblatt „Kronen Zeitung" Öl ins Feuer gossen – mit Schlagzeilen wie „Österreich: 6,5 Millionen Debile" oder „Steuerzahler soll für Österreich-Besudelung blechen". Die „Krone" druckte knallharte Leserbriefe und Kommentare des

(li.) Thomas Bernhard (1931 – 1989) während einer Probe zu „Heldenplatz" am Wiener Burgtheater.
(re.) Einst ein vehementer Gegner von Bernhards Kritik an Österreich: Ex-Nationalratspräsident Andreas Khol (Mitte). Der christlich-konservative Politiker (ÖVP) und der linke deutsche Regisseur Claus Peymann (rechts) beendeten auf Einladung des Kulturarbeiters, Hoteliers und Haubenkochs Sepp Schellhorn (links) auf Schloss Goldegg in Salzburg ihren alten „Kulturkampf".
Bilder: (li.) ONB – Bildarchiv Austria / Wohary (re.) Gerald Lehner

Herausgebers Hans Dichand gegen das Stück, obwohl dessen genauer Inhalt noch nicht öffentlich bekannt war. Kurt Waldheim nutzte die Gelegenheit und sprach von einer „groben Beleidigung des österreichischen Volkes". Der rote Wiener Bürgermeister Helmut Zilk, seit jeher mit der rechtsgerichteten „Kronen Zeitung" eng verbunden, sowie der rote Ex-Bundeskanzler Bruno Kreisky (beide SPÖ) schossen sich ebenfalls auf Bernhard und Peymann ein. In Österreich kämpften selbst Sozialdemokraten Seite an Seite mit Konservativen wie Andreas Khol (damals Klubobmann der ÖVP im Nationalrat) und Ultrakonservativen wie dem Wiener Erzbischof Kurt Krenn gegen die künstlerische Moderne und gegen die Aufklärung. Es wurde sogar die Absetzung des Stücks gefordert. Der rechtsradikale und deutschnationale Oppositionspolitiker Jörg Haider von der FPÖ forderte mit einer Anspielung auf Karl Kraus gar, man solle Peymann des Landes verweisen: „Hinaus mit dem Schuft!" Bundeskanzler Franz Vranitzky, Wiens Kulturstadträtin Ursula Pasterk und Unterrichtsministerin Hilde Hawlicek (alle SPÖ) setzten sich für die Aufführung von „Heldenplatz" ein. Auch eine Reihe von Schriftstellern unterstützte Peymann und Bernhard. Die Publizistin Sigrid Löffler schrieb im „profil" angesichts der Lage: „Österreich inszeniert sich selbst." Bei der ausverkauften Premiere am 4. November 1988 hielten sich Proteste und Applaus fast die Waage. Wenige Monate später starb Thomas Bernhard. In den folgenden zehn Jahren gab es im Burgtheater mehr als 120 Aufführungen von „Heldenplatz". Das Stück wurde zu einer der erfolgreichsten Produktionen aller Zeiten.

Die Werke des einst zum „Staatsfeind" gestempelten Dichters sind in Österreich heute längst Teil des bürgerlichen Mainstreams. Manche änderten ihre Meinung sogar komplett. Im Spätherbst 2013 setzten sich der frühere ÖVP-Klubobmann Andreas Khol und der Ex-Direktor des Burgtheaters Claus Peymann in dem kleinen Bergdorf Goldegg im Salzburger Pongau auf eine Bühne und blickten beim örtlichen Thomas-Bernhard-Festival gemeinsam zurück. Sie beendeten nach 25 Jahren charmant ihren alten „Kulturkampf" und waren sich nun sogar einig, dass der einstige „Skandaldichter" eigentlich ein Konservativer gewesen sei. Der Linke Peymann sagte in Goldegg: „Bernhard hatte im Grunde eine sehr große Liebe zu Österreich." Und – man höre und staune – Khol outete sich nun als Fan von Thomas Bernhard: „Ich habe mir im Burgtheater alle Ihre Stücke angesehen, Herr Peymann, meistens mit meiner Frau. Das meiste hat mir gefallen." Zu seinen politischen Tiraden gegen Bernhard im Jahr 1988 sagte er: „Es wäre traurig, würde man mit den Jahren nicht dazulernen."

Und was lief zwischen 1938 und 1945 an der Wiener „Burg"? Im „Dritten Reich" kamen bevorzugt Regisseure und Autoren zu Aufträgen, die als frühe Nazis (Mitgliedschaften schon vor 1938) auch Hochverräter an Österreich waren. Einige schafften es nach 1945 in dem von den Alliierten befreiten Österreich schnell wieder nach oben – zum Beispiel Richard Billinger und Max Mell. Eine ganze Schar brauner Genossen erhielt bald sogar wieder Staatspreise der neuen Republik. Die Vergesslichkeit der Regierenden kannte nach 1945 kaum Grenzen.

Die Nazis hatten die Wiener „Burg" vollständig zum geschichtslosen bzw. rechten Spießertheater verwandelt. Hier wurden sogar der vielschichtige Ur-Österreicher Franz Grillparzer und die Wiener Moliere-Jünger, verkappten Aufrührer und komödiantischen Systemkritiker des 19. Jahrhunderts Ferdinand Raimund und Johann Nestroy zu Germanen und teutschen Helden umgebogen. „Eines der großen deutschen Theater ist dem Nazi-Ungeist bereitwillig entgegengetaumelt. Es durfte dabei auf eine sehr lange Leisetreterei in den Zeiten der Habsburger zurückblicken", schrieb der geflüchtete Theater- und Literaturkritiker Ludwig Ullmann im Februar 1945 in den USA. Der Wiener Zeithistoriker Oliver Rathkolb stuft die Vorgänge zwischen dem Bürgerkrieg in Österreich (1934), dem „Anschluss" an Hitlerdeutschland (1938) und dem Kriegsende (1945) als „Widerstandslosigkeit der elastischen Anpassung" ein. Die meisten Mitglieder des Ensembles richteten es sich zuerst mit den katholischen Austrofaschisten und ab 1938 mit den Nazis. Jüdische Schauspieler und Bedienstete verloren ihre Jobs, zum Beispiel Fritz Strassny, Fritz Blum, Hans Wengraf, Lilly Karoly, Friedrich Rosenthal (Dramaturg). „Halbjuden" konnten vorerst noch bleiben, bis die braune Direktion einen Ersatz fand. Einige verschwanden in Konzentrationslagern und Gaskammern. Ein besonderer Fall war der fanatische Nazi und Regisseur Lothar Müthel. 1943 inszenierte er seine stark antisemitische Vergewaltigung des „Kaufmanns von Venedig". 1947 durfte er schon wieder – ohne je zur Rechenschaft gezogen worden zu sein – am Burgtheater seine Unschuld beweisen, ausgerechnet mit Lessings „Nathan der Weise", der Parabel gegen Rassismus.

Die Wiener Avantgardistin und spätere Literatur-Nobelpreisträgerin Elfriede Jelinek setzte sich intensiv mit der NS-Vergangenheit des Schauspieler-Ehepaars Attila Hörbiger und Paula Wessely auseinander. Sie waren beide an der „Burg" engagiert und hatten als Schauspieler bereitwillig die braune Propaganda mitgetragen. Nach dem Krieg, ab den 1950er-Jahren, waren sie beide am Burgtheater engagiert. Da waren sie wieder Nationalhelden, dieses Mal von Österreich (siehe dazu auch das Kapitel „Theater in der Josefstadt"). Jelineks Stück „Burgtheater" wurde am 10. November 1985 in Bonn uraufgeführt und schaffte es später auch ans Burgtheater. (leh)

Literaturtipps

Hermann Beil (Hrsg.): Weltkomödie Österreich. 13 Jahre Burgtheater. 1986–1999. 3 Bde. Wien 1999

Klaus Dermutz: Das Burgtheater 1955–2005, mit einem Essay von Klaus Bachler. Wien 2005

Gerald Lehner: Kulturkampf beendet. Reportage auf salzburg.ORF.at – zu finden über die Stichworte Peymann, Khol, Bernhard, Goldegg

Oliver Rathkolb: Mythos Burgtheater. Rede auf dem Symposion „Auf Burg Bruch – Von welchem Theater träumten wir?", Oktober 2013. www.burgtheater.at/Content.Node2/home/spielplan/Rathkolb-Oliver_Mythos-Burgtheater_FIN.pdf

Webtipp

burgtheater.at

13 RATHAUS

Dollfuß hat ausgedient: Nach dem „Anschluss" 1938 wurde der Platz vor dem Rathaus in Adolf-Hitler-Platz umbenannt. Im Rathaus existierte nur noch ein Scheinparlament, die „Wiener Bürgerschaft", später die „Ratsherren", die nicht gewählt wurden, sondern ernannt.

Bild: ONB – Bildarchiv Austria / Hoffmann, H.

Reiseziel

- Wiener Rathaus, Rathausplatz, 1010 Wien
- Stadtinformationszentrum, Rathaus, Eingang Friedrich-Schmid-Platz 1, 1010 Wien. Telefon: +43 1 525 50, stadtinformation@post.wien.gv.at
- Luftlinie vom Stephansdom: 900 m West
- 16°21'31" Ost / 48°12'38" Nord

Öffis

- U2 Rathaus; Station Rathausplatz/Burgtheater – Straßenbahnlinien: 1, 71, D; Station Rathaus (Stadiongasse) – Straßenbahnlinie: 2;

VOLKSTRIBUN, ERNEUERER UND HETZER

Karl Lueger war einer der einflussreichsten Bürgermeister der Stadt Wien. Die antisemitischen Töne des christlich-sozialen Demagogen waren ebenso prägend für den jungen Adolf Hitler wie der blanke Judenhass des deutschnationalen Georg von Schönerer, der im Reichsrat der Monarchie saß. Bürgermeister Lueger war Herrscher von Wien, seine konservative Partei wegen des für den Mittelstand günstigen Wahlrechts fast allmächtig.

Die Hetzreden Luegers führten neben denen von Schönerer zur allgemeinen Verrohung der Bevölkerung und waren Vorboten des Nationalsozialismus. Wien hatte um 1900 rund zwei Millionen Einwohner und war damit die sechstgrößte Stadt der Welt. Lueger konnte als Bürgermeister von 1897 bis 1910 kommunalpolitisch viele Modernisierungen durchsetzen: Gas- und Elektrizitätswerke, Verkehrsbetriebe, Wasserwerke. Pferdekutschen wurden durch Straßenbahnen ersetzt. Dazu kam die neue Stadtbahn – die heutige U-Bahn-Linie 6 – mit ihren Stationen in Jugendstil-Architektur. Noch heute hat Wien besonders gutes Trinkwasser. Unter Lueger wurde die zweite Hochquellenwasserleitung aus dem 200 Kilometer entfernten Hochschwab-Gebirge gebaut. Im nahen Wienerwald erließ er Bauverbote, die Basis für heutige Erholungsgebiete. Sein Judenhass kam früh zum Ausdruck, als er städtische Sparkassen gründen ließ, um das seiner Meinung nach verschwörerische „Finanzjudentum" zu ruinieren.

Lueger wurde 1844 in Wien geboren, studierte Jus und wurde Anwalt. Zu Beginn war ein jüdischer Arzt und konservativer Bezirkspolitiker sein Vorbild: Ignaz Mandl wurde zum Idol für „kleine" Leute und Gewerbetreibende, weil er in Bierhallen, Gasthäusern und auf Märkten direkten Kontakt suchte. Er förderte den katholischen Jungpolitiker Lueger. Doch bald predigte der einen scharfen Antisemitismus, was zum Zerwürfnis mit Mandl führte. Unter Luegers Führung begann 1887 die Wandlung des kleinen Vereins

Bürgermeister Karl Lueger 1904 im Rathauspark in Mantel und Zylinder vor der Kaiser-Jubiläums-Linde. Lueger ist bis heute eine ambivalente Figur: Einerseits hat er für die Stadt viele positive Entwicklungen bewirkt, andererseits hatten seine Hetzreden gegen Juden eine verheerende Wirkung. Der frühere Karl-Lueger-Ring wurde in Universitätsring umbenannt.
Bild: ONB – Bildarchiv Austria

der „Christlich-Sozialen" zur großen Volkspartei. Viele Wähler des Hasspredigers von Schönerer, der aus dem Reichsrat flog, liefen zu Lueger über. Er perfektionierte Schönerers Demagogie – mit Parolen wie dieser: „Groß-Wien darf nicht Groß-Jerusalem werden."

1890 hielt Lueger seine berühmt-berüchtigte Rede: „Ja, in Wien gibt es doch Juden wie Sand am Meere, wohin man geht, nichts als Juden; geht man ins Theater, nichts als Juden, geht man auf die Ringstraße, nichts als Juden, geht man in den Stadtpark, nichts als Juden, geht man ins Konzert, nichts als Juden, geht man auf den Ball, nichts als Juden, geht man auf die Universität, wieder nichts als Juden." Lueger hetzte im Wiener Dialekt und hatte damit großen Erfolg. Er manipulierte die Massen, was den jungen Hitler sehr beeindruckt hat. Lueger agitierte gegen „die Reichen da oben", gegen den „Pöbel da unten", gegen die Ungläubigen und Fremden. Sie würden den Wienern die Frauen, Wohnungen, Arbeit wegnehmen. An allem war „der Jud" schuld. Moderne Kunst, Emanzipation der Frauen, Sozialdemokratie, fortschrittliche Presse – alles gehe auf das Konto „des Juden".

Luegers Hasstiraden spalten bis heute Bevölkerung und Politik. Jahrelang wurde in Wien um die Frage gestritten, ob angesichts seiner Entgleisungen der Karl-Lueger-Ring im Zentrum der Stadt in Universitätsring umbenannt werden sollte. Das wurde dann 2012 umgesetzt. Der Karl-Lueger-Platz behielt seinen Namen.

Viele sehen den Politiker ambivalent. Neben seinem Judenhass stehen die Leistungen für das Gemeinwohl der Stadt. Der Antisemitismus sei „nur" politische Strategie gewesen, betonen seine Verteidiger. Sie verweisen auf seine jüdischen Freunde und Kooperationen mit der Kultusgemeinde Wiens. Mit dem elenden Spruch „Wer a Jud ist, bestimm ich" nahm sich der Demagoge die Freiheit, Ausnahmen zu machen. Und Judentum war für ihn keine „Rasse" wie bei Schönerer. Lueger sah es als Religion. So konnte er getaufte Juden in seinen engsten Kreis aufnehmen. Die Historikerin Brigitte Hamann lässt das als Entschuldigung nicht gelten: „Von Bedeutung ist allein die Wirkung seiner aufhetzenden Reden – und diese war verheerend. Der Antisemitismus, den Lueger über Jahrzehnte als hypnotischer Redner in die ihn verehrenden Volksmassen brachte, die ordinären Entgleisungen seiner Parteigenossen und geistlichen Freunde, die er unwidersprochen ließ, vergifteten die Atmosphäre. Auch wenn kein Jude ermordet wurde, verrohten die Menschen."

Bei den Wiener Gemeinderatswahlen 1932 erhielten die Nazis mehr als 200.000 Stimmen. Zu Sitzungen des Gemeinderats erschienen ihre Trupps grölend und betrunken. Als der Sozialdemokrat Robert Danneberg zum Präsidenten des Gemeinderats gewählt wurde, protestierten die Nazis. Einen Juden als Vorsitzenden würden sie nicht akzeptieren. Schließlich wurde Danneberg ausgetauscht. Der christlich-soziale bzw. austrofaschistische Bundeskanzler Engelbert Dollfuß löste 1934 neben dem Nationalrat auch das sozialdemokratisch dominierte Wiener Stadtparlament auf. Bis 1938 existierte als Scheinparlament die „Wiener Bürgerschaft". Ihre Mitglieder wurden ernannt und nicht gewählt. 1939 richteten die Nazis dann die „Ratsherren" ein – 45 Lakaien der Partei, die keine Kompetenzen hatten. (eba)

Literaturtipps

Anna Ehrlich: Karl Lueger. Die zwei Gesichter der Macht. Wien 2010

Brigitte Hamann: Hitlers Wien. Lehrjahre eines Diktators. München 1996

Webtipp

wien.gv.at

14 UNIVERSITÄT

Der wild umstrittene Siegfriedskopf, geschützt unter einem Glassturz. Außen ist ein Text der jüdischen Schriftstellerin Minna Lachs zu lesen. Die frühere Position der Skulptur im Hof wurde bewusst leer gelassen, um dort anhand von Inschriften den Opfern des Holocaust zu gedenken.
Bild: Anna Beskova

Reiseziel

- Universität Wien, Hauptgebäude, Universtitätsring 1
- Luftlinie vom Stephansdom: 1 km Nordwest
- 16°21'41" Ost / 48°12'49" Nord

Öffis

- U2 Schottentor; Station Schottentor – Straßenbahnlinien: 1, 37, 38, 40, 41, 42, 43, 44, 71, D; Bus: 1A, 40A;

VERTRIEBENE WISSENSCHAFT

Der intellektuelle Aderlass an der Universität Wien war enorm: 45 Prozent der Lehrenden wurden 1938 entlassen. Rund 2.700 Professoren und Studierende wurden vertrieben oder ermordet. Die Folgen waren für die Wissenschaft in Österreich bis weit in die Nachkriegszeit verheerend. Jahrzehntelang wurde das Thema verschwiegen und heruntergespielt.

Adolf Hitler ging als junger Mann in Wien gelegentlich ins Parlament, um sich Sitzungen anzuhören. 1908 brachten die antisemitischen Christlich-Sozialen den Gesetzesantrag ein, die Zahl jüdischer Studenten und Gymnasiasten zu beschränken. Es sollten nur noch so viele Juden studieren dürfen, wie es ihrem Bevölkerungsanteil entsprach. Das war der Beginn der kompletten Ausgrenzung aus den Bildungsstätten. Als der Oberste Gerichtshof 1930 diesen Numerus Clausus aufhob, kam es zu Schlägereien an der Universität. Gerade hier waren deutschnationales Gedankengut und harter Judenhass weit verbreitet. Verglichen mit den weit größeren Teilen der Bevölkerung schickten überdurchschnittlich viele jüdische Familien ihre Söhne und ab 1900 auch Töchter in Gymnasien und an die Universität. Selbst in ärmeren Familien galt Bildung als hohes Gut und als Möglichkeit des gesellschaftlichen Aufstiegs. Bildung kann man niemandem wegnehmen – trotz Vertreibung. Das war die jahrhundertealte Erfahrung der Juden.

Die bevorzugten Studiengänge waren Jus und Medizin. Diese Fakultäten wurden deshalb bevorzugt von deutschnationalen Burschenschaften und Schlägertrupps heimgesucht. Sie feierten vor den Hörsälen und stürmten Vorlesungen mit Kampfrufen wie „Juden raus". 1923 platzierte die „Deutsche Studentenschaft", die Juden, Frauen, Sozialdemokraten, Kommunisten und Liberale ausschloss, einen großen Siegfriedskopf aus Marmor in der Aula des Hauptgebäudes – eine Anspielung auf die Nibelungensage. Die Skulptur sollte an die deutschnationalen und antisemitischen

Studenten erinnern, die im Ersten Weltkrieg gefallen waren. Erst 2006 wurde dieses rein politisch-ideologisch motivierte „Denkmal" in den hinteren Bereich des Arkadenhofs verbannt. Schon im Sommer 1990 hatte die Universität beschlossen, den umstrittenen Siegfriedskopf zu versetzen. Das Bundesdenkmalamt legte sich aber quer. Das Konzept einer Neugestaltung durch das Künstlerpaar Bele Marx und Gilles Mussard überzeugte schließlich auch das Amt. Der Kopf wurde unter einen Glassturz gelegt. Außen ist ein Text der jüdischen Schriftstellerin Minna Lachs zu lesen. Innen befinden sich weitere Glasflächen mit Texten und Fotografien. Die frühere Position der Skulptur im Hof wurde bewusst leer gelassen. Dazu wurden zwei Nischen mit Inschriften eingerichtet, um den Opfern des Antisemitismus und des Holocaust zu gedenken.

Die Nazis hatten die Universität Wien besonders schnell und effizient gleichgeschaltet. Rund 2.700 wurden aus „rassischen" sowie politischen Gründen entlassen, vertrieben bzw. ermordet – Lehrende, Studierende und anderes Personal. Das betraf fast die Hälfte des Lehrkörpers (45 Prozent). Von April bis Oktober wurden noch einige wenige – darunter der spätere Bundeskanzler Bruno Kreisky – unter demütigenden Bedingungen in „Nichtarier-Promotionen" verabschiedet. Ab Herbst 1938 war Juden Studium und Promotion generell verboten. Viele Doktorate wurden nachträglich aberkannt.

2008 richtete die Universität im Internet ein virtuelles Gedenkbuch für die Opfer ein. Der Physiker und Nobelpreisträger Erwin Schrödinger (1938 Honorarprofessor in Wien), die Chemiker Hermann Mark und Friedrich Feigl, der Mathematiker Kurt Gödel, Karl und Charlotte Bühler (Philosophie bzw. Psychologie), der Physiker Hans Thirring und viele andere international anerkannte Forscher zählen zu den Vertriebenen. Insgesamt 322 solcher Fälle sind aktenkundig. Auch Elise Richter, Professorin für Romanistik, musste gehen. Sie war die erste habilitierte Frau in Österreich. Ehre, Status und Alter schützten sie nicht: Nachdem sie ihre Funktion verloren hatte, blieb sie mit ihrer Schwester Helene in Wien. Ihre letzten Arbeiten konnte sie von 1940 bis 1942 in den Niederlanden und Italien veröffentlichen. Am 10. Oktober 1942 wurde Richter ins KZ Theresienstadt deportiert, wo sie einige Monate später mit 78 Jahren verstarb. Eine Gedenktafel beim Institut für Romanistik im Alten AKH sowie ein nach ihr benannter Saal im Uni-Hauptgebäude erinnern an sie.

Die Gunst der Stunde für gute Jobs nutzten viele und orientierten ihre Karriereplanung an den Vorgaben der neuen Machthaber. Auch der Krieg störte den Lehrbetrieb massiv. Im September 1944 wurde die Universität erstmals von Bomben getroffen. Bis Kriegsende waren fast ein Drittel des Bestandes zerstört, zwei Drittel der Dächer, auch das Glasdach des Lesesaals der Bibliothek. Am 5. April 1945, kurz vor Ankunft der sowjetischen Befreier, erschoss der regimetreue Chemiker Jörn Lange seine Assistenten Kurt Horeischy und Hans Vollmar. Sie wollten den Professor daran hindern, ein Elektronenmikroskop zu zerstören. Die Nationalsozialisten hatten mit dem Befehl „Verbrannte Erde" angeordnet, alles zu vernichten, was den Befreiern nutzen konnte. Professor Lange wusste, dass sich im Keller der Uni noch verfolgte Menschen versteckten – darunter der spätere Schriftsteller Johannes Mario Simmel. Er soll sie nicht bei der SS denunziert haben. Nach Kriegsende wurde Lange wegen anderer Aktivitäten für das Regime zum Tod verurteilt. Er nahm sich das Leben. (eba)

Literaturtipps

Oliver Rathkolb (Hrsg.): Der lange Schatten des Antisemitismus. Kritische Auseinandersetzungen mit der Geschichte der Universität Wien im 19. und 20. Jahrhundert. Universität Wien 2013

Friedrich Stadler (Hrsg.): Vertriebene Vernunft. Emigration und Exil österreichischer Wissenschaft 1930–1940. Wien 2004

Klaus Taschwer: Hochburg des Antisemitismus. Der wissenschaftliche Niedergang der Universität Wien in der ersten Hälfte des 20. Jahrhunderts. Wien 2015

Webtipp

univie.ac.at

15 PALAIS EPHRUSSI

Der rosa Monolith, das stattliche Palais Ephrussi, am Schottenring. Erst durch das Buch „Der Hase mit den Bernsteinaugen" wurde die glanzvolle und tragische Geschichte der Familie Ephrussi einer breiteren Bevölkerungsschicht bekannt.
Bild: Anna Beskova

Reiseziel

- Universitätsring 14, 1010 Wien
  Gegenüber von der Station befindet sich das Palais mit der Aufschrift „Casinos Austria". In dem Palais sind keine Führungen möglich, allerdings kann man den Eingangsbereich und den Innenhof besichtigen.
- Luftlinie vom Stephansdom: 1 km Nordwest
- 16°21'44" Ost / 48°12'49" Nord

Öffis

- U2 Schottentor; Station Schottentor – Straßenbahnlinien: 1, 37, 38, 40, 41, 42, 43, 44, 71, D; Bus: 1A, 40A;

UNTERGEGANGENE WELT

Viele bürgerliche Kleinpaläste mit Nobeladressen an der Wiener Ringstraße gehörten zu Beginn des 20. Jahrhunderts jüdischen Österreichern – die Palais Schey von Koromla, Todesco, Lieben, Wertheim, Gutmann, Epstein, Königswarter. Am Universitatsring 14 steht ein besonders prachtvolles Exemplar: das Palais Ephrussi.

Die Familie Ephrussi kam ursprünglich aus Odessa am Schwarzen Meer. Reich wurde sie durch Getreideexporte, später mit Investitionen in Infrastruktur und Bankhäusern in Wien und Paris. Die Ephrussis sollen nach den bekannteren Rothschilds die zweitreichste Familie gewesen sein. Sie konnten sich für ihre Domizile den Star-Architekten Theophil Hansen leisten, der auch das Palais Epstein und das Wiener Parlament entwarf. 1869 war das Ephrussi-Palais dran. Eindrucksvoll schildert Edmund de Waal in dem Buch „Der Hase mit den Bernsteinaugen" das großbürgerliche Leben seiner Verwandten. Der Name Ephrussi war bis zur Veröffentlichung des Buches in Wien kaum bekannt. Das riesige Palais der Familie hat korinthische Pilaster und dorische Säulen, Urnen und Architrave, an den Ecken vier kleine Türme, Reihen von Karyatiden unter dem Dach. „Ich kann dem Gold nicht entkommen: viel, viel Gold an den Kapitellen und Balkonen", schreibt de Waal. Es gibt ein riesiges Eichentor. Innen dominiert Marmor die fünf Stockwerke über dem Hof mit Innenbalkonen. Die Deckenpaneele sind mit Gemälden von Christian Giepenkerl geschmückt, der auch die Decken im Zuschauerraum der Oper gestaltet hat. Genau dieser Mann ließ später – nebenbei bemerkt – den jungen Adolf Hitler bei der Aufnahme an der Wiener Kunstakademie wegen „ungenügender Probezeichnungen" durchfallen.

Viele Bewohner und Bauherren dieser Palais an der Ringstraße waren Neureiche. Als jüdische Großbürger lebten sie wie Adelige – manche waren vom Kaiser auch in den Adelsstand erhoben worden. Von bitterer Armut der meisten Juden in Wien und dem zunehmenden Judenhass der Antisemiten bekamen sie scheinbar wenig mit – oder wollten nichts mitbekommen. Die Kinder der Ephrussis hatten Kindermädchen, es gab ein Heer von Bediensteten und Hauspersonal. Die Grande Dame zog sich bis zu dreimal täglich um, im Hof wartete eine Kutsche mit schwarzen Pferden und Lakaien: Abendgesellschaften, Bälle, Kuchen von Demel, Silbertabletts, Reisen an die Côte d´Azur und nach Paris, Reiten und Jagd in Ungarn. Sie waren perfekt assimiliert. In die Synagoge ging kaum jemand aus der Familie.

1938 wurde auch hier von den Nazis „arisiert". De Waal: „Fäuste donnern an die Tür, jemand drückt lange auf die Klingel, und dann sind sie da, acht, zehn Männer, ein ganzer Haufen von ihnen in Uniform, einige mit Hakenkreuzarmschleife, einige kennen sie. Manche sind halbe Knaben. Es ist ein Uhr früh, keiner schläft, alle sind angezogen. Jahrelang sind sie an dem Haus vorbeigegangen, haben hinter den Fenstern Gesichter gesehen, haben einen Blick in den Hof geworfen, wenn der Portier die Türflügel offen hielt, während die Kutschpferde hineintrotteten. Jetzt sind sie drinnen, endlich. So also leben die Juden, das haben die Juden mit unserem Geld gemacht – Zimmer nach Zimmer vollgestopft mit üppigen Reichtümern. Drei von ihnen heben den Schreibtisch hoch und hieven ihn über das Geländer, bis er, Holz, Vergoldung, Intarsien splittern krachend, auf den Pflastersteinen im Hof unten zerschellt. Dieser Schreibtisch braucht lange, um zu fallen. Das Geräusch hallt vom Glasdach wider. Zerborstene Schubladen streuen Briefe über den Hof." Die Glocken in der Votivkirche gegenüber läuteten, 200.000 Menschen drängten sich an der Ringstraße zum Heldenplatz, um Hitlers Rede zu hören.

Einen Monat später kamen sechs Mann von der Gestapo. „Die Beamten gehen methodisch vor. Sie haben keine Eile. Sie sind keine Wilden", schreibt de Waal. Nachdem sie die 24 Räume durchsucht hatten, verlangten sie die Schlüssel zum Safe, zum Silberzimmer und zum Porzellanschrank. Familienoberhaupt Viktor Ephrussi wurde verhaftet. Er kam erst wieder frei, als er auf seinen gesamten Besitz verzichtet hatte. Die Kunstsammlung, Bücher und Möbel – alles wurde vom NS-Regime geraubt. Die Bank der Ephrussis wurde

Autor Edmund de Waal mit Netsuke aus dem Familienbesitz. Das Buch „Der Hase mit den Bernsteinaugen" erzählt die Geschichte seiner Familie Ephrussi.
Bild: Graham Jepson / Writer Pictures

aus dem Handelsregister gelöscht, das „arisierte" Vermögen drei Monate später in „Bankhaus C.A. Steinhäusser" umgetauft. Dafür erhielt die Familie eine Ausreisegenehmigung. Sie traten mit einem Koffer auf die Ringstraße und gingen zu Fuß zum Bahnhof, um via Ungarn nach Großbritannien zu flüchten.

Von all dem Reichtum wurden nur 264 kleine Netsuke gerettet – japanische Schnitzfiguren aus Elfenbein und Hirschhorn. Kammerzofe Anna, deren Nachname unbekannt ist, hatte die zarten Kunstwerke in ihrer Schürze versteckt und nach dem Krieg den Erben übergeben. Sie sind heute im Besitz von Edmund de Waal.

Im Krieg wurde das Palais beschädigt, 1950 wurde es an die Familie zurückgegeben. Weil sie es nicht mehr instand halten konnte oder wollte, wurde es um 30.000 US-Dollar verkauft. Für die „Arisierung" ihrer Bank bekam die Familie nur 5.000 US-Dollar als Entschädigung. Bedingung war, keine weiteren Ansprüche dem Staat Österreich gegenüber mehr zu erheben. Auch einige Bilder und Teppiche wurden rückerstattet. Doch wo blieb der ganze Reichtum? Wer hortet fremden Besitz ohne schlechtes Gewissen? Das Palais ist heute 30 Millionen Euro wert. Bis 2009 war dort die Zentrale der staatlichen Casinos Austria untergebracht. An die Familie Ephrussi erinnert nichts mehr – abgesehen von einem Mausoleum auf dem Zentralfriedhof nahe Tor 1. (eba)

Literaturtipps

Edmund de Waal: Der Hase mit den Bernsteinaugen. Wien 2010

Barbara Dmytrasz: Die Ringstraße. Eine europäische Bauidee. Wien 2008

Michaela Feurstein, Gerhard Milchram: Jüdisches Wien. Stadtspaziergänge. Wien 2001

16 LANDESGERICHT

Das Grauen mitten in Wien: Rund 600 Widerstandskämpfer wurden im Landesgericht hingerichtet. Um eine Ahnung davon zu bekommen, empfiehlt sich ein Besuch der Hinrichtungsstätte, wo dieses Bild des Schafotts zu sehen ist. In einer kleinen Ausstellung wird den Menschen, die für ihren Kampf mit dem Leben bezahlten, gedacht.
Bild: Anna Beskova

Reiseziel

- Landesgericht Wien, Landesgerichtsstraße 11, 1080 Wien
- Jeden ersten Dienstag im Monat führt ab 15 Uhr Gerichtspräsident Friedrich Forsthuber oder seine Vertretung zur Weihestätte. Gruppen können einen extra Termin vereinbaren.
- Luftlinie vom Stephansdom: 1,4 km Westnordwest
- 16°21'21" Ost / 48°12'49" Nord

Öffis

- Station Landesgerichtsstraße – Straßenbahnlinien: 43, 44;

VERNICHTUNG STATT RECHT

Im Justizapparat des „Dritten Reiches" arbeiteten viele Richter, die Parteimitglieder waren oder mit der NSDAP und ihren Zielen sympathisierten. Faire Prozessführung war ein Fremdwort: Politische Gegner wurden gnadenlos verurteilt und hingerichtet. Allein im Wiener Landesgericht vollstreckten die Nazis rund 1.200 Todesurteile mit dem Fallbeil. Rund 600 davon waren Widerstandskämpfer.

Am 5. April 1945 hatten sowjetische Verbände bereits die Gemeinden Schwechat, Fischamend und Mödling eingenommen, am 6. April begann der Angriff auf Wien. An diesem Tag wurden aus dem Wiener Landesgericht politische Häftlinge entlassen, darunter der christlich-soziale Bauernfunktionär Leopold Figl und der Schauspieler Paul Hörbiger. Andere Häftlinge waren einen Tag zuvor noch ermordet worden. Die Mordmaschinerie der Nazis arbeitete im Justizbereich hauptsächlich mit der Guillotine: „Der Verurteilte ließ sich ohne Widerstreben auf das Fallbeilgerät legen, worauf der Scharfrichter die Enthauptung mit dem Fallbeil ausführte. Die Vollstreckung dauerte von der Vorführung bis zur Vollzugsmeldung neun Sekunden." So nüchtern schildert das „Vollstreckungsprotokoll" die Hinrichtung von Leopold Ecker. Weil er Flugzettel mit kommunistischen Parolen hergestellt hatte, wurde der Wiener wegen „Vorbereitung zum Hochverrat" verurteilt und im Oktober 1943 geköpft. Pro Tag wurden bis zu 30 Menschen im heutigen Landesgericht hingerichtet. Der berühmt-berüchtigte Henker Johann Reichhart, der auch die Geschwister Scholl hinrichtete, übte seine Tätigkeit auch in Wien und Graz aus. Er soll das schwere Fallbeil immer bei sich gehabt und zwischen Wien und Graz hin und her transportiert haben, erzählt Friedrich Forsthuber, der heutige Präsident am Landesgericht Wien. Den Raum, in dem die Menschen geköpft wurden, heute „Weihestätte" genannt, können Interessierte besichtigen: Die Kacheln an der Wand, der Boden und ein Wasserhahn sind noch im Originalzustand. Dort, wo das Fallbeil stand, befindet sich eine Art Steinbecken im Boden, wo nach der Enthauptung der Kopf hinabfiel. Im Vorraum ist eine kleine Ausstellung eingerichtet, den Opfern wird mit Namenstafeln und Fotos gedacht. In dem Raum finden regelmäßig Gedenkveranstaltungen statt, beispielsweise zu Allerheiligen.

Nach dem „Anschluss" Österreichs begannen die Nazis sofort mit „Säuberungen" der Justiz, 207 Richter und Staatsanwälte mussten aus rassischen und politischen Gründen den Hut nehmen. NSDAP-Leute wurden in Schlüsselpositionen etabliert. 1938 kamen politische Gegner häufig noch mit Haftstrafen davon, später gab es mehr und mehr Todesurteile. Auf die Vollstreckung mussten die Gefangenen im Schnitt vier Monate warten, Gnadengesuche wurden abgelehnt. Aufgabe des „Volksgerichtshofs" war nicht Rechtsprechung, es ging vielmehr darum, die Gegner des Nationalsozialismus zu vernichten. Generalstaatsanwalt Johann Karl Stich hatte die meisten Anklagen zu verantworten, er war bereits ab 1930 illegaler Nazi. Nach dem Krieg wurde er nur dafür und wegen eines Massakers an 44 Häftlingen in Stein verurteilt, nicht aber für seine Anklagen. Die sterblichen Überreste der Hingerichteten liegen teilweise noch auf dem Wiener Zentralfriedhof im Bereich der Gruppe 40, wo erst seit 2005 (!) ein „Denkmal für hingerichtete Widerstandskämpfer" an diese Justizmorde erinnert. Gerhard Kastelic von der „ÖVP-Kameradschaft der politisch Verfolgten" schilderte bei der Enthüllung des Gedenksteins die oft grauenvolle Suche der Angehörigen: „Es wurden ihnen aneinandergereihte Köpfe und Behälter voller Köpfe gezeigt. Wenn der Kopf fehlte, musste man die Körperreste identifizieren." Unter den Toten war damals auch sein Vater. Selbst Jugendliche wurden nicht verschont, zum Beispiel, wenn sie Flugblätter gegen den Wahnsinn des Kriegs verteilten, wie die Geschwister Scholl in München. Die kommunistische Aktivistin Anni Gräf wurde im 19. Lebensjahr hingerichtet. Drei Prozent der Hingerichteten waren jünger als 20 Jahre. Die Sozialdemokratin Rosa Jochmann wurde gleich nach dem „Anschluss" von der Gestapo verhaftet und ins KZ Ravensbrück in Norddeutschland deportiert. Sie beteiligte sich an der illegalen Widerstandsbewegung im Lager, um die Todesmaschinerie – so gut es ging – zu behindern. 1943 kam Jochmann deswegen in verdunkelte Einzelhaft des gefürchteten „Bunkers". Ein Beispiel für politischen Widerstand ist auch die für ihre „Frankfurter Küche" bekannte Wiener Architektin Margarete Schütte-Lihotzky. Sie trat 1939 der verbotenen KPÖ bei. Der Widerstand der österreichischen Kommunisten war – im Vergleich aller Gruppierungen – zahlenmäßig der stärkste, was auch zu den meisten Mordopfern führte. Als Botin und Agentin sollte Schütte-Lihotzky den Kontakt zu anderen Untergrundorganisationen in Europa halten. Sie wurde verhaftet und saß bis 1945 im Gefängnis. Wegen ihrer kommunistischen Aktivitäten erhielt sie nach dem Krieg in Österreich kaum noch Aufträge und musste die meisten Projekte im Ausland verwirklichen.

Nach Schätzungen des Historikers Wolfgang Neugebauer wurden ca. 5.000 Österreicher aus politischen Gründen ermordet. Die Gesamtzahl der politischen Häftlinge dürfte bei 100.000 liegen. Widerstand leisteten katholisch-konservative Gruppen, Juden, Sozialdemokraten, Kommunisten, die überparteiliche Gruppe O5 und andere. Ihre Erfolge waren laut Neugebauer eher bescheiden. Österreichs Befreiung sei ausschließlich den alliierten Truppen zu verdanken. Trotzdem war das Vorhandensein einer Widerstandsbewegung in Österreich für die Alliierten später ein Grund, den Staat wieder in die vollständige Freiheit zu entlassen. Den meisten Widerständlern wurde es nie gedankt. Im Gegenteil: Karrieren machten vor allem ehemalige Nationalsozialisten. Beim Haupttor des Landesgerichts erinnert eine Tafel an der Hauswand sowie am Gehsteig an die hingerichteten Frauen und Männer. (eba)

Literaturtipps

Wolfgang Form, Wolfgang Neugebauer, Theo Schiller (Hrsg.): NS-Justiz und politische Verfolgung in Österreich 1938–1945. Analysen zu den Verfahren vor dem Volksgerichtshof und dem Oberlandesgericht Wien. München 2006

Wolfgang Neugebauer: Der österreichische Widerstand 1938 bis 1945. Wien 2008

Die Innenansicht des Alten Jüdischen Museums in der Malzgasse 16 in Wien-Leopoldstadt. Es gilt als das erste jüdische Museum weltweit und beherbergte Kunst- und Kultgegenstände. Es wurde von den Nazis zerstört, ein Teil der Sammlung ist heute im Jüdischen Museum.
Bild: Jüdisches Museum Wien

17 JÜDISCHES MUSEUM

Reiseziel 1

- Jüdisches Museum der Stadt Wien, Dorotheergasse 11, 1010 Wien
- Öffnungszeiten: Sonntag bis Freitag, 10.00–18.00 Uhr
- Luftlinie vom Stephansdom: 300 m Südwest
- 16°22'10" Ost / 48°12'26" Nord

Reiseziel 2

- Jüdisches Museum am Judenplatz, Judenplatz 8, 1010 Wien
- Öffnungszeiten:
  Sonntag bis Donnerstag, 10.00–18.00 Uhr,
  Freitag, 10.00–17.00 Uhr, an hohen jüdischen Feiertagen geschlossen
- Luftlinie vom Stephansdom: 400 m Nordwest
- 16°22'10" Ost / 48°12'42" Nord

Öffis (gilt für beide Ziele)

U1, U3 Stephansplatz; Station Stephansplatz – Bus: 1A, 2A, 3A;

ODYSSEE DES JÜDISCHEN MUSEUMS

1993 wurde das Jüdische Museum Wien an seinem heutigen Standort eröffnet. Schon vor 120 Jahren gab es ein solches Museum in Wien – das erste weltweit. Es wurde 1938 von den Nationalsozialisten geschlossen, die Sammlung geraubt. Die Hälfte der Exponate ist erhalten geblieben.

Porträts berühmter Zeitgenossen, Sederschüsseln, Menora: Alte und neuere Kulturgüter des Judentums sollten gesammelt werden. Das war ein Ziel der „Gesellschaft für Sammlung und Konservierung von Kunst- und historischen Denkmälern des Judentums", die 1893 von Wiener Intellektuellen gegründet worden war. Auch der Bibliothekar Bernhard Wachstein und der vielbeschäftigte Architekt Wilhelm Stiassny gehörten dazu. Stiassny war mit dem Bau von Synagogen und anderen Bauwerken im orientalischen Stil bekannt und berühmt geworden. Auf die Idee für das Museum kam er, als er in Paris eine Ausstellung jüdischer Kultgegenstände im Musée de Cluny besuchte. Mit Rabbiner Max Grunwald stieß dann 1903 noch ein Experte für jüdische Volkskunde zum Wiener Museumsteam. Erstes Objekt im Inventarbuch war das Buch „Die alten jüdischen Heiligthümer" von Johannes Lundius aus dem Jahr 1704. Dieses erste Museum wurde im Hochparterre des Wohnhauses von Wilhelm und Julia Stiassny in der Rathausstraße 13 eröffnet. Es sollte für Wiens Juden identitätsstiftend sein – vor allem angesichts der Diaspora. Man wollte aber auch die übrige Bevölkerung positiv ansprechen und sich vorstellen.

Das Museum bereitete die Geschichte der Juden in der österreichischen Monarchie auf und beleuchtete die Anfänge des Zionismus sowie den alten Traum vom Leben in Palästina. Stiassny war Zionist mit guten Kontakten zu Theodor Herzl, er plante sogar für die zukünftige Stadt Tel Aviv. 1910 starb Stiassny – ein großer Wiener, der beinahe vergessen ist. Erst 2009 gab es eine Dissertation an der Uni Wien über ihn, verfasst von der Philosophin Satoko Tanaka.

Nach einigen Zwischenstationen übersiedelte das Museum 1913 in die Leopoldstadt, Malzgasse 16. Dort gab es auch ein Bethaus und Schulen des Talmud-Thora-Vereins. Die Sammlung umfasste damals bereits 3.400 Objekte. Trotz der prominenten und engagierten Führung des Museums gelang es nicht, viele Wiener Juden und andere Bürger zu interessieren. Das Museum war auf vier enge Räume beschränkt und nicht täglich geöffnet. 1938 wurden die Schule und das Bethaus verwüstet, das Museum von der Gestapo geschlossen. Kurator Jakob Bronner listete 6.474 Objekte für die Gestapo auf. Die Nazis brachten sie ins Museum für Völkerkunde, ins Naturhistorische Museum und in die Nationalbibliothek. Für die antisemitische Hass- und Propaganda-Ausstellung „Das körperliche und seelische Erscheinungsbild der Juden" verwendete die Anthropologische Abteilung des Naturhistorischen Museums Wien viele Teile der Sammlung. Die Räume in der Malzgasse dienten nun als Sammellager für alte und kranke Juden. Der Arzt Sigmund Stiassny, der seinem Vater Wilhelm als Geschäftsführer der Museumsgesellschaft nachgefolgt war, bliebt der Letzte in dieser Funktion. Er starb 1941 kurz vor Beginn der Deportationen an einem Schlaganfall. Kurator Jakob Bronner wurde Ende Mai 1942 nach Maly Trostinec deportiert und am 1. Juni 1942 ermordet.

Die Rückgabe der Besitztümer nach Kriegsende dauerte lange. Ein Großteil wurde zwar in den 1950er-Jahren restituiert, einige wertvolle Stücke erst in den 1990ern. Etwa die Hälfte ist bis heute verschollen. Man vermutet, dass die Gegenstände zerstört wurden. Immer wieder tauchen einzelne Stücke auf Floh- und Antiquitätenmärkten auf, erzählt Christa Prokisch, Leiterin des Archivs im Museum. Auch Privatpersonen würden versuchen, Objekte direkt ans Museum zu verkaufen. Bei genauerem Nachfragen, wie sie dazu gekommen seien, werde man dann abgewimmelt.

1964 konnte die völlig dezimierte Kultusgemeinde ein neues Museum in der Tempelgasse 5a eröffnen. Das offizielle Österreich interessierte sich nicht dafür. Und so musste es aus Geldnot schon nach drei Jahren wieder geschlossen werden. Erst 1986 keimte die Idee wieder auf. Nun fühlte sich die Politik zuständig. Der damalige Wiener Bürgermeister Helmut Zilk (SPÖ) war einer der wichtigsten

Unterstützer. Österreich stand unter dem bizarren Eindruck der Waldheim-Affäre. Der ÖVP-Politiker, der Offizier in Hitlers Wehrmacht gewesen war, verstrickte sich bei Fragen nach seiner Vergangenheit in Widersprüche und fiel mit Gedächtnislücken auf. Die Affäre brachte Schwung in die längst überfällige Aufarbeitung der NS-Zeit (siehe das Kapitel „Waldheim erschüttert die Welt").

Das benachbarte Auktionshaus Dorotheum stellte dem Jüdischen Museum nun ein Palais zur Verfügung. Die Neueröffnung 1993 fand im Beisein von Teddy Kollek statt, dem früheren Bürgermeister von Jerusalem, der familiäre Wurzeln in Wien hatte. Das alte Inventarbuch des Museums im zweiten Bezirk wurde Teil der neuen Sammlung. Objekt Nr. 1 fehlt allerdings. Viele andere Stücke sind durch Aufbewahrung in anderen Museen erhalten geblieben. In Wechselausstellungen werden nun religiöse Traditionen und die Shoah ebenso thematisiert wie jüdische Persönlichkeiten. Eine Außenstelle des Museums befindet sich beim Judenplatz, wo das Zentrum jüdischen Lebens im Mittelalter war. Dort führen unterirdische Korridore zu Grundmauern der mittelalterlichen Or-Sarua-Synagoge. Direkt darüber wurde auf Anregung von Simon Wiesenthal das Mahnmal der britischen Künstlerin Rachel Whitehead errichtet – zum Gedenken an die 65.000 ermordeten Männer, Frauen und Kinder aus Österreich. Mit den neuen Standorten ist wohl auch ein Wunsch des Pioniers Wilhelm Stiassny spät in Erfüllung gegangen – den Wiener Juden neue Identität zu geben und Menschen anderer Religionen anzusprechen und anzuziehen. (eba)

Literaturtipps

Christof Habres: Jüdisches Wien. Entdeckungsreisen. Wien 2011
Klaus Hödl: Wiener Juden – jüdische Wiener. Identität, Gedächtnis und Performanz im 19. Jahrhundert. Innsbruck 2006

Webtipp

jmw.at

18 DÖW

Akten über Akten im Dokumentationsarchiv, ein Archiv des Erinnerns und gegen das Vergessen. Nicht nur Opfer werden dem Vergessen entrissen, auch die Täter und ihre Vergehen werden detailliert für die Nachwelt dokumentiert. Das Institut hilft mit rechtsextreme Tendenzen frühzeitig zu erkennen.

Bild: Anna Beskova

Reiseziel

- Dokumentationsarchiv des österreichischen Widerstandes, Wipplingerstraße 6–8, 1010 Wien
- Luftlinie vom Stephansdom: 400 m Nordnordwest
- 16°22′16″ Ost / 48°12′42″ Nord

Öffis

- U1, U3 Stephansplatz; Station Stephansplatz – Bus: 1A, 2A, 3A;
  U2,U4 Schwedenplatz; Station Schwedenplatz – Straßenbahnlinien: 1, 2; Bus: 2A;

DOKUMENTATIONSARCHIV DES ÖSTERREICHISCHEN WIDERSTANDES

„Erinnern – Erforschen – Erkennen" ist das Motto des Dokumentationsarchivs des österreichischen Widerstandes (DÖW). Die öffentlich-rechtliche und überparteiliche Stiftung erforscht den Nationalsozialismus und seine Folgen, bereitet dieses Wissen auf und gibt es weiter. Neben der Informationsarbeit für Bevölkerung, Experten und Politiker hilft das DÖW mit, rechtsextreme Tendenzen frühzeitig zu erkennen und Strafverfolgungsbehörden auf Neonazis aufmerksam zu machen. Das DÖW wurde 1963 von ehemaligen Widerstandskämpfern, Opfern des NS-Regimes und Wissenschaftlern gegründet. Nach dem Historiker Wolfgang Neugebauer leitet seit 2014 sein ebenso renommierter Fachkollege Gerhard Baumgartner die Institution.

Der gebürtige Burgenländer Baumgartner lebt und arbeitet schon lange in Wien. Er hat große Pläne für die Zukunft. Früher arbeitete er neben seiner wissenschaftlichen Forschungstätigkeit auch als Journalist und Redakteur beim Österreichischen Rundfunk (ORF). Baumgartner will das DÖW noch weiter für die Bevölkerung öffnen und multimedial sowie im Web neue Angebote schaffen: „Das Dokumentationsarchiv ist die größte zeithistorische Sammlung und Dokumentationsstelle in Österreich. Es ist eine Ehre und große Herausforderung zugleich, hier zu arbeiten." Es gebe im DÖW eine „äußerst gute Truppe von Forschern und Kollegen", betont Baumgartner. Je länger das Kriegsende zurückliege, umso wichtiger werde aber auch eine fundierte und gut gemachte Öffentlichkeitsarbeit, um rechtsradikale Tendenzen weiter politisch und juristisch wirksam bekämpfen zu können: „Wir müssen noch viel stärker auch die Jugend ansprechen." Baumgartner hat sich als Historiker mit Forschungen über die Verfolgung der Roma und Sinti international einen Namen

19 SIMON WIESENTHAL ARCHIV

Der unermüdliche Fahnder nach versteckten Nazi-Verbrecher: Simon Wiesenthal (rechts) mit Ben Kingsley 1988 bei den Dreharbeiten zu „Murderers Among Us: The Simon Wiesenthal Story", deutscher Titel: „Recht, nicht Rache". Kingsley spielte in dem Hollywoodfilm die Rolle von Wiesenthal.
Bild: Simon Wiesenthal Archiv

Reiseziel

- Simon Wiesenthal Archiv – Dokumentationszentrum des Bundes Jüdischer
  Verfolgter des Naziregimes, Salztorgasse 6/IV/5,
  1010 Wien
- Telefonische Anfragen unter +43-1-5339805 von Montag bis Freitag von 9.00 bis 13.00 Uhr
- Luftlinie vom Stephansdom: 600 m Nord
- 16°22'25" Ost / 48°12'49" Nord

Öffis

- U2, U4 Schwedenplatz; Station Schwedenplatz – Straßenbahnlinien: 1, 2; Bus: 2A;

ÖSTERREICHISCHER NATIONALHELD UND PATRIOT

Zwei Drittel seines Lebens hat er dem Recht und der Gerechtigkeit gewidmet. Ohne die akribische Suche von Simon Wiesenthal nach Beweisen wären kaum NS-Verbrecher vor Gericht gestellt worden. Nachdem er selbst die Shoah überlebt hatte, blieb Wiesenthal in Wien und kämpfte gegen die unfassbaren Strategien, mit denen man in Österreich die Mitverantwortung an nationalsozialistischen Verbrechen verdrängte und vergaß. Das Simon Wiesenthal Archiv und das Wiesenthal Institut für Holocaust-Studien (VWI) halten sein Erbe hoch.

Simon Wiesenthal zerrte die Untaten mit einer unbeugsamen Hartnäckigkeit ans Licht: 8.000 Dossiers über NS-Verbrechen und die Täter sind in seinem Nachlass zu finden. Sein Antrieb waren die eigenen traumatischen Erfahrungen. Unter einem Selbstporträt, das er einst im KZ Mauthausen angefertigt hatte, schrieb er später: „J´accuse." Bei seiner Befreiung durch amerikanische Soldaten war er 36 Jahre alt und so schwach, dass er kaum noch stehen konnte. Er hatte auch die Lager Groß-Rosen und Buchenwald sowie ein Erschießungskommando der SS in Lemberg überlebt: Die Mittagspause der SS hatte begonnen, kurz bevor Wiesenthal an der Reihe war: „Schluss jetzt, Vesper", hieß es lapidar.

Kaum war Wiesenthal im Mai 1945 frei, übergab er erste Listen mit Namen von NS-Tätern an die Amerikaner. 1946 gründete er in Linz die „Jüdische Historische Dokumentation". In mühseliger Kleinarbeit legte er Überlebenden einfache Fragebögen vor, sammelte Beweise. Sein Linzer Büro war winzig. Wiesenthal hatte ständig zu wenig Geld und war auf Hilfe von Ehrenamtlichen angewiesen. 1961 übersiedelte er nach Wien. Nach Konflikten mit der Israelitischen Kultusgemeinde, wo er sein erstes Wiener Büro hatte, gründete er einen eigenen Verein. Seine Frau wollte nach Israel auswandern, doch er wollte nicht aufgeben. Auch nicht, als Tochter Pauline aus der

Schule kam und fragte: „Alle aus der Klasse haben Oma, Opa, Onkel, Tanten, warum haben wir niemanden?" Er konnte nichts antworten und weinte. Die Wiesenthals hatten im Holocaust 89 Verwandte verloren. Schlafstörungen bekämpfte er mit dem Sammeln von Briefmarken, besonders aus seiner ersten Heimat Galizien.

Skandalös und beschämend war das Verhalten österreichischer Sozialdemokraten gegenüber Wiesenthal. 1970 hatte er dagegen protestiert, dass in der SPÖ-Minderheitsregierung von Bruno Kreisky vier ehemalige NSDAP-Mitglieder saßen. Bei der Regierungsbildung von 1975 holte Kreisky den früheren SS-Soldaten Friedrich Peter (FPÖ) als Partner seiner Regierung ins Boot. SPÖ-Zentralsekretär Leopold Gratz – der zum naziverseuchten „Bund sozialistischer Akademiker" (BSA) gehörte – ritt wüste Attacken. Kreisky diffamierte Wiesenthal sogar, dieser sei selbst Informant der Gestapo gewesen. Der heutige Bundespräsident Heinz Fischer forderte gar einen Untersuchungsausschuss gegen den Unbequemen. Wiesenthal klagte bei Gericht, und Kreisky wurde wegen übler Nachrede zu einer Geldstrafe verurteilt. 2005 erhielt Wiesenthal von Fischer das Große Goldene Ehrenzeichen für Verdienste um die Republik Österreich. Das Staatsoberhaupt bedauerte nun: „Ich würde heute anders und reifer handeln. Es tut mir leid, dass ich damals keinen besseren Weg zur Bereinigung des Konflikts gefunden habe."

Wiesenthals größte Erfolge waren die Recherchen, die zu den Festnahmen von Adolf Eichmann und Karl Silberbauer führten. Der SS-Offizier hatte unter anderem Anne Frank und ihre Familie verhaftet. Sein Fall ist ein besonders dunkles Kapitel der Zweiten Republik. Wiesenthal wurde bei seinen Recherchen vom Innenministerium in Wien behindert. Er wollte eine Liste des SS-Sicherheitsdienstes aus Holland mit Polizisten-Listen abgleichen. Dabei sei er monatelang hingehalten worden. Wiesenthal kritisierte, dass Silberbauer nach 1945 in seinen früheren Job als Polizist zurückkehren konnte. Er war lediglich 1963 für einige Zeit suspendiert worden. Es gab weder ein Disziplinarverfahren noch eine Anklage. Seine SS-Dienstzeit wurde dem Polizisten später auf die Beamtenpension angerechnet.

Auch der Fall von Hermine Braunsteiner, die in Ravensbrück und Majdanek als KZ-Aufseherin wütete, ist kein Ruhmesblatt für Österreich und seine Justiz. Die Wienerin galt es besonders brutal und soll für Massaker mit Tausenden Toten mitverantwortlich gewesen sein. Wiesenthal recherchierte jahrelang, um sie vor Gericht zu bringen. Braunsteiner lebte unbehelligt in New York. Als er Zeugen und ihre Adresse hatte, gab er die Geschichte der „New York Times": „Ehemalige KZ-Aufseherin heute Hausfrau in Queens" lautete die Schlagzeile. Als Österreichs Regierung keinen diplomatischen Druck für eine Auslieferung machte, wandte sich Wiesenthal an Deutschland. Dort kooperierte man bereitwilliger. Braunsteiner wurde 1981 zu lebenslanger Haft verurteilt.

Auch der Prozess um Franz Murer, den „Schlächter von Vilnius", der 1955 von der Sowjetunion ausgeliefert wurde, war typisch für Österreichs schlampigen Umgang mit seiner Vergangenheit. Der mutmaßliche Massenmörder Murer wurde 1963 in Graz vor Gericht gestellt. Doch die Geschworenen sprachen ihn frei – eine damals oft übliche Praxis bei NS-Tätern. Der Oberste Gerichtshof ordnete eine Neuaufnahme an, aber 1974 hieß es: Verfahren eingestellt. Murer lebte bis 1994 in der Steiermark und war Bezirksbauernvertreter der christlich-sozialen Volkspartei. Sein Sohn, der FPÖ-Politiker Gerulf Murer, kündigte vor Jahren ein Buch über die „Unschuld" seines Vaters an. Bis heute ist es nicht erschienen.

Seit den 1970er-Jahren hat es in Österreich keine Verurteilung von NS-Verbrechern mehr gegeben. Erst unter Justizministerin Maria Berger (SPÖ) kam wieder Bewegung in die Sache. Weil jedoch viele Verfahren sehr lange verschleppt wurden, waren viele Täter und ihre Opfer als mögliche Zeugen bereits tot. Simon Wiesenthal war einer der wahren Nationalhelden Österreichs. Er arbeitete bis ins hohe Alter und starb 2005 mit 96 Jahren. (eba)

Literaturtipps

Thomas Albrich (Hrsg.): Holocaust und Kriegsverbrechen vor Gericht. Der Fall Österreich. Innsbruck 2006

Hella Pick: Simon Wiesenthal. Eine Biographie. Reinbek 1997

Tom Segev: Simon Wiesenthal. Die Biografie. München 2010

Simon Wiesenthal: Recht, nicht Rache. Berlin 1988

Webtipp

wiesenthalarchiv.at

20 MORZINPLATZ

Das stattliche Hotel Metropol im Jahr 1939. Das einst glanzvolle Leben in dem Fünf-Sterne-Hotel wurde abgelöst von Folter, Terror und Tod. Die Geheime Staatspolizei (Gestapo) bezog hier ihr Hauptquartier und quälte Juden und Widerstandskämpfer, oftmals zu Tode.
Bild: ONB – Bildarchiv Austria / Lobinger

Reiseziel

- Morzinplatz, 1010 Wien
- Luftlinie vom Stephansdom: 500 m Nordnordost
- 16°22'28" Ost / 48°12'47" Nord

Öffis

- U2, U4 Schwedenplatz; Station Schwedenplatz – Straßenbahnlinien: 1, 2; Bus: 2A;

KOMMANDOBRÜCKE DES TERRORS

Am Morzinplatz 4 hatte Hitlers Geheime Staatspolizei (Gestapo) ihr Wiener Hauptquartier. Es war die größte einschlägige Zentrale des gesamten „Dritten Reichs". Wo einst ein Luxushotel internationalen Gästen angenehme Aufenthalte bescherte, wüteten in dessen Kellern ab 1938 die Mordbrigaden. Tausende Menschen wurden hier gefoltert und bestialisch umgebracht.

Das Hotel Metropol war ein prachtvoller Bau. Kurz vor der Wiener Weltausstellung von 1873 war es im Stil der italienischen Neo-Renaissance erbaut worden. Es hatte fünf Sterne und 360 Zimmer. Es gab korinthische Säulen beim Eingang, schöne Figuren und Balkone. Die Empfangshalle war mit Glas überdacht. Livrierte Türsteher begrüßten Gäste aus aller Welt. Das Glasdach zersplitterte am 23. Oktober 1943, als die Widerstandskämpferin Rosa Grossmann aus dem vierten Stock des Stiegenhauses sprang, nachdem sie von den nunmehr hier residierenden Gestapo-Beamten schwer misshandelt worden war.

Das Hotel wurde gegen Kriegsende zerstört. Heute herrscht hier am Donaukanal gähnende Leere, durchbrochen von einem Gedenkstein für Hitlers Opfer. Der massive Granit stammt aus dem Steinbruch des ehemaligen KZ Mauthausen in Oberösterreich, wo auch viele Regimegegner und Juden aus Wien umkamen. Wie aus einer Gruft steigt auf dem Denkmal eine Bronzefigur im KZ-Anzug empor: „Niemals vergessen. Hier stand das Haus der Gestapo." Die Nazis hatten das zentral gelegene Hotel gleich nach dem „Anschluss" Österreichs beschlagnahmt. Warum sie sich für das Hotel Metropol als Zentrale für die Gestapo entschieden, ist schnell erklärt: Es lag verkehrstechnisch günstig unweit des Zentrums. Hauptaktionäre waren die jüdischen Familien Friediger und Klein. Elisabeth Klein war Generaldirektorin und residierte in den Privaträumen des Hotels. Ihr Glück war, dass sie beim „Anschluss" im Ausland weilte. Ihre Tochter Annemarie versuchte, den Privatbesitz

21 WOHNHAUS VON BILLY WILDER

Sechs Oscars und 21 Nominierungen holte sich Billy Wilder in Hollywood, nachdem er wegen des NS-Rassenwahns seiner alten Heimat Wien für immer den Rücken gekehrt hatte. Dort hielt später der Österreicher Axel Corti hartnäckig die Stellung, um die bizarre Geschichte des Landes poetisch zu bearbeiten.
Bild: ONB – Bildarchiv Austria

Reiseziel

- Ehemaliges Wohnhaus von Billy Wilder (1914–1924 als Schüler), Fleischmarkt 7, 1010 Wien. Mit Gedenktafel des Verbandes der Filmregisseure Österreichs
- Luftlinie vom Stephansdom: 400 m Nordost
- 16°22'37" Ost / 48°12'39" Nord

Öffis

- U2, U4 Schwedenplatz; Station Schwedenplatz – Straßenbahnlinien: 1, 2; Bus: 2A;

„MANCHE MÖGEN'S HEISS"

Der starke Antisemitismus in Wien führte dazu, dass Hollywood zwei der talentiertesten Regisseure aller Zeiten abbekam: Billy Wilder und Fred Zinnemann kehrten Österreich nach ihrer Wiener Schulzeit rasch den Rücken. Sie folgten dem Beispiel von Fritz Lang, der schon in den 1920er-Jahren in Berlin Karriere machte und 1933 in die USA emigrierte. Einer der jüngeren Filmemacher dieser transatlantischen Tradition gegen die Nazis war der Poet Axel Corti.

Mit „Welcome to Vienna" schrieb Axel Corti 1986 internationale Filmgeschichte. Der Film erzählt die Geschichte eines jungen Wieners jüdischer Herkunft, der 1938 über Prag, Paris und Marseille nach New York flüchtet. 1945 kehrt er als Offizier der amerikanischen Befreier nach Wien zurück und erlebt, wie sich NS-Täter mit vielerlei Strategien aus der Verantwortung stehlen und neue Machtpositionen übernehmen. Der 1933 in Paris geborene Corti hieß ursprünglich Fuhrmans. Seine Mutter war Berlinerin, der Vater ein deutscher Geschäftsmann österreichisch-italienischer Herkunft, der sich früh gegen die Nazis engagierte und später der französischen Résistance angehörte. Nach Kriegsende wurden sie nach Italien ausgewiesen. Dann ging es nach Innsbruck. Hier studierte Axel Corti und arbeitete als Radioreporter. Als erst 23-Jähriger übernahm er 1956 die Leitung der Literatur-Hörfunk-Abteilung im ORF Landesstudio Tirol. 1960 wurde er Regieassistent am Wiener Burgtheater. Von 1967 bis zu seinem Tod Ende 1993 schrieb Corti das sonntägliche Radiofeuilleton „Der Schalldämpfer", das er auch selbst vortrug – die ersten Jahre auf dem Popsender Ö3, später im Kulturradio Ö1. Mit diesen Literatur-Miniaturen schrieb Corti Radiogeschichte. Sein Spielfilm über den vom NS-Regime ermordeten Wehrdienstverweigerer Franz Jägerstätter erregte internationales Aufsehen. Aufwändige Literaturverfilmungen wie Franz Werfels „Eine blassblaue Frauenschrift" sorgten für Furore.

Multitalent Axel Corti bei den Salzburger Festspielen 1988. Probe zu „Hochzeit" von Elias Canetti.
Bild: ONB – Bildarchiv Austria / Weber

Corti starb am 29. Dezember 1993 vor Abschluss der Dreharbeiten seines Fernsehfilms „Radetzkymarsch" an Leukämie.

Axel Corti setzte eine aufklärerische Tradition von Wiener Regisseuren fort, deren Wurzeln bis in die 1920er-Jahre zurückreichen. Fritz Lang war der erste Wiener, der in Hollywood Fuß fasste. Seine frühen Arbeiten in der Stummfilmzeit erzählen utopische und fantastische Geschichten. Im Tonfilm verlegte er sich auf innere Widersprüche des Menschen. Durch seine Ehe mit der Drehbuchautorin Thea von Harbou bekam er 1919 auch die deutsche Staatsbürgerschaft und konnte ab 1922 in Berlin drehen. „Metropolis", „M – Eine Stadt sucht einen Mörder" und „Dr. Mabuse" sind Meilensteine der internationalen Filmgeschichte. Auch Joseph Goebbels war sein Fan. 1933 habe dieser ihn überreden wollen, so Lang, sein Können für die Nazis einzusetzen und die deutsche Filmindustrie zu leiten. Bevor er nach Amerika flüchtete, pendelte

So sah Fritz Lang als Bürger der USA bei Kriegsende 1945 aus – im reifen Alter von 55 Jahren.
Bild: akg-images / picturedesk.com

Lang drei Monate zwischen Berlin, London und Paris, brachte Ersparnisse und Devisen in Sicherheit. In den USA war Lang an der Gründung der Anti-Nazi-League beteiligt. „Blinde Wut" mit Spencer Tracy und „Gehetzt" mit Henry Fonda wurden Highlights. An seine ganz großen Erfolge konnte er allerdings in Hollywood nicht mehr anknüpfen.

Elf Oscars für zwei Wiener

Komödien, Western, Thriller am laufenden Band! Unfassbaren Erfolg hatten zwei deutlich jüngere Wiener in Hollywood, beide mit jüdischen Wurzeln: Billy Wilder (1906–2002) mit sechs Oscars und 21 Nominierungen, Fred Zinnemann (1907–1997) mit fünf Oscars und sechs Nominierungen. Dazu kamen noch Oscars und Nominierungen für andere Beteiligte ihrer Filme. Beide wirkten sie stilbildend für Generationen in Nordamerika und Europa. Wilder

Eine kleine Gedenktafel erinnert an Billy Wilders Wiener Schulzeit, Hauseingang Fleischmarkt 7.
Bild: Johannes Reiss

und Zinnemann waren als Schüler in Wien eng befreundet, gingen zeitweise in dieselbe Klasse des Franz-Joseph-Gymnasiums an der Stubenbastei. Als Hitler in ihrer alten Heimat Österreich 1938 die Macht übernahm, hatten beide dem antisemitischen Wien längst den Rücken gekehrt. Schon 1926 hatte Wilder als junger Zeitungsreporter den Jazzer Paul Whiteman interviewt. Der lud ihn nach Berlin ein, wo Wilder als Journalist weitermachte. Er arbeitete auch als Ghostwriter für bekannte Drehbuchautoren. Mit dem Satiriker und Erfolgsautor Erich Kästner schrieb er 1931 das Buch für die erste Verfilmung von „Emil und die Detektive". Bei der Machtübernahme der Nazis in Deutschland flüchtete Wilder nach Paris. 1934 bekam er ein Visum für die USA. 1936 nahm ihn Paramount Pictures unter Vertrag. Der Rest ist Filmgeschichte. „Manche mögen´s heiß", „Das verflixte 7. Jahr", „Irma la Douce", „Küss mich, Dummkopf".

Auch Fred Zinnemanns Weg führte ab 1928 über Berlin, nachdem er sich ab 1927 in Paris zum Kameramann hatte ausbilden lassen. Er betreute unter anderem einen Stummfilm mit Marlene Dietrich. Ende 1929 wechselte er nach Hollywood, wo ihm der Österreicher Berthold Viertel weiterhalf. Erste Regie Zinnemanns: „Netze", eine Dokumentation über die Ausbeutung mexikanischer Fischer. 1936 wurde er US-Staatsbürger. 1937 bekam er Aufträge für Kurzfilme bei Metro-Goldwyn-Mayer. Für „That Mothers Might Live" über den Geburtshilfe-Pionier Ignaz Semmelweis freute er sich 1938 über zwei Oscars. Nun folgten Spielfilme für verschiedene Studios. 1951 drehte er den bahnbrechenden Western „High Noon". Der Film kassierte vier Oscars, und Zinnemann wurde in New York zum „besten Regisseur des Jahres" gekürt. Weitere Beispiele aus seiner langen Karriere: „Die Gezeichneten" (1948), „Verdammt in alle Ewigkeit" (1953), „Oklahoma!"(1955) und „Der Schakal" (1973). Zinnemann wird zugeschrieben, Marlon Brando, Grace Kelly, Rod Steiger und Meryl Streep groß herausgebracht zuhaben. Auch die Filmkarriere von Frank Sinatra soll er mit eingefädelt haben. Laut Historikern gingen ca. 400 jüdische Filmschaffende aus Österreich ins Exil. Der 1924 in Wien geborene Eric Pleskow wurde Produzent in Hollywood und brachte es zum Chef der Filmstudios United Artists und Orion Pictures. Der in den USA ebenfalls sehr erfolgreiche Otto Preminger (1905-1986) stammte aus der Bukowina, studierte in Wien und wechselte 1935 in die USA. Wegen seiner enormen Größe hatte Deutschland – trotz der Wirtschaftskrisen – schon seit den frühen 1920er-Jahren eine starke Filmindustrie. Sie bot jungen Talenten aus dem Bildungsbürgertum Wiens, darunter zahlreiche Kreative mit jüdischen Wurzeln, viele neue Jobs. 33 von 35 „österreichischen" Oscars gingen bis heute an aus Österreich vertriebene jüdische Filmschaffende. Neben den Genannten feierten auch Max Reinhardt, der Salzburger Ski-Pionier Otto Lang, G. W. Pabst, Josef von Sternberg, Richard Oswald, Fritz Kortner und Peter Lorre Erfolge in der Filmwirtschaft. (leh)

Literaturtipps

Rolf Aurich u. a. (Hrsg.): Fritz Lang. Leben und Werk. Berlin 2001

Rolf Aurich, Andreas Hutter, Wolfgang Jacobsen, Günter Krenn (Hrsg.): „Billie". B. W.s Wiener journalistische Arbeiten. Wien 2006

Charlotte Chandler: Nobody's Perfect. Billy Wilder. A Personal Biography. London et al. 2003

Daniel Hermsdorf: Billy Wilder. Filme – Motive – Kontroverses. Bochum 2006

Larissa Schütze: Fritz Lang im Exil: Filmkunst im Schatten der Politik. München 2006

Neil Sinyard: Fred Zinnemann. Films of Character and Conscience. Jefferson NC 2003

Fred Zinnemann: A life in the movies. An Autobiography. London 1992

22 SEKTION AUSTRIA DES ALPENVEREINS

Der nationalsozialistische Hetzer Eduard Pichl (links) aus Wien war treibende Kraft beim Hinauswurf von jüdischen Mitgliedern des Alpenvereins. Viele Jahrzehnte durfte dort sein zweifelhafter „Ruhm" nicht angetastet werden, ehe die Wiener ÖAV-Sektion „Austria" eine umfassende Reform samt Umbenennung der „Pichl-Hütte" in den Karnischen Alpen einleitete.
Bild: Deutscher Alpenverein

Reiseziel 1

- Sektion Austria des Österreichischen Alpenvereins, Rotenturmstraße 14, 1010 Wien
- Luftlinie vom Stephansdom: 300 m Nordost
- 16°22'30" Ost / 48°12'38" Nord

Reiseziel 2

- Gedenktafel am Wohnhaus von Viktor Frankl, Czerningasse 6, 1020 Wien
- Luftlinie vom Stephansdom: 1,2 km Nordost
- 16°23'10" Ost / 48°12'51" Nord

Öffis

- Alpenverein: U2, U4 Schwedenplatz; Station Schwedenplatz – Straßenbahnlinien: 1, 2; Bus: 2A;
- Gedenktafel: U1, Nestroyplatz; – danach ca. 5 Minuten Fußweg in die Czerningasse

IN EISIGEN HÖHEN

Viele Sektionen des Deutsch-Österreichischen Alpenvereins (DOeAV) gehörten schon kurz nach dem Ersten Weltkrieg zu den Brutstätten des Nationalsozialismus. Wien spielte dabei eine herausragende Rolle, weil hier die Deutschnationalen besonders fanatisch waren. Bergsteigerfunktionäre wie der Wiener Eduard Pichl von der Sektion „Austria" predigten einen Judenhass, der aggressiver kaum sein konnte. Teile des Wiener Alpenvereins schlossen Alpinisten mit jüdischen Wurzeln schon 1905 aus ihren Reihen aus, wenig später folgte ein entsprechender „Arierparagraf". ÖAV und DAV lehnten nach 1945 eine Mitverantwortung als Wegbereiter des Holocaust lange ab. Erst vor kurzem hat sich das grundlegend geändert.

Im 19. Jahrhundert hatte nur das gehobene, oft deutschnational gesinnte Bürgertum genügend Geld, um sich den teuren Sport des Bergsteigens und Skifahrens leisten zu können. Kein Bergbauer oder Tagelöhner wäre auf die Idee gekommen, die vergletscherten Riesen für den Sport zu nutzen. Seit Jahrtausenden fürchteten sich die Einheimischen vor dem Hochgebirge. Es bedrohte ihre karge Existenz. 1862 wurde in Wien der weltweit erste Alpenverein gegründet, 1869 folgte Deutschland, 1873 schlossen sich beide Verbände zusammen. Wien, Prag, München, Dresden, Innsbruck, Salzburg und Graz entwickelten sich unter dem Einfluss der deutschen Romantik im 19. Jahrhundert zu klassischen Bergsteigerstädten, weil sie Bergregionen, Wander- und Klettergebiete direkt vor der Haustür hatten. Dazu gesellten sich wohlhabende Alpenvereinssektionen in Hamburg, Hannover, Hagen, Braunschweig, Berlin und anderen deutschen Metropolen, die in den wirtschaftlich schwachen Alpenregionen den Bau von neuen Schutzhütten finanzierten. Das Geld kam einheimischen Handwerkern und Zulieferern zugute.

(li.) Hubert „Hubsi" Fritzenwallner aus dem Salzburger Pongau, der das Friesenberghaus in Tirol viele Jahre als Wirt führte und die neue Gedenkkultur für Holocaust-Opfer mit ermöglichte. Er ist auch ehrenamtlicher Bergrettungsmann und Suchhundeführer des Österreichischen Bergrettungsdienstes. (re.) Das 2.477 Meter hoch gelegene Friesenberghaus in den Zillertaler Alpen, eine der einst wenigen jüdischen Alpenvereinshütten weltweit.
Bilder: Gerald Lehner

In jener Zeit gab es im deutschen und österreichischen Judentum, im Vergleich zu seinem geringen statistischen Anteil an der Gesamtgesellschaft, viele Menschen, die den Bergsport liebten. „Donauland" in Wien und „DAV Berlin" waren ihre wichtigsten Sektionen. Als nach dem Ersten Weltkrieg die Deutschnationalen „den Juden" die Schuld an der militärischen Niederlage zuschoben, radikalisierte sich die Lage. Der Wiener Techniker und DOeAV-Funktionär Eduard Pichl war als Bergsteiger, Kletterer und Erstbegeher höchst erfolgreich. Diesen Ruhm nutzte er, um auf breiter Basis gegen jüdische Bergsteiger zu hetzen. 1924 übernahm Pichl den Vorsitz der berüchtigten „Bischofshofener Tagung", als Funktionäre aus Österreich und Deutschland im Salzburger Pongau zusammenkamen. Ergebnis: 100 österreichische Sektionen forderten den Ausschluss der Wiener Sektion „Donauland". Man bejubelte Pichls Thesen, wonach die „Donauland" wegen ihrer „volksfremden Zusammensetzung" das „Deutschtum in den Alpenländern" und den gesamten Alpenverein bedrohe. Die jüdische Wiener Sektion wurde aus dem DOeAV ausgeschlossen. Von insgesamt 300 Sektionen waren lediglich Aachen, Barmen, Berlin, Essen, Frankfurt am Main,

Gelsenkirchen, Gleiwitz, Gummersbach, Leipzig, Mainz, Marburg und Zwickau gegen den Ausschluss der „Donauland".

Der Rassenwahn war schon in den 1920er-Jahren bei österreichischen Sektionen viel stärker verbreitet als bei deutschen. Es waren keine brotlosen und hungernden Leute, die hier Sündenböcke suchten und blindwütige Hetze betrieben, sondern die Elite der Gesellschaft, oft Hochgebildete in akademischen Sektionen des Alpenvereins. Sie waren die Vorhut Hitlers, der ungebildete Pöbel folgte ihnen erst später. Nach dem Hinauswurf der „Donauland" solidarisierten sich 600 jüdische Berliner mit den Wiener Verstoßenen und gründeten ihre eigene Sektion „DAV Berlin". Sofort gab es eine Zusammenarbeit, die jüdischen Sektionen planten nun gemeinsam eine eigene Schutzhütte in den Zillertaler Alpen, das Friesenberghaus, das noch heute – knapp 700 Höhenmeter über dem Schlegeis-Stausee – in prachtvoller Lage unweit des 3.476 Meter hohen Olperers steht. Die Hütte wurde am 3. Juli 1932 eröffnet. Schon ein Jahr später übernahmen die Nazis in Deutschland die Macht, und 1934 wurde die jüdische Sektion „DAV Berlin" aufgelöst. Die jüdischen Berliner Bergsteiger überschrieben das Friesenberghaus daraufhin der Wiener Schwestersektion „Donauland". Diese konnte es nur noch fünf Jahre bewirtschaften, ehe 1938 die Nazis auch Österreich als „Ostmark" in ihr „Drittes Reich" eingliederten. Hitlers Wehrmacht beschlagnahmte die Schutzhütte, und bis 1945 wurde hier ein Beobachtungsposten gegen Fliegerangriffe der Alliierten eingerichtet.

Die meisten Mitglieder von „DAV Berlin" und „Donauland" waren im Holocaust ermordet worden. Die wenigen Überlebenden hatten weder Kraft noch Geld, die Hütte wieder zu übernehmen und instand zu setzen. 1968 wurde der Bau einer anderen Berliner Alpenvereinssektion übertragen, einer, die vor und nach dem Krieg dem antisemitischen Mainstream im Gesamtverein keinen Widerstand entgegengesetzt hatte. 2003 gab es eine grundlegende Sanierung und Erweiterung. Seither dient das Friesenberghaus auch als internationale Begegnungsstätte gegen Intoleranz und Hass. Über fünf Jahrzehnte wurde zuvor im Tiroler Zillertal, in Berlin und Wien geschwiegen, verdrängt und heruntergespielt – laut Medienberichten in Deutschland auch von einem internationalen Star des Höhenbergsteigens, der aus der Region stammt. Ein anderer Alpinist spricht die Probleme offen an: Als 1995 der Salzburger Bergrettungsmann und Suchhundeführer Hubert „Hubsi" Fritzenwallner als Hüttenwirt das Friesenberghaus übernahm, fand seine Familie in Küche und Gastzimmern noch zahlreiche Utensilien mit eingravierten oder gestickten Hakenkreuzen: Geschirr, Besteck, Küchentücher der Nazis etc. hatten bei früheren Hüttenwirten die Jahrzehnte seit 1945 überstanden. Fritzenwallner mistete aus, setzte sich für Erinnerungskultur ein und unterstützte das Projekt, beim Friesenberghaus eine Gedenktafel für die ermordeten Bergsteiger von „Donauland" und „DAV Berlin" zu schaffen.

Gegenpole: Viktor Frankl und Fritz Kasparek

Einer der wenigen Überlebenden der Wiener Sektion „Donauland" war Viktor Frankl. Der international populäre Neurologe und Psychiater, Begründer von Logotherapie und Existenzanalyse, stammte aus einer jüdischen Beamtenfamilie und entging dem Tod in Konzentrationslagern nur knapp. Schon als Schüler war er viel beim Klettern unterwegs, auf der stadtnahen Rax, dem Peilstein und im Schneeberggebiet. Politisch engagierte er sich in jungen Jahren für die Wiener Sozialdemokratie, 1924 war er Obmann der Sozialistischen Mittelschüler Österreichs. Während seines Medizinstudiums

(li.)Viktor Frankl. (re.) Gedenktafel in der Czerningasse, wo der Wiener Arzt, Psychiater und Bergsteiger in jungen Jahren lebte.
Bilder: (li.) Franz Vesely; (re.) Gerald Lehner

gründete er Jugendberatungsstellen, um die damals hohe Selbstmordrate unter jungen Wienern zu bekämpfen. Von 1933 bis 1937 leitete Frankl im Psychiatrischen Krankenhaus der Stadt Wien die Abteilung für Frauen, die Selbstmordversuche hinter sich hatten. Hier entwickelte er erste Ansätze seiner späteren Existenzanalyse. Zentrale Frage war, wie man Menschen in schlimmen Situationen motivieren konnte, Sinn im Leben zu finden. Dabei bezog Frankl vieles aus seinem eigenen Sein als Sportler, Bergsteiger und Kletterer. Diese Erfahrungen halfen ihm ab 1942 auch, vier Konzentrationslager zu überleben: Theresienstadt, Auschwitz, Kaufering III und Türkheim, ein Außerlager des KZ Dachau. Seine Ehefrau wurde in Bergen-Belsen ermordet, der Vater starb in Theresienstadt, die Mutter in einer Gaskammer von Auschwitz. 1955 wurde Frankl Universitätsprofessor in Wien. Gastprofessuren erhielt er in Havard, Dallas und Pittsburgh. Er ging bis kurz vor seinem Tod (1997) wandern und klettern, noch mit 67 Jahren machte er den Pilotenschein.

Wie unterschiedlich Lebensläufe von Wiener Kletterern verliefen, zeigt auch Fritz Kasparek. Der Arbeitersohn war fünf Jahre jünger als Frankl und Erstbegeher schwierigster Routen – unter anderem in den Dolomiten. Kasparek wurde im Sommer 1938 mit der Erstdurchsteigung der berüchtigten Eiger-Nordwand in der Schweiz

Gedenktafel im Friesenberghaus – für deutsche und österreichische Bergsteiger, die in Ghettos und Konzentrationslagern ermordet wurden.
Bild: Gerald Lehner

international bekannt. Er war ursprünglich ein sehr linksgerichteter Sozialdemokrat und hatte 1934 im Vorfeld des Spanischen Bürgerkriegs einigen Antifaschisten bei der Flucht über die Berge nach Frankreich geholfen. Wenig später wurde er von den Nazis „umgedreht“. Es folgte sein Beitritt zur SS. 1938 tat sich Kasparek für den Eiger mit dem fanatischen Nationalsozialisten, SA- und SS-Mann Heinrich Harrer aus Graz zusammen. Das Duo traf in der Wand zufällig auf die beiden Bayern Ludwig Vörg und Anderl Heckmair, gemeinsam kletterten sie weiter. Die zwei Bayern waren im Gegensatz zu Harrer und Kasparek keine Nazis. Nur dank Heckmairs Können als Vorsteiger schafften sie es auf den Gipfel. NS-Karrierist Harrer hatte eine Hakenkreuzfahne im Rucksack, die er zur höheren Ehre Hitlers auf dem Eigergipfel aufpflanzen wollte, was aufgrund des Sturms nicht möglich war. Heckmair schrieb 60 Jahre später in einem Brief, er hätte Harrer eigenhändig die Fahne über die

Wand hinuntergeworfen, falls er sie aufgepflanzt hätte. Harrer war persönlicher Schützling von SS-Reichsführer Heinrich Himmler. Der Turnlehrer wurde nach dem Krieg wegen seiner Freundschaft mit dem Dalai Lama, als Autor von Bestsellern und sogenannter „Tibetforscher" weltbekannt. Der Autor dieser Zeilen enttarnte 1997 mit Recherchen im Nationalarchiv der USA die braune Vergangenheit Harrers und publizierte die Dokumente im „Stern" und in amerikanischen Zeitungen. Neuerdings ist erwiesen, dass Harrer nach dem Krieg gegen China auch als CIA-Agent arbeitete – wie viele NS-Wegbereiter.

2012 schlossen die – organisatorisch längst getrennten – Alpenvereine in Österreich und Deutschland ein Forschungsprojekt über ihre dunklen Seiten ab und publizierten letztlich ein dickes Buch. Die für den Antisemitismus ihrer Gründer berüchtigte Wiener Sektion „Austria" leistete Abbitte und benannte auch ihre „Eduard-Pichl-Hütte" in den Karnischen Alpen auf „Wolayerseehütte" um. Und mit den Jüdischen Museen Wien und Hohenems gab es 2009 eine äußerst interessante und schonungslos offene Ausstellung zum Thema. Titel: „Hast du meine Alpen gesehen?" (leh)

Literaturtipps

Rainer Amstädter: Der Alpinismus. Kultur, Organisation, Politik. Wien 1996

Deutscher Alpenverein (Hrsg.): Berg heil! Alpenverein und Bergsteigen 1918–1945. München 2012

Viktor Frankl: Und trotzdem Ja zum Leben sagen. Ein Psychologe erlebt das Konzentrationslager. München 2009

Gerald Lehner: Zwischen Hitler und Himalaya. Die Gedächtnislücken des Heinrich Harrer. Wien 2007

Webtipp

alpenverein-austria.at

Weninger, August Loehr, Franz Boas, Alfred Hettner, Walther Brecht, Hermann Mark u. v. m. Nur den Ausschluss von Franz Eduard Suess versuchte man zu verhindern – letztlich erfolglos.

Nach dem Krieg wurde der Ausschluss sämtlicher früherer Mitglieder für ungültig erklärt. Sie wurden in die Akademie zurückberufen – die meisten kehrten jedoch nicht zurück. 1945 wurde die Mitgliedschaft ehemaliger NSDAP-Anhänger vorerst „ruhend gestellt", doch wurden politisch belastete Akademiemitglieder bis 1957 wieder aufgenommen. Für die Herausgeber des Buches „Die Akademie der Wissenschaften in Wien 1938 bis 1945" geht die Auseinandersetzung mit dem Nationalsozialismus über den besagten Zeitraum hinaus. Erstens ist das Gedankengut der Nazis älter und es hat lange vor 1938 einen starken Antisemitismus gegeben. Zweitens konnte von Entnazifizierung nach Kriegsende lange keine Rede sein und die Aufarbeitung dauert bis heute an.

Ein Beispiel ist der Umgang mit der Biologischen Versuchsanstalt (BVA) und deren Gründer: Im Erdgeschoss der Akademie befindet sich eine Halle mit Büsten verdienter Gelehrter. Die Gipsbüste von Hans Przibram, Zoologe, Mitbegründer und Leiter der BVA, fehlt. Die Büste schenkte Przibrams Bruder Karl der Akademie 1946. Die Mitglieder beschlossen zwar ihre Aufstellung, doch dazu kam es nie. Im Depot der Akademie, ganz hinten im Lager, zwischen Kartons und anderen Büsten, ist sie jahrzehntelang verstaubt. Es mussten fast 70 Jahre vergehen, bis die Büste hervorgeholt und renoviert wurde: Im Frühjahr 2015 wird sie im Rahmen einer Ausstellung über die Biologische Versuchsanstalt (Vivarium) präsentiert. Der Journalist Klaus Taschwer hat sich intensiv mit der nachhaltigen Vernichtung der BVA auseinandergesetzt. Heute erinnert nur noch die Vivariumstraße im Prater an den Prachtbau, der anlässlich der Weltausstellung 1873 am Beginn der Hauptallee errichtet wurde. Die jungen Biologen Hans Przibram, Wilhelm Figdor und Leopold Portheim kauften das Gebäude 1902 und gründeten privat die Biologische Versuchsanstalt. Sie versuchten mit Experimenten in modernen Labors drängende Fragen der Biologie zu beantworten und wurden so zum weltweiten Vorbild. „Nicht nur die Infrastruktur, auch die Forschungsorganisation war höchst

Die Büste des Zoologen Hans Przibram an der frischen Luft auf dem Dach der Akademie der Wissenschaften. Er versuchte über die Niederlande in die USA auszuwandern, doch 1943 wurden er und seine Frau Elisabeth, die ebenfalls am Vivarium forschte, ins KZ Theresienstadt verschleppt und ermordet.
Bild: Anna Beskova

innovativ: Wissenschaftlerinnen und Wissenschaftler aus verschiedenen Fachrichtungen arbeiteten interdisziplinär zusammen, es herrschte ein reges Kommen und Gehen von Fachkollegen aus dem In- und Ausland, denen Laborplätze zur Verfügung gestellt wurden. Viele Dissertationen der Universität Wien – so etwa jene des späteren Nobelpreisträgers Karl Frisch 1910 – wurden an der

BVA geschrieben", berichtet Taschwer. Die drei Gründer schenkten der Akademie der Wissenschaften 1914 das Forschungsinstitut und hinterlegten gemeinsam mit Karl Przibram ein Stiftungsvermögen, das heute dem Wert von zwei Millionen Euro entspricht. Herrschte schon vor 1938 antisemitische Feindseligkeit gegenüber den Forschern, nahm nach dem „Anschluss" die eigentliche Tragödie ihren Lauf: Während 1938 die Streichung der Akademiemitglieder „bürokratisch bedächtig" vor sich ging, verlief die Vernichtung des Vivariums ohne Zurückhaltung. Es schlug die Stunde von Franz Köck. Der Verwaltungsbeamte an der BVA gab sich als Nazi zu erkennen und übernahm eine Leitungsfunktion, in der er die „bedingte Schließung" verordnete. Fritz Knoll, Mitglied im Akademiekuratorium der BVA, beauftragte Parteigenossen, die von nun an für die Zeichnung der Konten verantwortlich waren. Die neue Akademieleitung ordnete einen Monat nach dem „Anschluss" in aller zynischen Gründlichkeit an: „Die Biologische Versuchsanstalt wird zur Durchführung unaufschiebbarer Reinigungsarbeiten heute um 18 Uhr geschlossen und bleibt bis 25. April ds. J. gesperrt. Am 26. April 8 Uhr früh wird das Institut für die inzwischen auf Ansuchen mit Zulassungsscheinen beteilten Arbeitenden wieder geöffnet." Nach 35 Jahren Leitung konnten die Gründer ihr eigenes Institut nicht mehr betreten. Von den 22 Mitarbeitern waren 15 jüdischer Herkunft. Sie alle mussten ihre Arbeitsstelle verlassen – die BVA verlor mit einem Schlag alle Abteilungsleiter und zwei Drittel des Personals. Bis zur Zerstörung durch Kriegshandlungen im April 1945 degenerierte das Vivarium zu einem Schau-Aquarium, die weltweit beachtete Forschungseinrichtung war Geschichte.

Hans Przibram flüchtete zuerst in die Niederlande und versuchte in die USA auszuwandern. Er und seine Frau Elisabeth, die auch an der BVA forschte, wurden 1943 ins KZ Theresienstadt verschleppt. Hans Przibram starb am 20. Mai 1944 an einem Hungerödem, seine Frau nahm sich einen Tag später das Leben. Die heute vergessene Zoologin Leonore Brecher wurde 1942 nach Maly Trostinec bei Minsk deportiert und ermordet. Martha Geiringer, Dissertantin bei Przibram, Heinrich Kun, Henriette Burchardt u.a. kamen in

KZs zu Tode. „Die BVA war damit wohl jenes Forschungsinstitut in Österreich und im Deutschen Reich, das im Verhältnis zu seiner Größe die meisten NS-Opfer zu beklagen hatte", so Taschwer. Am 11. März 2013 wurde spät, aber doch in der Akademie der Wissenschaften eine Gedenktafel für die ermordeten Mitglieder und Angehörigen enthüllt. Auf der Website kann man in einem Gedenkbuch ihre Biografien nachlesen.

Ein weiteres unrühmliches Kapitel für die Akademie ist die Geschichte des „Instituts für Radiumforschung", das 1910 gegründet wurde. Der bedeutende Physiker Stefan Meyer war dessen Leiter, Victor Franz Hess sein Assistent. Nach dessen Berufung nach Graz übernahm 1920 Karl Przibram diese Funktion. Es war das erste Institut dieser Art weltweit und besonders in den Jahren vor 1938 eine anerkannte Größe in der internationalen Atomforschung. Zahlreiche wichtige Entdeckungen wurden hier gemacht und grundlegende Kenntnisse über Radioaktivität gewonnen. Sowohl Meyer als auch Przibram verloren beim „Anschluss" ihre Funktionen. Heute ist das Institut in der Boltzmanngasse 3 im neunten Wiener Gemeindebezirk nach Stefan Meyer benannt. Meyer überlebte den Holocaust, ebenso Karl Przibram, der in Belgien im Widerstand gegen das NS-Regime kämpfte und nach Kriegsende nach Österreich zurückkehrte. (eba)

Literaturtipps

Johannes Feichtinger, Herbert Matis, Stefan Sienell, Heidemarie Uhl (Hrsg.): Die Akademie der Wissenschaften in Wien 1938 bis 1945. Verlag der ÖAW 2013

Arthur Koestler: Der Krötenküsser. Der Fall des Biologen Paul Kammerer. Wien 2012

Webtipp

oeaw.ac.at

24 WIENER PHILHARMONIKER

Das weltberühmte Orchester der Wiener Philharmoniker, das sich jahrzehntelang nicht seiner Vergangenheit stellte. 1938 wurden alle jüdischen Musiker entlassen. Fünf Musiker, Moriz Glattauer, Viktor Robitsek, Max Starkmann, Julius Stwertka und Armin Tyroler, wurden deportiert und in Konzentrationslagern ermordet. Zwei weitere starben noch in Wien.

Bild: Historisches Archiv der Wiener Philharmoniker

Reiseziel 1

- Staatsoper, Opernring 2, 1010 Wien
- Luftlinie vom Stephansdom: 700 m Südsüdwest
- 16°22'08" Ost / 48°12'10" Nord

Reiseziel 2

- Wiener Musikverein, Musikvereinsplatz 1, 1010 Wien
- Luftlinie vom Stephansdom: 800 m Süd
- 16°22'10" Ost / 48°12'04" Nord

Öffis

- Staatsoper: U1, U2, U4 Karlsplatz;
  Station Kärntner Ring/Oper – Straßenbahnlinien: 1, 2, 62, 71, D;
- Musikverein: U1, U2, U4 Karlsplatz;
  Station Kärntner Ring/Oper – Straßenbahnlinien: 1, 2, 62, 71, D;

BRAUNER KLANGKÖRPER

Die Geschichte der Wiener Philharmoniker zwischen 1938 und 1945 war lange eines der größten Tabus in Österreich. Erst 2013 wurden unabhängige Historiker beauftragt, die Rolle des elitären Staatsorchesters in Hitlers Reich zu erforschen und für dessen Website aufzubereiten. Neben dem musikalischen Pomp von Hitlers Liebling Richard Wagner bildeten zahlreiche Ehrungen für Nazibonzen die Schwerpunkte des Programms bis 1945. Nach dem Krieg gingen die Kriechereien weiter: Ihren Ehrenring verliehen die Wiener Philharmoniker dem Kriegsverbrecher und früheren Gauleiter Baldur von Schirach 1966 ein zweites Mal.

1942 feierten die Wiener Philharmoniker ihr 100-Jahr-Bestandsjubiläum. Baldur von Schirach, Hitlers Gauleiter von Wien, war eine Art Schutzpatron für Wiener Philharmoniker und Wiener Staatsoper, der Heimat des Orchesters. Beim 100er-Festakt bekam Schirach von „seinen" Musikern einen Goldenen Ehrenring verliehen. 1945 nahmen ihm amerikanische Offiziere diesen Ring bei seiner Verhaftung wieder ab. Bis 1966 musste der Kriegsverbrecher auf ihn verzichten, weil er bei den Nürnberger Prozessen 20 Jahre Zuchthaus ausgefasst hatte. Nach der Entlassung war man sich bei den Philharmonikern nicht zu schade, dem geliebten Herrn Gauleiter seinen Ring ein zweites Mal zu verleihen. Opfer des Hitlerregimes empfanden diese Affäre als unfassbaren Skandal für Österreichs Demokratie. Unklar ist bis heute, wer die neuerliche Ehrung Schirachs eingefädelt hatte. Gegenüber Kritikern hieß es später, es sei keine offizielle Aktion gewesen. Akten sind dazu nicht mehr vorhanden. Schirachs Sohn Richard berichtete in dem Buch „Der Schatten meines Vaters", ein „Emissär" der Philharmoniker hätte den Ehrenring zum zweiten Mal überbracht. Er gab den Namen nicht preis. Der Wiener Historiker Oliver Rathkolb ist sich sicher, dass es Helmut Wobisch war – Trompeter und bewährter Nationalsozialist. Nach dem Krieg wurde er zwar sofort entlassen, durch die Amnestie von 1953 aber bald wieder als Geschäftsführer

25 KÜNSTLERHAUS

Das Wiener Künstlerhaus am Karlsplatz, Ort von Propagandaausstellungen während der NS-Zeit, unter anderem der Schau „Entartete Kunst", in der 650 Werke geschmäht wurden, um Hass und Abscheu gegen Kunst, die nicht der Nazi-Norm entsprach, zu schüren.
Bild: Anna Beskova

Reiseziel

- Künstlerhaus, Karlsplatz 5, 1010 Wien
- Öffnungszeiten: täglich außer Montag von 10.00–18.00 Uhr, Donnerstag von 10.00–21.00 Uhr
- Luftlinie vom Stephansdom: 900 m Süd
- 16°22'18" Ost / 48°12'02" Nord

Öffis

- U1, U2, U4 Karlsplatz; Station Karlsplatz – Straßenbahnlinien: 1, 62; Bus: 4A, 59A; Badner Bahn;

TREIBJAGD AUF DIE KUNST

Das Wiener Künstlerhaus wurde 1868 errichtet – als Hort der eher konservativen Künste. Ende des 19. Jahrhunderts spalteten sich die Wiener „Secessionisten" von der Community ab; mit ihrer Moderne sollten sie die Kunst weltweit beeinflussen. Spätestens mit Hitlers „Anschluss" wurde der innovativen Wiener Szene der Garaus gemacht, das Künstlerhaus wurde von den Nazis instrumentalisiert und zum Ort von Propagandaausstellungen gemacht. Die größte und schauerlichste war „Entartete Kunst".

1861 schlossen sich die Künstlervereine „Eintracht" und „Albrecht-Dürer" unter dem neuen Namen „Gesellschaft der bildenden Künstler Wiens" zu einer Standesvertretung zusammen. In der Nähe der Karlskirche begann man 1865 mit dem Bau des Künstlerhauses, das 1868 fertig wurde. 1897 spalteten sich einige moderne Künstler, darunter Gustav Klimt, vom Künstlerhaus ab und gründeten die Wiener Secession. Nach dem „Anschluss" 1938 wurde diese wieder mit dem Künstlerhaus zwangsfusioniert. Zwei der Präsidenten waren Nationalsozialisten: Der Maler Leopold Blauensteiner trat bereits 1933 in die NSDAP ein. 1938/39 stand er dem Künstlerhaus vor und avancierte zum Generalbeauftragten für bildende Kunst des Landeskulturamtes der Wiener NSDAP. Wenig später wurde er zum Landesleiter der Reichskammer der bildenden Künste in Wien ernannt. Blauensteiner verlor im Weltkrieg zwei seiner drei Söhne. 1945 wurde er verhaftet, aber vom Vorwurf der nationalsozialistischen Betätigung freigesprochen. Er soll von den Nazis abgelehnte Arbeiten von Egon Schiele und Oskar Kokoschka 1944 vor der Zerstörung gerettet haben, indem er sie in das Salzbergwerk bei Altaussee bringen ließ. Die Forschung über das nationalsozialistische Personal im Kunstbetrieb steckt 70 Jahre nach Kriegsende noch immer in den Kinderschuhen. Erst 2011 gab es im Wiener Künstlerhaus eine erste Tagung zu diesem dunklen Kapitel.

Als „entartet" galt den Kulturfunktionären der Nazis jede Kunst, die nicht mit ihrem kleinbürgerlichen Schönheitsideal in Einklang stand: Expressionismus, Dadaismus, Neue Sachlichkeit, Surrealismus, Kubismus, Fauvismus, Pessimismus und Pazifismus waren Strömungen in der Kunst, die erbittert bekämpft wurden. Es gab zahlreiche Mal- und Berufsverbote gegen Künstler. Ihre Werke wurden aus Museen entfernt und konfisziert. „Entartete Bücher" wurden verbrannt, „entartete Musik" wie Jazz und Blues verboten. Ernst Barlach, Otto Dix, Wassily Kandinsky, Ernst Ludwig Kirchner, Paul Klee, Oskar Kokoschka, Käthe Kollwitz, Paula Modersohn-Becker und Max Pechstein gehörten zu den geächteten Künstlern.

Im Juli 1937 wurde im Münchner Hofgarten die Ausstellung „Entartete Kunst" mit 650 konfiszierten Kunstwerken aus 32 deutschen Museen gezeigt – initiiert von Propagandaminister Joseph Goebbels. Man nutzte expressionistische Darstellungen von Menschen, um damit gleichzeitig die Abscheu und den Hass auf Behinderte zu schüren. Das Interesse an der offiziell verschmähten Kunst war dennoch groß: Immerhin kamen mehr als zwei Millionen Besucher, von denen viele wohl noch immer zu den Bewunderern gehörten. Die „Säuberung" war aber umfassend: Rund 20.000 moderne Kunstwerke aus privaten Sammlungen wurden beschlagnahmt. Die Nazis machten gestohlene Werke rasch zu Geld: Sie wurden zu Höchstpreisen ins Ausland verkauft. Doch dann fielen die Preise, weil der Markt übersättigt war. Nach dem „Anschluss" Österreichs wurde „Entartete Kunst" auch im Wiener Künstlerhaus gezeigt. 100.000 Besucher wurden gezählt. In der Schau wurde auch Oskar Kokoschka diffamiert, dem man einen „ausgesprochen krankhaften Charakter" zuschrieb. Bei seinen Werken springe das „Morbide und Psychopathische ins Auge", hieß es. Nach dem Krieg war die Wiedereinbürgerung von Kokoschka, der nach Großbritannien geflüchtet war und Brite wurde, ein unfassbarer bürokratischer Akt. Schließlich meldete ihn der damalige Bundeskanzler Bruno Kreisky (SPÖ), selbst bis 1945 ein politisch Verfolgter, an seiner privaten Wohnadresse an, um die Einbürgerung zu ermöglichen.

Der Maler Rudolf Eisenmenger war von 1939 bis 1945 Präsident des Künstlerhauses. Seine Rolle für die Nazis wurde vor allem anhand seines – 1955 für die Wiener Staatsoper geschaffenen – Eisernen Vorhangs thematisiert. Dieser wird seit 1998 von jährlich wechselnden künstlerischen Gestaltungen überdeckt. Es heißt, Eisenmenger habe sein Präsidentengehalt zum Teil an den mit Funktionsverbot belegten Altpräsidenten Josef Hegenbarth überwiesen. Zudem soll die Künstlerhaus-Ausstellung „Junge Kunst im Deutschen Reich" auf Anordnung des Gauleiters Baldur von Schirach geschlossen worden sein, weil Eisenmengers Auswahl den Nazis nicht genehm gewesen sei. In seine Ära fielen auch die Propaganda-Ausstellungen „Berge und Menschen der Ostmark" oder „Ein Maler erlebt die Reichsautobahn". Sie dienten ebenso politischen Zwecken wie eine große Retrospektive zum 25. Todestag von Gustav Klimt im Jahr 1943. Eisenmenger soll zahlreiche Arbeiten von jüdischen und als „entartet" geltenden Künstlern versteckt haben. Für Experten liegt die Vermutung nahe, dass der Präsident wie sein Kollege Blauensteiner genau wusste, wie viel solche Werke später im Eigenverkauf wert sein konnten. Nach Kriegsende verlor Eisenmenger sofort seinen Job und wurde aus dem Künstlerhaus ausgeschlossen. Allerdings erfolgte zwei Jahre später schon wieder seine Rehabilitierung – etwas, das oft vorkam, wenn Nationalsozialisten jemanden fanden, der ihnen eine erfundene Heldengeschichte über Widerstand bestätigte. (eba)

Literaturtipps

Wladimir Aichelburg: Das Wiener Künstlerhaus, 125 Jahre in Bilddokumenten. Wien 1986

Verena Pawlowsky, Harald Wendelin: Raub und Rückgabe – Österreich von 1938 bis heute. Wien 2006

Webtipp

k-haus.at

26 BEFREIUNGSDENKMAL

Das Befreiungsdenkmal der Sowjetunion für Wien zeigt an den Flügeln auch Rotarmisten in Kampfszenen. Die unfassbaren Leiden, die Sowjetsoldaten und Offizieren von eigenen NKWD-Kommissaren auf Befehl Stalins zugefügt wurden, kommen auf diesem Denkmal nicht zum Ausdruck. Viele Kriegsgefangene und ehemalige KZ-Häftlinge der Nazis aus der Roten Armee verschwanden nach ihrer Rückkehr in die Sowjetunion als „Verräter" in den Lagern des Gulag.

Bild: Gerald Lehner

Reiseziel

- Denkmal zu Ehren der Soldaten der Sowjetarmee, Schwarzenbergplatz, 1030 Wien
- Luftlinie vom Stephansdom: 1,1 km Südsüdost

16°22′33″ Ost / 48°11′55″ Nord

Öffis

- Station Schwarzenbergplatz – Straßenbahnlinien: 2, 71, D; Bus: 2A;

SOWJETSOLDATEN BLUTEN FÜR ÖSTERREICHS FREIHEIT

Das deutsche Regime opferte in Wien seine Truppen aus taktischen Gründen ganz bewusst – um den sowjetischen Vormarsch zu bremsen. Kampferfahrenen Rotarmisten gelang mit Unterstützung von 400 sowjetischen Panzern dennoch ein rascher Sieg. Mit dem prestigeträchtigen Wien fiel neben Berlin die wichtigste Bastion der Nazis auf eigenem Gebiet. Obwohl die Sowjets – darunter viele Frauen – mit einer Übermacht von mindestens 10:1 antraten, kamen viele von ihnen bei der Befreiung Wiens ums Leben.

Denkmal zu Ehren der Soldaten der Sowjetarmee, die für die Befreiung Österreichs vom Faschismus gefallen sind", steht auf dem Siegesdenkmal in Wien. Schon im Februar 1945 veranstaltete die Sowjetarmee dazu einen Architektenwettbewerb. Den entschied ein Offizier namens Jakowlew mit einer einfachen Bleistiftzeichnung für sich. Wenig später baute Michail Intesarjan das erste Modell. Weil es keinen Gips oder Ton gab, modellierte er altes Brot um eine Wodkaflasche. Das Denkmal wurde später genau so ausgeführt: Ein Soldat aus Bronze hält eine Fahne der Roten Armee und einen Schild mit dem vergoldeten Wappen der Sowjetunion. Die Skulptur steht auf einer 20 Meter hohen Säule. Das Ensemble wird von einer Kolonnade mit 26 Säulen umrahmt. Darauf stehen auf beiden Seiten noch je zwei Figuren von Kämpfenden. In kyrillischer Schrift ist ein Text des Poeten Sergei Michalkow verewigt, dazu kommen zwei Zitate von Stalin. Ursprünglich wurden bei dem Denkmal Rotarmisten bestattet, die man später auf den Zentralfriedhof umbettete. Die Sowjets ließen es sich 1946 nicht nehmen, diesen Teil des großen Schwarzenbergplatzes in Stalinplatz umzubenennen. Nachdem die Truppen der vier Befreier-Mächte (USA, Sowjetunion, Großbritannien, Frankreich) das neue Österreich verlassen hatten, war auch der Stalinplatz wieder Vergangenheit. Das Denkmal wird bis heute gepflegt – laut Staatsvertrag von 1955.

Enthüllt wurde es am 19. August 1945 – nur wenige Monate nach Kriegsende. Dabei nahmen auch Mitglieder der ersten provisorischen Bundesregierung teil, die die Sowjets eingesetzt hatten: Staatskanzler Karl Renner (SPÖ) und die Staatssekretäre Leopold Figl (ÖVP), Ernst Fischer (KPÖ) und der neue Wiener Bürgermeister Theodor Körner (SPÖ). Die westlichen Alliierten betrachteten diese Regierung als Marionettentheater der Sowjets, bis sich auch konservative Politiker in Westösterreich mit der neuen Führung solidarisierten.

Dass Deutschland und Österreich nach den unermesslichen NS-Verbrechen so „gut" davonkamen, verwundert noch heute viele Experten. Auf der einen Seite gab es schändliche Gewalttaten sowjetischer Soldaten gegen Frauen in den eroberten Gebieten. Dazu kamen Folterungen und systematische Deportationen von Gegnern des Kommunismus in den Gulags. Ungeachtet der millionenfachen Morde Stalins an eigenen Völkern der UdSSR, Intellektuellen und Militärs im eigenen Land, bleibt für viele Demokraten dennoch unbestritten: Es waren Strategen und einfache Soldaten der Sowjetunion, denen Europas Völker die Befreiung vom nationalsozialistischen Joch hauptsächlich verdanken. Die ersten Truppen vor Wien waren die 4. Gardearmee sowie die 9. und 6. Gardepanzerarmee der 3. Ukrainischen Front. Sie kamen von Südosten, hatten Ende März 1945 im Burgenland das „Reich" betreten, nachdem sie den „Südostwall" der Nazis aus Panzergräben und Granatwerfer-Stellungen

Dass Stalin bis 1941 mit Hitler, seiner Gestapo und SS gemeinsame Sache machte und viele nach Russland geflüchtete Sozialdemokraten und Kommunisten aus Österreich den Nazis ans Messer lieferte, ist ebenfalls kein Thema an dieser Gedenkstätte.

Bild: Gerald Lehner

rasch niedergewalzt hatten. Einige Tage später erreichten auch die Armeen der 2. Ukrainische Front, von der Slowakei kommend, über das Marchfeld den Wiener Raum. Ein Teil umging die Stadt nach Westen, um wenig später von dort vorzustoßen. Kommandeur der gesamten Operation war Marschall Fjodor Tolbuchin, der mit der 3. Ukrainischen Front im Süden von Wien lag. Nun bildete die Rote Armee sechs Keile. Die Soldaten aus dem Süden erreichten am 6. April die Wiener Stadtgrenze, die von Westen her einen Tag später. Von Nordwesten über die Hügelketten verzögerte sich der Vorstoß um drei Tage.

Bei den Nazis gab es noch kampfstarke Soldaten der „Führer-Grenadier-Division". Die nur noch 52 deutschen Panzer waren Reste der gefürchteten 6. SS-Panzerarmee. Ihr Kommandeur in Wien: Hitlers einstiger Leibwächter Sepp Dietrich. Zu den 20.000 Kämpfern in der Stadt kamen ca. 8.000, die sich im Wienerwald verschanzt hatten. Vor dem Großangriff hatten sowjetische Kommandeure geheime Kontakte zu Widerständlern in der Hitlerarmee aufgenommen. Ihr Chef war der österreichische Major Carl Szokoll. Mit Oberleutnant Rudolf Raschke, Hauptmann Alfred Huth und Major Karl Biedermann plante er die kampflose Übergabe, um Wien vor der kompletten Zerstörung zu retten. Der Plan wurde der SS verraten. Am 8. April, knapp einen Monat vor Kriegsende, hängten die Nazis Raschke, Huth und Biedermann an Straßenlaternen auf. Am 12. April überquerte die Rote Armee unter schwersten Verlusten den Donaukanal und eroberte die Innenstadt. Nördlich der Donau gingen die Gefechte bis 18. April weiter, im Wienerwald bis 23. April – ehe sich die Front nach Westen ins Zentrum Österreichs verlagerte. (leh)

Literaturtipp

Matthias Marschik, Georg Spitaler (Hrsg.): Das Wiener „Russendenkmal". Architektur, Geschichte, Konflikte. Wien 2005

Webtipp

dasrotewien.at – Stichwortsuche: Befreiungsdenkmal, Schwarzenbergplatz

27 ARNOLD SCHÖNBERG CENTER

Arnold Schönberg in Los Angeles beim Dirigieren.
Bild: Arnold Schönberg Center

Reiseziel 1

- Arnold Schönberg Center, Schwarzenbergplatz 6, Eingang Zaunergasse 1–3, 1030 Wien
- Das Museum und Dokumentationszentrum beherbergt den umfangreichen Nachlass des Künstlers, der bis 1998 im Arnold Schoenberg Institute der University of Southern California aufbewahrt wurde. Die Musik- und Textmanuskripte, Design-Entwürfe, historischen Fotos und Schönbergs umfangreiche Bibliothek können von Archivbenutzern eingesehen werden. Schönbergs Nachlass wurde 2011 ins Welt-kulturerbe der UNESCO aufgenommen. Der Wiener Arnold Schoenberg Chor pflegt bevorzugt das Werk des Austro-Amerikaners, seiner Zeitgenossen und Nachfolger.
- Luftlinie vom Stephansdom: 1,1 km Südsüdost
-16°22'40" Ost / 48°11'57" Nord

Reiseziel 2

- Schönbergplatz, 1140 Wien
- Der Platz im 14. Bezirk (Penzing) wurde 1952 zu Ehren des Künstlers benannt.
- Luftlinie vom Stephansdom: 7,7 km Westsüdwest
-16°16'17" Ost / 48°11'50" Nord

Öffis

- Schönberg Center: Station Schwarzenbergplatz – Straßenbahnlinien: 2, 71, D; Bus: 2A;
- Schönbergplatz: Station Baumgarten – Straßenbahnlinien: 49, 52;

MEISTER NEUER KLANGWELTEN UND SCHRÄGER TÖNE

1933 war der Wiener Komponist Arnold Schönberg zum zweiten Mal länger in Berlin tätig. Als die Nazis in Deutschland in diesem Jahr an die Macht kamen, gab es für ihn keinen Weg zurück in die alte Heimat Wien, wo wenig später die Demokratie ebenfalls beerdigt wurde. Schönberg emigrierte in die USA, wurde dort Staatsbürger und schrieb sich ab 1941 „Schoenberg". Der Klangkünstler, Musiktheoretiker, Maler, Dichter und Designer hatte früh geahnt, welche Katastrophe mit dem Nationalsozialismus über Europa hereinbrach. Seine Zwölftonmusik war den Nazis verhasst. Sie markiert den Aufbruch in die künstlerische Moderne und macht deutlich, dass es völlig neue Klangwelten zu erkunden gab.

1913 fand in Wien ein Konzert statt, bei dem brave Bürger aus der Fassung gerieten: Bei einer Uraufführung von Werken von Arnold Schönberg mit seiner – damals revolutionären und völlig neuen – Zwölftonmusik kam es zu einer Schlägerei zwischen Fans und Gegnern. Es spielte das Orchester des Wiener Konzertvereins. Ein Teil des Publikums war entsetzt über die neuartige Musik. Die Klangschöpfungen wichen sehr stark von dem ab, was man im Rahmen des Dur- und Moll-Systems seit Jahrhunderten unter Musik bzw. Harmonien verstand. Während des Konzerts kam es zu einem Tumult und einer Rauferei, bei der Anhänger Schönbergs diesen gegen seine Gegner zu verteidigen suchten. Der Schriftsteller Erhard Buschbeck, der das Konzert organisiert hatte, ohrfeigte einen die Aufführung besonders lautstark störenden Konzertbesucher, ehe die Situation weiter eskalierte. Wenige Wochen später folgte die nächste Provokation gegen Schönbergs Neue Musik: „Das Klatschen der Ohrfeigen war noch das Melodiöseste, was man an diesem Abend zu hören bekam!" Das stellte beim gerichtlichen Nachspiel der Operettenkomponist Oscar Straus fest, der mit dem Musikerkollegen und Rivalen Arnold Schönberg (beide waren Mitglieder der jüdischen Community Wiens) seit ihrer gemeinsamen Lehrzeit bei dem Schriftsteller und Kabarettisten Ernst von Wolzogen verfeindet war.

Die Ablehnungsfront gegen die sogenannten Neutöner ließ sich schon damals nicht so klar definieren. Sie verlief quer durch fast alle Lager. Es gärte um die Jahrhundertwende und im Vorfeld des Ersten Weltkriegs. Trotz hartnäckiger Versuche der – auch untereinander verfeindeten – Deutschnationalen und Monarchisten, jede politische, demokratische, soziale und künstlerische Innovation aufzuhalten, war es eine Zeit des Aufbruchs auf vielen Ebenen. Schönberg blieb als lutherisch getaufter Jude schon in jungen Jahren vom verbreiteten und zunehmend nicht „nur" christlich, sondern auch „rassisch" geprägten Judenhass in seiner Heimatstadt Wien nicht verschont. Er kam als Sohn eines ungarischen Schusters und einer böhmischen Mutter 1874 in der Wiener Leopoldstadt zur Welt. Mit neun spielte er passabel Geige, brachte sich wenig später selbst das Komponieren bei und schrieb erste Stücke nach der klassischen Harmonielehre. Als Gymnasiast arbeitete Schönberg bevorzugt an Märschen und Polkas. Oft ging er in die Oper, er bewunderte vor allem die Werke Richard Wagners. Daneben studierte er die Kompositionstechniken von Brahms, Mahler, Bach und Mozart. Von dieser Begeisterung konnte Schönberg natürlich nicht leben. 1890 begann er eine Banklehre bei der Wiener Privatbank Werner & Co. Oskar Adler brachte ihm Musiktheorie, Poesie und Philosophie bei, David Josef Bach förderte sein Bewusstsein für Ethik und Moral. Schließlich erkannte der Dirigent Alexander von Zemlinsky das musikalische Talent Schönbergs. Dieser kündigte bei der Bank und übernahm als Dirigent erste Aufträge beim Mödlinger Gesangsverein, dem Männergesangsverein Meidling und dem Metallarbeiter-Sängerbund Stockerau. 1901 folgte er dem Ruf des Kabarettisten Ernst von Wolzogen nach Berlin, um für ihn als Komponist zu arbeiten. Zeitgleich arbeitete er für Richard Strauss und kam 1904 nach Wien zurück, wo er die „Vereinigung schaffender Tonkünstler" mit begründete: Anton Webern und Alban Berg wurden seine Schüler.

Wie viele seiner Generation – auch andere Juden und Intellektuelle wie Stefan Zweig – stimmte er in die chauvinistische Kriegsbegeisterung jener Zeit ein. 1918 gründete Schönberg den „Verein für musikalische Privataufführungen", um zeitgenössische und junge Künstler zu fördern. Ab 1921 entwickelte Schönberg mit dem weniger bekannten Josef Matthias Hauer eine Kompositionslehre, die mit zwölf nur aufeinander bezogenen Tönen auskommt. 1925 berief ihn der Komponist und Universitätsprofessor Georg Schumann als Lehrenden nach Berlin an die Preußische Akademie. Als die Nazis 1933 an die Macht kamen, verlor Schönberg diese gute Anstellung. Er flüchtete nach Paris, wo der 1898 christlich Getaufte seinen ursprünglichen jüdischen Glauben wieder annahm. Im August 1933 bestieg er einen Dampfer in die USA, wo er ein Jahr in Boston und New York lebte und dann Professor der University of Southern California und der University of California wurde. Bis zu seinem Tod nach einer Herzattacke im Jahr 1951 entstanden noch viele Kompositionen. Auch als Maler, Dichter, Designer und Möbelbauer mache Schönberg sich über die Jahrzehnte einen – nicht ganz so prominenten – Namen wie als Musiker. Obwohl er als Freund der Vernunft, Aufklärer und Gegner von Aberglauben bekannt war, litt Schönberg an der sogenannten Triskaidekaphobie, der abergläubischen Furcht vor der Zahl 13. Arnold Schönberg war an einem 13. geboren. Sein Todestag fiel auf einen Freitag, den 13. (leh)

Literaturtipps

Theodor W. Adorno: Philosophie der neuen Musik. Frankfurt am Main 1991

Peter Gradenwitz: Arnold Schönberg und seine Meisterschüler. Wien 1998

Constantin Grun: Arnold Schönberg und Richard Wagner. Zwei Bände. Göttingen 2006

Matthias Henke: Arnold Schönberg. München 2001

Hartmut Krones: Arnold Schönberg: Werk und Leben. Wien 2005

E. Randol Schoenberg: Apropos Doktor Faustus. Briefwechsel Arnold Schoenberg – Thomas Mann. 1930–1951. Wien 2008

Webtipps

asc.at – Arnold Schoenberg Chor Wien

dasrotewien.at – Stichwortsuche: Arnold Schönberg

schoenberg.at – Arnold Schönberg Center

28 PRIVATBANK GUTMANN

Max von Gutmann: Gründer der Privatbank Gutmann, die Spitäler, die Friedensinitiative von Bertha von Suttner, aber auch Rüstung finanzierte. Jüdische Banker galten den Nationalsozialisten als willkommene Beweis für die Propaganda von der „jüdischen Weltverschwörung".
Bild: Privatarchiv, unbekannter Fotograf

Reiseziel 1

- Schwarzenbergplatz, 1030 Wien
- Luftlinie vom Stephansdom: 1,1 km Südsüdost
- 16°22'33" Ost / 48°11'55" Nord

Reiseziel 2

- Ehemalige Poliklinik, Mariannengasse 10, 1090 Wien
- Luftlinie vom Stephansdom: 1,9 km Nordwest
- 16°20'57" Ost / 48°12'58" Nord

Öffis

- Schwarzenbergplatz: Schwarzenbergplatz – Straßenbahnlinien: 2, 71, D; Bus: 2A;
- Poliklinik: U6 Alser Straße, Station Alser Straße; Station Lange Gasse – Straßenbahnlinien 5, 33, 43, 44;

BRAUNER KLASSENKAMPF

„Jüdisches Großkapital" und „jüdische Weltverschwörung" sind klassische Feindbilder der Antisemiten, die bis heute wirken. Die Propaganda der Nationalsozialisten missbrauchte die Lebensgeschichten von jüdischen Aufsteigern, um den Hass auf breiter Basis zu schüren. Die auch für das Wiener Gemeinwohl spendablen Familien Rothschild und Gutmann waren geschäftlich sehr erfolgreich. Als Reiche gehörten sie zu einer kleinen Minderheit der jüdischen Community.

Max von Gutmann wurde 1857 geboren. Er spielte beim Aufbau der Industrie in der Habsburgermonarchie eine wichtige Rolle. 1883 trat er in die von seinem Vater Wilhelm und seinem Onkel David gegründete Firma „Gebrüder Gutmann" ein. Die Brüder handelten zuerst vor allem mit Kohle. Sie waren die Ersten, die den Brennstoff Kohle aus dem preußisch regierten Oberschlesien in Österreich einführten – für Eisenbahnen, Zuckerfabriken und Gaswerke. Max von Gutmann war Abgeordneter im Herrenhaus des Parlaments und Präsident des Industriellen Clubs – ein Vorläufer der heutigen Industriellenvereinigung. Sein Vater Wilhelm war Mitbegründer des Clubs. Zur Kohle kamen Beteiligungen in der Rüstungsindustrie (Witkowitzer Eisenwerke in Mähren) sowie weitere Anteile an Firmen. Dazu wurde 1922 die hauseigene Bank auf dem Wiener Schwarzenbergplatz 16 gegründet. Dort existiert die „Privatbank Gutmann" bis heute. Die Familie förderte – trotz der Rüstungsgeschäfte – großzügig die Friedensinitiativen von Bertha von Suttner. Sie finanzierte auch die ehemalige Poliklinik samt Kinderspital in der Mariannengasse 10 (Wien-Alsergrund) – eines der damals modernsten Krankenhäuser. 1938 „arisierten" es die Nazis und übergaben es an die Stadt Wien als neue Eigentümerin, 1998 wurde die Poliklinik endgültig geschlossen. Über dem Eingang kann man heute noch „Wiener Städtische Allgemeine Poliklinik" lesen. In der großzügig ausgestatteten Klinik arbeiteten vor allem jüdische Ärzte. Behandelt wurden auch Arme – völlig unabhängig von der Religion. Die hohen Zuwendungen der Gutmanns für das Spital schürten zusätzlichen Hass und Missgunst bei Wiener Antisemiten. Diese Stimmung thematisierte Arthur Schnitzler im Stück „Professor Bernhardi". Er war mit dem Spital bestens vertraut, weil sein Vater erster Direktor war. Ebenso viel Geld von den Gutmanns erhielt das Spital Rudolfinerhaus in Wien-Döbling. Max tat sich zudem als Kunstmäzen hervor.

Das Gut „Strechen" mit zwei Jagdhäusern in Rottenmann in der Steiermark wurde nach dem „Anschluss" 1938 „arisiert". Der neue Besitzer hieß Friedrich Flick, der laut Historikern durch solche Raubzüge und Rüstungsgeschäfte zu einem der wichtigsten Industriellen im Dritten Reich aufstieg. Er wurde nach dem Krieg zu sieben Jahren Haft verurteilt, aber bald wieder freigelassen und blieb einer der reichsten Männer Deutschlands. Der Flick-Konzern ging im „Dritten Reich" skrupellos vor, Zehntausende mussten diesem Imperium als Zwangsarbeiter dienen.

Zu den reichsten Familien Wiens zählten auch die Rothschilds. Sie besaßen ein Bankhaus sowie zahlreiche Palais. Louis Nathaniel Freiherr von Rothschild (1882–1955) war der Letzte aus dem österreichischen Zweig der Familie. 1911 war sein Vater Albert Rothschild gestorben. Nun leitete Louis die Privatbank S. M. v. Rothschild & Söhne in der Renngasse 3 im ersten Wiener Bezirk. Zudem war er Hauptaktionär der Creditanstalt, der größten Bank Österreichs. Die kleinere Privatbank war von Salomon Rothschild bereits 1817 in Wien gegründet worden. Unter Louis investierte sie viel in Ungarn, und die Creditanstalt entwickelte sich zur großen Tochtergesellschaft der Privatbank. „Sie wurde in jedem Winkel des Kaiserreiches eine finanzielle Macht", so der austroamerikanische Schriftsteller Frederic Morton in seinem Buch über die Rothschilds. Gegen Ende des 19. Jahrhunderts seien Kleinkredite und Geschäfte mit „kleinen Leuten" für Großbanken wirtschaftlich immer interessanter geworden.

Vor 1914 war die Creditanstalt der wichtigste Geldgeber des Kaiserreichs. Nach dessen Untergang 1918 blieb vom einst riesigen Österreich nur ein Zwerg. „Die Folge war, dass auch diese Bank

Diskretion für Private Banking als Geheimnis des Erfolges: die heutige Bank Gutmann am Schwarzenbergplatz.
Bild: Anna Beskova

der österreichischen Rothschilds dahinschwand", schreibt Morton. Sie sei auf „Gedeih und Verderb dem jetzt kleinen, mühselig sich dahinschleppenden Vaterland verbunden" gewesen. Als 1929 die Creditanstalt in große Schwierigkeiten geriet, musste sie Rothschild unter Druck der Regierung als Bad Bank auffangen. Auf dem Höhepunkt der Weltwirtschaftskrise im Frühjahr 1931 brach die Bank zusammen. Rothschild zahlte viel Geld dazu, doch die Creditanstalt war nur noch mit Staatsgeld zu sanieren. Sie befand sich nun mehrheitlich im Besitz des Staates. 1938 wurde Louis Rothschild verhaftet und von der Gestapo ein Jahr eingekerkert. Noch am 1. März 1938 war er auf Skiurlaub in Kitzbühel gewesen und hatte Warnungen aus Frankreich ignoriert. Mit Glück kam er 1939 frei und schaffte es in die USA. Seinen gesamten Wiener Besitz verlor er an die Nazis. Das Bankhaus wurde von dem neu gegründeten Bankhaus E. v. Nicolai „arisiert". Nach dem Krieg erhielt Rothschild in Rückstellungsverfahren seine Anteile wieder zurück. Aber er wollte nach dem Terror der Nazis in Wien keine Bank mehr errichten. Heute befindet sich im Palais Rothschild in der Renngasse eine Filiale der Schoellerbank. (eba)

Literaturtipps

Marie-Therese Arnborn: Friedmann, Gutmann, Lieben, Mandl und Strakosch. Fünf Familienporträts aus Wien vor 1938. Wien 2002

Frederic Morton: Die Rothschilds. Porträt einer Dynastie. Wien 2006

29 ARBEITERKAMMER WIEN

Das heutige Gebäude der Arbeiterkammer Wien aus den Fünfzigerjahren an dem Platz, wo einst das prachtvolle Palais Albert Rothschild stand. Es wurde im Bombenkrieg beschädigt und nach dem Krieg einfach abgerissen.
Bild: Anna Beskova

Reiseziel 1

- Ehemaliges Palais Albert Rothschild, heute Arbeiterkammer Wien, Prinz-Eugen-Straße 20–22, 1040 Wien
- Luftlinie vom Stephansdom: 1,5 km Sudsüdost
- 16°22′35″ Ost / 48°11′42″ Nord

Reiseziel 2

- Ehemaliges Palais Nathaniel Rothschild, heute Bildungszentrum der AK Wien, Theresianumgasse 16–18, 1040 Wien
- Luftlinie vom Stephansdom: 1,8 km Süd
- 16°22′32″ Ost / 48°11′33″ Nord

Öffis

- Palais Albert Rothschild: Station Plößlgasse – Straßenbahnlinie: D;
- Palais Nathaniel Rothschild: Station Plößlgasse bzw. Schloss Belvedere – Straßenbahnlinie: D;

MODELLPROJEKT FÜR DEN HOLOCAUST

Dem NS-Regime ging es auch um möglichst lückenlose Ausplünderung seiner Opfer. Das Wiener System diente dabei für Berlin, andere Städte und Regionen organisatorisch als Vorbild. Ihre Büros, in denen Vertreibung und Massenmord vorbereitet wurden, richteten sich die Nazis in zwei prachtvollen Palais ein. Die hatten der jüdischen Unternehmerfamilie Rothschild gehört und wurden „arisiert" – zur Unterbringung der „Leitstelle für jüdische Auswanderung" und für ein Gefängnis der Gestapo.

Die beiden Palais stehen schon lange nicht mehr. Eines wurde im Krieg schwer beschädigt, das andere passte nach 1945 der Wiener Stadtpolitik nicht ins Konzept. So wurden sie abgerissen. Heute stehen die Gebäude der Arbeiterkammer Wien aus den 1950er-Jahren an beiden Orten. Wie begann das alles? Der äußerst erfolgreiche Unternehmer Albert Rothschild brauchte einst ein repräsentatives Stadtpalais und ließ es sich von 1879 bis 1884 im Louis-seize-Stil erbauen. Die Adresse war dem Reichtum angemessen – an der Prinz-Eugen-Straße, gegenüber dem Schloss Belvedere. Silberner Speisesaal, goldener Ballsaal, Kristallluster mit je 500 Kerzen, livrierte Diener, Marmor, wertvolle Gemälde und Gobelins – es war ein Ambiente, das alten Adel imitierte.

Roman von Frederic Morton

Alberts ebenso wohlhabender Bruder Nathaniel ließ sich in der nahen Theresianumgasse ein weiteres Palais errichten. Beide wurden 1938 von den Nazis „arisiert", die wertvollen Kunstsammlungen beschlagnahmt bzw. geraubt und Teile davon in das Kunsthistorische Museum verfrachtet. Vieles sollte später im „Führermuseum" landen, das Hitler für Linz plante. Alberts Sohn, Louis Rothschild, wurde als Hausherr im Frühling 1938 kurz nach dem „Anschluss" verhaftet. Der austroamerikanische Schriftsteller Frederic Morton (New York) erzählt in seinem Buch „Die Rothschilds" davon. Der

Baron wollte, als ihn die Nazis schnappten, erst nach dem Lunch mitkommen: „Unter den Stahlhelmträgern setzte ein verwirrtes Beraten ein. Das Ergebnis: Gut, essen Sie erst!"

Die Zelle teilte sich Louis Rothschild dann mit Wiener Kommunisten: „Wir kamen recht gut aus, waren uns einig, dass dies der klassenloseste Keller der Welt war." Bald wurde der Baron ins Gestapo-Hauptquartier am Morzinplatz verlegt. Ein Jahr lang hielt man ihn dort fest. Die Nazis feilschten um seinen Besitz. Bevor er im Mai 1939 an einem späten Abend entlassen wurde, bat er noch um Aufschub. Morton schreibt: „Er meinte, zu dieser Stunde sei es wohl doch zu spät, als dass er einem seiner Freunde zumuten könne, ihn aufzunehmen ... Seit es eine Gestapo gab, war noch kein Fall bekannt geworden, dass ein Gefangener um Verlängerung seiner Haft und um Nachtquartier gebeten hatte. Man musste per Ferngespräch in Berlin Rat einholen." Schließlich durfte Louis Rothschild doch noch bleiben. So etwas konnte sich bei den Nazis nur ein Mann seines Kalibers erlauben. Im Prachtbau seines Vaters Albert an der Prinz-Eugen-Straße machte sich mittlerweile die sogenannte „Zentralstelle für jüdische Auswanderung" des Sicherheitsdienstes (SD) breit – unter der Leitung von Adolf Eichmann, des „Fahrdienstleiters des Todes", wie der gebürtige Linzer, hohe SS-Offizier und zentrale Organisator des Holocaust später genannt wurde. Im zweiten Palais – dem von Nathaniel Rothschild – in der Theresianumgasse richteten die Nazis ein Gefängnis für Gestapo-Häftlinge ein.

Scheinlegale Raubzüge

Eichmanns spätere Bilanz an seinem neuen Standort: 48.767 Wiener – Frauen, Männer, Kinder und Jugendliche – wurden in die Ghettos Osteuropas sowie die Konzentrations- und Vernichtungslager verschleppt. Nur 2.098 davon haben den Holocaust überlebt, schreibt der Historiker Winfried R. Garscha. Eichmann und sein Komplize Alois Brunner, der später ebenso als Massenmörder gesucht wurde und in Syrien untertauchte, legten mit der dazu gezwungenen Israelitischen Kultusgemeinde Wiens (IKG) die „Ausreisequoten" fest. Neben dem zwangsweisen Verkauf von

Die Hauptfront des Palais Rothschild um 1939, von der Prinz-Eugen-Straße aus gesehen. In dem zwangsenteigneten Gebäude war zeitweilig Adolf Eichmanns „Zentralstelle für jüdische Auswanderung" untergebracht.
Bild: ONB – Bildarchiv Austria

Immobilien und Betrieben mussten Juden eine „Reichsfluchtsteuer" zahlen. Eine nach Vermögen gestaffelte „Passumlage" sollte auch Ärmeren die „Ausreise" ermöglichen. Nach dem „Wiener Modell" Eichmanns wurde in Berlin die „Reichszentrale für jüdische Auswanderung" eingerichtet. Ähnliches entstand in Prag und Amsterdam. Als nach der Berliner „Wannsee-Konferenz" die Massendeportationen und der Holocaust begannen, konnten die Nazis auf reiche Erfahrung zurückgreifen.

Schon im April 1938 war die „Vermögensanmeldung" verpflichtend geworden. Kurz danach schuf das Regime im ehemaligen österreichischen Wirtschaftsministerium eine „Vermögensverkehrsstelle" (VVSt). Diese bestellte Treuhänder, Kommissare und

30 DIPLOMATISCHE AKADEMIE

Ernst Florian Winter als Offizier der U.S. Army (Mitte) mit zwei Töchtern derFamilie Schnaitl und Bediensteten der Brauerei Schnaitl im oberösterreichischen Innviertel, Mai 1945. Der gebürtige Wiener und Emigrant gehörte zu den ersten GI's, die österreichischen Boden betraten.
Bild: Privatarchiv/Caroline Kleibel

Reiseziel 1

- Diplomatische Akademie Österreichs (aufgebaut von Ernst Florian Winter), Favoritenstraße 15A, 1040 Wien
- Luftlinie vom Stephansdom: 1,7 km Süd
- 16°22'15" Ost / 48°11'36" Nord

Reiseziel 2

- Ernst-Karl-Winter-Hof, Thimiggasse 63, 1180 Wien – mit einer Gedenktafel für den Wiener Vizebürgermeister und Soziologen
- Luftlinie vom Stephansdom: 4,6 km Nordwest
16°19'13" Ost / 48°13'54" Nord

Öffis

- Diplomatische Akademie: U1 Taubstummengasse;
- Ernst-Karl-Winter-Hof: Station Herbeckstraße/Scheibenbergstraße – Straßenbahnlinie: 40;

FAST VERGESSENE HELDEN

Zwei Weltbürger, Flüchtlinge und erbitterte Gegner Hitlers, hatten Wurzeln und gute Verbindungen in Wien. Beide halfen sie nach 1945 mit, Österreichs Ruf international zu retten bzw. zu verbessern. In ihrer alten Heimat kümmerte das kaum jemand. Die Biografien von Ernst Florian Winter und Simon Schmiderer passten nicht zum österreichischen Opfermythos.

Der eine war Sozialdemokrat und Sohn eines Eisenbahners im Salzburger Pinzgau: Simon Schmiderer aus Saalfelden (Jahrgang 1911) studierte in Wien, kannte Sigmund Freund gut und heiratete in die Familie des New Yorker Juwelenkönigs Tiffany ein. Nach dem Krieg war er als Architekt am Bau der UNO-Gebäude in New York beteiligt. Daneben gehörte er in den USA zu den Erfindern von Fertigteilen aus Beton. Einer seiner engsten Freunde war Harry Freud, der Neffe von Sigmund, der im befreiten Österreich als US-Offizier für Flüchtlinge zuständig war. Der andere kam 1923 als Sohn des christlich-konservativen Wiener Vizebürgermeisters und Soziologen Ernst Karl Winter zur Welt: Ernst Florian Winter heiratete eine Tochter der berühmten Salzburger Musikerfamilie Trapp („Sound of Music"), war Offizier des militärischen Geheimdienstes der USA und Platoonführer der ersten US-Soldaten, die 1945 österreichischen Boden betraten. Er lehrte Politikwissenschaft an der Columbia University in New York und wurde 1964 von Außenminister Bruno Kreisky zum Gründungsdirektor der Diplomatischen Akademie Österreichs ernannt. Der spätere Bundeskanzler wusste genau, welches Kaliber er da holte. Ernst Florian Winter war Weltbürger und hatte beste Kontakte nach Übersee bis ins Weiße Haus. Als Konservativer war er ein Gegner von Kreiskys Sozialisten, doch war er auch als sozial engagierter Katholik bekannt. Kreisky erinnerte sich auch an Winters Vater Ernst Karl. Der Vizebürgermeister Wiens hatte im austrofaschistischen Ständestaat mehrfach versucht, eine Versöhnung der brutal regierenden Konservativen

Gedenktafel beim Ernst-Karl-Winter-Hof in Wien. Der christlich-soziale Soziologe, Philosoph und Wiener Vizebürgermeister, Vater des österreichischen US-Offiziers, Politologen und Diplomaten, setzte sich vor und nach dem Bürgerkrieg für die Versöhnung von Konservativen und Sozialdemokraten ein, um gemeinsam die Nazis zu bekämpfen. Vergeblich.
Bild: Joerg Reitmaier

mit den (verbotenen) Sozialdemokraten zu erreichen. So sollte der gemeinsame Feind bekämpft werden – die bis 1938 in Österreich verbotenen Nazis.

Ernst Karl Winter war seiner Zeit weit voraus, doch der Brückenbauer bemühte sich vergeblich: Das zerstrittene Österreich fiel Hitler 1938 in den Schoß. Familie Winter musste nach Frankreich und später in die USA flüchten. Über sein Faible für Berge, Sport und seine Prüfung als Skilehrer in den USA kam der junge Ernst Florian Winter in Kontakt mit Regierungsstellen in Washington. Man bot ihm an, mit anderen Österreichern eine Gebirgsdivision der U.S. Armee gegen Hitler aufzubauen. Das Kriegsgeschehen ließ dafür keine Zeit mehr, und Winter nahm im Juni 1944 an der Invasion in der Normandie teil. Er war Geheimdienstoffizier und Dolmetscher. Am 4. Mai setzte er mit einem kleinen Erkundungs- und Stoßtrupp bei Burghausen in Oberbayern über die Salzach ins Innviertel über. Neben US-Soldaten im Mühlviertel waren sie damit

Ernst Florian Winter bei seiner Dankesrede in Braunau am Inn – anlässlich der Verleihung des Egon-Ranshofen-Wertheimer-Preises (2008). Der Namenspatron war österreichischer Diplomat, Journalist und Politikwissenschaftler, der – wie Adolf Hitler – in Braunau geboren wurde. Mit dem Salzburger Leopold Kohr entfachte er bis 1945 im amerikanischen Exil ein publizistisches Trommelfeuer gegen Nazideutschland und beriet die Regierung der USA. Ranshofen-Wertheimer gehörte in San Francisco zu den Gründern der Vereinten Nationen.
Bild: Gerald Lehner

die ersten US-Soldaten, die 1945 als Befreier österreichischen Boden betraten. Wenige Tage später besuchte er das Anwesen seines Schwiegervaters Baron von Trapp in Salzburg, der ebenfalls nach Amerika geflüchtet war. In der Villa im Stadtteil Aigen hatte sich SS-Reichsführer Heinrich Himmler seinen Sommersitz eingerichtet. Ernst Florian Winter fand sie verlassen vor, zum Teil durch die Gelage der SS-Bonzen ruiniert. Nach dem Krieg studierte er Geschichte, Politik- und Sozialwissenschaften am Columbia College in den USA. Er wurde Professor am Iona College in New Rochelle, New York, dazu Gastprofessor in Princeton, Georgetown, an der Indiana University u. a. Ab 1960 wirkte er in Österreich mit, das Fach Politikwissenschaft an den Unis zu etablieren. Dann ergriff er die Diplomatenlaufbahn, die ihn auch für die Vereinten Nationen (UNO) in viele Teile der Erde führte.

Emsiger Unterstützer des „Gedenkdienstes"

Ernst Florian Winter starb 2014 als Pensionist, Bergbauer und Pferdezüchter in Osttirol. Bis zu seinem Tod förderte er den Österreichischen Auslands- bzw. Gedenkdienst. Junge Männer, die den Militärdienst verweigern, können zum Ansehen Österreichs

Der amerikanische Architekt und gebürtige Salzburger Simon Schmiderer beim Strandspaziergang in Highland Beach, Florida (1994). Er arbeitete einst am Plan fürdie Gebäude der Vereinten Nationen in New York mit.
Bild: Gerald Lehner

weltweit beitragen, indem sie ihren Präsenzdienst in humanitären und sozialen Projekten sowie bei Hilfsorganisationen leisten, zum Beispiel als Gedenkdiener an der Holocaust-Gedenkstätte Yad Vashem in Israel. Der Gedenkdienst wurde von dem Politikwissenschaftler Andreas Maislinger (Innsbruck/Salzburg) gegründet, als Gedenk-, Sozial- und Friedensdienst an der Weltgemeinschaft.

Über Ernst Florian Winters Arbeit für die Vereinten Nationen schließt sich der Kreis zum Architekten Simon Schmiderer. Der Salzburger hatte in den 1930er-Jahren in Wien studiert und an der Hochschule für Angewandte Kunst seine Frau Mabby Burlingham kennengelernt, Enkelin des New Yorker Juwelenkönigs Tiffany. Deren Mutter war die Geliebte von Sigmund Freuds Tochter Anna. Schmiderer flüchtete 1938 mit den Freuds von Wien nach Großbritannien ins Exil, später in die USA. Er bekam erste Aufträge als Architekt, unter anderem für ein Süßwarengeschäft der jüdischen Wiener Familie Heller an der 5th Avenue in New York. 1943 begann er bei den Architekten Wallace Harrison und Maxwell Abramovitz, die für den Milliardär Nelson Rockefeller arbeiteten. So kam er kurz nach Kriegsende ins Planungsteam für den Hauptsitz der Vereinten Nationen in New York. Rockefeller hatte der eben erst in San Francisco gegründeten UNO ein Grundstück geschenkt und internationale Top-Architekten eingeladen, darunter Le Corbusier und Oscar Niemeyer. Schmiderer gehörte zu den „backroom boys", die Entwürfe in konkrete Modelle umsetzten. Er starb 2001 in Highland Beach, Florida. (leh)

Literaturtipps

Erwin Bader: Ernst Karl Winter und die Versöhnung der politischen Lager. In: Ulrich H. Zellenberg: Konservative Profile. Graz 2003

Karl Hans Heinz: E. K. Winter. Ein Katholik zwischen Österreichs Fronten. Wien 1984

Gerald Lehner: Erster US-Soldat als Befreier – Ernst Florian Winter. In: Im Schatten der Mozartkugel. Wien 2009

Gerald Lehner: Das menschliche Maß. Eine Utopie? Gespräche mit Leopold Kohr über sein Leben. Salzburg 2014

Norbert Leser: Ernst Karl Winter. In: Grenzgänger: Österreichische Geistesgeschichte in Totenbeschwörungen. Wien 1982

Webtipps

auslandsdienst.at

gedenkdienst.at

leopoldkohr.wordpress.com

31 SCHLOSS BELVEDERE

15 Mai. 1955: Tausende begeisterte Wiener feiern den Staatsvertrag im Garten des Belvedere. Das Dokument verhalf Österreich aber nicht nur zu Freiheit und Neutralität, sondern auch zum Mythos, wonach Österreich das erste Opfer des Nationalsozialismus gewesen sei. Jahrzehntelang wurde damit jede Wiedergutmachung und Restitution verzögert.
Bild: ONB – Bildarchiv Austria / Lessing

Reiseziel

- Schloss Belvedere, Prinz-Eugen-Straße 27, 1030 Wien
- Luftlinie vom Stephansdom: 2 km Südsüdost
- 16°22'05" Ost / 48°11'30" Nord

Öffis

- Station Schloss Belvedere – Straßenbahnlinie: D;

DIE LIZENZ FÜR GEDÄCHTNISLÜCKEN

Am 15. Mai 1955 wurde Österreich nach sieben Jahren Nazi-Diktatur und zehn Jahren unter alliierter Besatzung in die staatliche Freiheit entlassen. Bei der Unterzeichnung des Staatsvertrags im Schloss Belvedere jubelten die Menschenmassen im Park. Mit dem Vertrag wurde auch der verlogene Mythos verfestigt, dass Österreich ein „Opfer" des Nationalsozialismus gewesen sei. Wo nur noch Opfer sind, gibt es keine Täter mehr.

Der Pressefotograf Erich Lessing mischte sich in die riesige Menschenmenge, die sich unter dem Balkon des Wiener Schlosses Belvedere versammelt hatte. Während alle anderen oben bei der Unterzeichnung fotografierten, stand er als einziger Journalist seit dem Morgen bei den Bürgern im Schlosspark. Zu Mittag wurden nach dem Läuten vieler Wiener Kirchenglocken um 12.15 Uhr die Balkontüren des Belvedere geöffnet: Außenminister Leopold Figl, die Außenminister der Alliierten und Bundeskanzler Julius Raab traten auf den Balkon. So konnte Lessing das legendäre Foto machen, als Fiegl – umringt von den Außenministern – strahlend und stolz der Menge den Staatsvertrag mit den roten Sigeln zeigte. „Österreich ist frei", rief er. Die Menschen winkten mit unzähligen Fähnchen in den alten und neuen Staatsfarben Rot-Weiß-Rot. Lessings Foto ging um die Welt.

Im früheren Barockschloss des Prinzen Eugen besiegelten die Politiker eine jahrelange Arbeit. Sowjets und Westalliierte hatten bereits 1943 in ihrer Moskauer Deklaration festgestellt, dass der „Anschluss" Österreichs an das Deutsche Reich null und nichtig und die Befreiung Österreichs eines ihrer Kriegsziele sei. Ein weiterer Passus der Moskauer Deklaration wurde ab 1945 von den meisten Österreichern und ihren Politikern hingegen verdrängt: „Jedoch wird Österreich darauf aufmerksam gemacht, dass es für die Beteiligung am Kriege auf Seiten Hitlerdeutschlands Verantwortung trägt, der es nicht entgehen kann." Und dass es für die Zukunft unvermeidlich sei, dass sein eigener Beitrag zur Befreiung von den Nazis berücksichtigt werde. Als Hitler dann besiegt war, wollte in Österreich kaum noch jemand etwas davon hören. Plötzlich war man kollektiv zum Opfer mutiert, trotz der besonders vielen Mitläufer, NS-Täter und Massenmörder. Österreichs Opfermythos hielt sich äußerst hartnäckig bis Ende der 1980er-Jahre und verhinderte jahrzehntelang eine umfassende Betrachtung von Österreichs Geschichte.

Mit dem Staatsvertrag ging Österreich 1955 einige Verpflichtungen ein, die es mehr oder weniger erfüllte. Im „Anschlussverbot" wurde festgehalten, dass Österreich politisch und militärisch nie mehr mit Deutschland vereinigt sein darf. Alle nationalsozialistischen Organisationen wurden aufgelöst. Die Alliierten schrieben Österreich weiters vor, dass jede Wiederbetätigung von nazistischen und faschistischen Organisationen gesetzlich zu unterbinden sei. Hierin liegt die Grundlage des Gesetzes gegen die sogenannte „Wiederbetätigung". Ausdrücklich wurde auch das Habsburger-Gesetz von 1919 bestätigt, wonach Mitglieder des früheren Herrscherhauses auf alle Machtansprüche verzichten müssen. Zudem wurde die „immerwährende Neutralität" Österreichs verkündet. Diese ist aber nicht im Staatsvertrag festgeschrieben. Sie wurde am 26. Oktober 1955 als Verfassungsgesetz vom Nationalrat beschlossen. Deshalb ist der 26. Oktober auch der Staatsfeiertag Österreichs. Die Österreichische Galerie im Schloss Belvedere, wo ein berühmtes Gemälde von Gustav Klimt, das Porträt von Adele Bloch-Bauer, ausgestellt war, musste es 2006 an die rechtmäßigen Erben rückerstatten. Adele Bloch-Bauer verstarb 1925 und hatte im Testament verfügt, dass das Gemälde nach dem Tod ihres Mannes Ferdinand Bloch der Österreichischen Galerie vermacht werden soll. Doch 1938 musste er fliehen und seinen Besitz zurücklassen. Sein Vermögen wurde arisiert und verkauft, das Bild erwarb 1941 die Österreichische Galerie. Bloch starb 1945 im Schweizer Exil und hat alle Schenkungen widerrufen – verständlicherweise. Der Journalist Hubertus Czernin recherchierte die Umstände und informierte Blochs Erben, darunter eine Nichte Blochs, Maria Altmann, die seit 1942 in den USA lebte. Sie stellte einen Antrag auf Rückgabe

Die „Goldene Adele" von Gustav Klimt hing jahrzehntelang in der Österreichischen Galerie im Schloss Belvedere. Auch der rechtmäßigen Erbin, Maria Altmann, einer Nichte von Adele Bloch-Bauer, wäre es ein Anliegen gewesen, dass das Gemälde in Wien bleiben kann. Doch nach einem jahrelangen Rechtsstreit, den die Republik Österreich verlor, gab man sich beleidigt und ging auf ein Vorkaufsrecht nicht ein. 2006 waren in ganz Wien „Ciao Adele"-Plakate zu sehen, in der Galerie drängten sich die Besucher, um noch einmal einen Blick auf das Bild zu werfen.
Bilder: (li., re.) Wikimedia Commons, (mi.) Deutschbauer / Spring

mehrerer Bilder, darunter auch das Porträt, doch die zuständige Ministerin Elisabeth Gehrer verweigerte dies, weil sie befand, dass das Bildnis im rechtmäßigen Besitz der Galerie sei, und forderte Altmann auf zu klagen. Die betagte Dame führte einen jahrelangen Rechtstreit, den sie gewann. Die Republik hätte ein Vorkaufsrecht gehabt, damit die „Goldene Adele" in Wien bleiben konnte, was auch im Sinne Altmanns war. So aber kam das Gemälde in die USA, wo es heute in der Neuen Galerie in New York für die Öffentlichkeit zugänglich ist. In Wien wurden „Ciao Adele"- Plakate angebracht. (eba)

Literaturtipp

Hugo Portisch: Österreich II: Die Geschichte Österreichs vom Zweiten Weltkrieg bis zum Staatsvertrag. München 1993

Webtipp

belvedere.at

32 MÄNNERWOHNHEIM MELDEMANNSTRASSE

Im Obdachlosenheim Meldemannstraße 27 im 20. Wiener Gemeindebezirk fand der junge Adolf Hitler Unterkunft. Dort saß er und malte seine Aquarelle, die er zu verkaufen versuchte. Kaiser Franz Joseph verlässt nach einer Besichtigung am 7. November 1905 das Männerheim. Gemeinsam mit einem Freund hat Hitler öfters auch der Kaiserkutsche auf dem Weg zum Schlos Schönbrunn nachgeschaut.

Bild: ONB – Bildarchiv Austria

Reiseziel 1

- Meldemannstraße 27, 1200 Wien
- Luftlinie vom Stephansdom: 3,5 km Nordnordost
- 16°22'43" Ost / 48°14'22" Nord

Reiseziel 2

- Stumpergasse 31, 1060 Wien
- Luftlinie vom Stephansdom: 2,7 km Südwest
- 16°20'41" Ost / 48°11'37" Nord

Öffis

- Meldemannstraße: U6 Dresdner Straße; Station Hochstädtplatz – Straßenbahnlinien: 2, 5, 31, 33; Bus: 37A;
- Stumpergasse: U3 Zieglergasse;

HITLER IN WIEN: LEHRJAHRE EINES DIKTATORS

Adolf Hitler hielt sich von 1907 bis 1913 in Wien auf: zuerst in einer kleinen Wohnung in der Stumpergasse in Mariahilf, dann in einem Männerwohnheim in der Meldemannstraße in Floridsdorf. Er versuchte in der Kunstakademie Aufnahme zu finden, wurde aber abgelehnt. Hitler hatte jüdische Freunde, und jüdische Händler verkauften seine Aquarelle. Doch in Wien lernte er auch viel über die Ideologie der Deutschnationalen und war von Bürgermeister Karl Lueger beeindruckt. Die Wiener Jahre prägten den späteren Diktator.

Im Jahr 1913 zogen zwei damals noch unbekannte Männer im Schlosspark Schönbrunn ihre Runden. Adolf Hitler und Josef Stalin. Die beiden Männer, die später ganz Europa ins Unheil stürzen sollten, kannten sich nicht und sind sich auch später nie persönlich begegnet. Der Zeitvertreib im Schlosspark hat sie einander so nahe gebracht wie nie mehr danach. Hitlers damaliger Freund August Kubizek erzählte: „Wir schauten oft zu, wie der alte Kaiser in seiner Kutsche von Schönbrunn zur Hofburg fuhr." Später rümpfte Hitler die Nase über das Schloss. Wenn er sich als Diktator in Wien aufhielt, wollte er dort nicht beherbergt sein, denn er verabscheute den kaiserlichen Pomp. Während des Zweiten Weltkriegs wurden jedoch Teile des Schlosses von Einheiten der nationalsozialistischen Schutz- und Militärpolizei benutzt. Auf das Schloss und den Park fielen mehr als 270 Bomben.

Hitler war mit großen Plänen nach Wien gekommen: Im Herbst 1907 wollte er an der Akademie der bildenden Künste ein Studium beginnen. Er suchte sich ein Untermietzimmer und wurde im Hinterhof des Hauses Stumpergasse 31 fündig: Auf Stiege 2, hinter Türnummer 17 bezog er ein zehn Quadratmeter großes Kabinett. August Kubizek, der 1908 nach Wien kam, beschrieb die Wohnung so: „Ein übler Geruch von Petroleum schlug mir entgegen. Alles sah trostlos und ärmlich aus. Von der übrigen Welt konnten wir von unserer Behausung aus lediglich die kahle, verrußte Rückwand des Vorderhauses sehen. Nur wenn man ganz nahe an das freie Fenster herantrat und steil nach oben blickte, ließ sich ein schmaler Streifen Firmament entdecken." Ihre Vermieterin war typisch für das Wiener „Völkerbabylon": Maria Zakreys war Tschechin und sprach kaum Deutsch. Da sich kein Untermietzimmer für Kubizek finden ließ, kamen sie mit Zakreys überein, dass sie ihnen das große Zimmer überließ. Hitler blieb fortan vormittags zu Hause und schlief lange, nachts unterhielt er den Freund mit langen Monologen, schreibt die Historikerin Brigitte Hamann in ihrem Buch „Hitler in Wien". Heute befindet sich in dem Haus ein Geschäft, das mit spanischem Wein handelt. Hitler hatte kaum Geld, aber er ließ sich die Opern von Richard Wagner nicht entgehen, manche wie die „Meistersinger" sah er sich sogar mehrmals an.

Als Hitler die Miete nicht mehr zahlen konnte, wurde er obdachlos. Im Herbst 1909 kam er im Meidlinger Obdachlosenasyl unter. In billigen Kaffeehäusern begann er Aquarelle zu malen, Pinsel und Farben konnte er sich durch finanzielle Unterstützung seiner Tante kaufen. 1910 fand er im Männerwohnheim Meldemannstraße 27 Unterschlupf. Das sechsstöckige Männerheim war erst 1905 eröffnet worden und war damals das modernste Heim Europas. Sicher und sauber – gut verwaltet von der Stadt Wien. Dort saß Hitler stundenlang im Nichtraucherbereich und malte seine Aquarelle. Jüdische Händler verkauften seine Bilder für ihn: Samuel Morgenstern und Jakob Altenberg. Der Verkauf der Bilder war seine einzige Einnahmequelle. Er malte, was Touristen lieben: Stephansdom, Minoritenkirche, Karlskirche, Parlament und das Rathaus. Alle Bilder kopierte er nach Vorlagen, nach der Natur malen konnte er nicht. Die Qualität war bescheiden. Wenn er nicht malte, las er alle Zeitungen, die im Heim auflagen, und hielt politische Monologe. Ansonsten wird Hitler als ruhiger und ernster Mensch beschrieben, aber wenn er in Fahrt geriet, war Widerspruch fast unmöglich, weil er laut schrie und wetterte. Hamann zitiert in ihrem Buch einen Zeitzeugen, der schilderte, dass Hitler, wenn er sich aufregte, aufsprang, Pinsel oder Bleistift über den

Tisch hinschleuderte und seine Ansichten in äußerst temperamentvoller Weise vortrug, wobei er auch vor starken Ausdrücken nicht zurückschreckte; „mit blitzenden Augen und den Haarschopf, der ihm fortwährend in die Stirn rutschte, mit einer immer wiederkehrend Kopfbewegung zurückwerfend". Eine Vorahnung auf die späteren martialischen Reden des Führers.

Hitler ereiferte sich über die katholische Kirche und die Jesuiten und dozierte gerne über den Philosophen der Deutschnationalen, Arthur Schopenhauer. Sauforgien im Heim blieb er fern, er galt als skurriler Einzelgänger und zog sich abends zum Lesen zurück. In „Mein Kampf" schreibt er über diese Zeit: „Ich malte zum Brotverdienen und lernte zur Freude." Erstaunlich ist, dass Hitler im Männerheim Juden verteidigt haben soll: Er habe die Ringparabel von Lessing zitiert, die Juden seien zivilisiert, weil sie als Erste den Polytheismus für den Glauben an einen Gott aufgegeben hätten. Er habe sogar bestritten, dass jüdische Kapitalisten Wucher betrieben, und betont, dass das meiste Kapital in christlicher Hand sei. Der Adel dagegen wuchere und bediene sich dafür jüdischer Agenten. Hitler habe die Wohltätigkeit der Juden gepriesen und große Beispiele aus der Vergangenheit genannt, etwa Joseph von Sonnenfels, der unter Maria Theresia die Folter abschaffte. Als die Rede auf den üblichen Vorwurf kam, die Juden könnten keine Künstler sein, habe Hitler als Gegenbeispiele Felix Mendelssohn Bartholdy und Jacques Offenbach genannt. Am meisten bewunderte Hitler angeblich, wie die Juden allen Verfolgungen zum Trotz überlebten. Moses und die Zehn Gebote hielt er für die Basis der ganzen Zivilisation. Sogar dem Ritualmordvorwurf Juden gegenüber soll Hitler widersprochen haben, dies sei „vollkommener Unsinn, eine unbegründete Verleumdung". Allerdings sei er doch der Meinung gewesen, dass Juden immer Fremde bleiben würden, weil sie eine eigene Rasse seien und einen eigenen Geruch hätten. Aber Hitler habe auch gerne den Satz zitiert: Der Zweck heiligt die Mittel. Klar ist jedenfalls, dass sich Hitler intensiv mit dem Judentum beschäftigt haben muss – und nicht nur durch antisemitische Schriften. Im Männerheim hatte er mit Siegfried Löffler und Josef Neumann jüdische Freunde und er verehrte Gustav Mahler als Wagner-Interpreten. Als Obdachloser profitierte er von jüdischen Sozialeinrichtungen, und sein bester Freund, Josef Neumann, lieh im Kleidung und Geld, als er nichts mehr hatte.

Hitler habe seine Wiener Spuren deshalb so verwischt, weil sein persönliches Umfeld dort und seine vertretenen Meinungen so gar nicht zu seinen späteren Parolen passten, so Hamann. Mit der Propagandaschrift „Mein Kampf" habe Hitler selbst dazu beigetragen, dass seine antisemitische Haltung organisch gewachsen sei und in seiner Jugend den rechten Weg fand. Seine Weltanschauung hat er mit der passenden Lebensgeschichte untermauert. Doch Hitler wurde erst zum glühenden Antisemiten, als er 1919 in München als Politiker in Erscheinung trat. „Adolf Hitler, wie sie (seine Wegbegleiter in Wien und Linz, Anm.) ihn kannten, fiel im grauen Heer der Wiener Gelegenheitsarbeiter und Arbeitslosen nicht weiter auf, weder durch besondere Begabung noch durch Skrupellosigkeit, einen Hang zum Verbrecherischen oder gar Dämonischen. Der junge Hitler war ein körperlich schwacher Sonderling, der regelmäßiger Arbeit auswich, sich in eigentümliche Theorien über die Entstehung der Welt vertiefte und das ‚deutsche Volk' vergötterte, ein ‚jähzorniger Streithansel', der immer Recht haben wollte und seine Gesprächspartner nieder redete. Auffällig waren bei ihm am ehesten seine Starrheit im Denken, seine Unflexibilität und Verklemmtheit, seine Angst vor Frauen, seine Unfähigkeit zu Heiterkeit und Geselligkeit", schreibt Hamann. „Aus den Wiener Verhältnissen lässt sich Hitlers Karriere jedenfalls nicht ableiten und schon gar nicht begreifen. In Deutschland der Weimarer Republik erst machte dieser Österreicher Karriere."

In Wien lernte Hitler von Karl Lueger und Georg von Schönerer (siehe die Kapitel „Rathaus" und „Parlament"), er eignete sich viel Wissen an, über die Donau, die Ringstraße, über Wagners Werke, Raffinessen der Bühnentechnik, die Schlachtpläne von Königgrätz, den „Heil"-Gruß der Schönerianer, den Germanenkult, den Zuchtgedanken und auch den Vorschlag des Deutschnationalen Karl Iro, Kontrolle über die Zigeuner zu erlangen, indem man ihnen eine Nummer in den Unterarm tätowieren solle. „Aber es waren zusammengelesene Bruchstücke, mit denen er 1913 Wien verließ, ein Sammelsurium, bewahrt von einem exzellenten Gedächtnis", so Hamann.

Im Schlosspark Schönbrunn sollen Adolf Hitler und Josef Stalin gerne ihre Runden gedreht haben – ohne sich gekannt und voneinander gewusst zu haben. Die beiden Machthaber, die ganz Europa in einen blutigen Krieg stürzten, sind sich nie persönlich begegnet.
Bild: Anna Beskova

Tragisch war das Schicksal von Samuel Morgenstern, jenem Händler, der Hitler seine Bilder verlässlich abnahm, rahmte und weiterverkaufte: Seine Glaserei mit Werkstatt hatte er in der Liechtensteinstraße 4, gleich in der Nähe von Sigmund Freuds Praxis in der Berggasse. Viele Kunden von Morgenstern waren Juden. Der Anwalt Josef Feingold kaufte für seine Kanzlei eine Serie von Hitlers Wiener Ansichten. Nach dem „Anschluss" 1938 wurde die Glaserei „arisiert", Morgenstern verlor die Gewerbeberechtigung. Da er für sich und seine Frau keine Einkünfte mehr hatte und auch die Reichsfluchtsteuer nicht zahlen konnte, wandte sich Morgenstern in seiner Verzweiflung direkt an den Führer. Er schickte einen Brief nach Berchtesgaden, wahrscheinlich hat Hitler ihn nie persönlich erhalten. Bei Kriegsbeginn verlor das Ehepaar auch die Wohnung und musste in ein jüdisches Sammellager im zweiten Bezirk übersiedeln. Morgenstern und seine Frau wurden 1941 nach Łódź deportiert. Samuel starb 1943 im Ghetto an Entkräftung, Emma Morgenstern wurde 1944 nach Auschwitz deportiert und sofort vergast. (eba)

Literaturtipps

Brigitte Hamann: Hitlers Wien. Lehrjahre eines Diktators. München 1998

Wolfgang Paterno, Peter Pantucek, Bernhard Kerbl, Hertha Hurnaus: Haus Meldemannstraße. Wien 2003

Ralf Georg Reuth: Hitlers Judenhass. München 2009

33 ASPANGBAHNHOF

Den „Platz der Opfer der Deportation" gibt es erst seit 1995, als genau 50 Jahre nach Kriegsende der Opfer gedacht wurde. Juden wurden in Sammelwohnungen gepfercht, abgeholt und von Aspangbahnhof aus deportiert.
Bild: Anna Beskova

Reiseziel

- Der Platz der Opfer der Deportation auf dem Gelände des ehemaligen Aspangbahnhofs liegt in der Nähe vom Rennweg.
- Luftlinie vom Stephansdom: 2,8 km Südost
- 16°23'47" Ost / 48°11'21" Nord

Öffis

- Station Oberzellergasse – Straßenbahnlinie: 71; Bus: 77A;

VON ASPANGBAHNHOF INS KZ

Alte Eisenbahngleise und Viehwaggons sind für viele die Sinnbilder der Vernichtungslager: In der Gedenkstätte des KZ Auschwitz-Birkenau reichen Schienen bis zu den Krematorien. Gleich daneben selektierten SS-Offiziere die Menschen und schickten Ältere und Schwächere direkt ins Gas. Der Wiener Aspangbahnhof war Ausgangspunkt der Deportationen in Ghettos und Vernichtungslager.

Der frühere Aspangbahnhof wurde 1880 bis 1881 im Stil der historisierenden Renaissance gebaut. Von hier sollte man bis Saloniki reisen können, doch die Wirtschaftskrise von 1873 forderte ihren Tribut. So kam man nur bis Aspang bei Wiener Neustadt. Die Wiener nutzten diese Strecke vor allem für Ausflüge in die Bucklige Welt. Ab 1939 wurde der Bahnhof für die Deportationen der Wiener Juden genutzt. Im Albert-Rothschild-Palais, wo sich die „Zentralstelle für jüdische Auswanderung" befand, wurden die Transporte geplant, beim Aspangbahnhof fuhren die Züge ab. Penibel genau wurde Buch geführt. Der erste Zug verließ Wien am 15. Februar 1941. Im Frachtbereich wurden 996 Personen in Waggons gepfercht: Männer, Frauen, kleine Kinder, gebrechliche Alte. Es ging nach Opole in Polen. Hier lebten bereits 7.000 Juden, die zum Teil aus anderen Orten vertrieben worden waren. Die Vertriebenen mussten sich Wohnungen mit der ansässigen jüdischen Bevölkerung teilen. Es wurden auch Baracken errichtet, eine Synagoge wurde in ein Massenquartier umgewandelt. In dieses überfüllte Ghetto kamen in der zweiten Februarhälfte 1941 mehr als 2.000 Juden aus Wien. Elf Tage nach dem ersten Transport fuhr ein Zug mit weiteren 1.049 Menschen vom Aspangbahnhof ab. Bald lebten im Ghetto mehr als 8.000 Menschen. Es gab kaum Medikamente und Nahrung. Angesichts der katastrophalen Zustände waren Seuchen unvermeidlich, in kurzer Zeit starben 1.500 Menschen. Leopold Sonnenfeld war auf einem Transport nach Opole: „Wir sind in die Seitenstettengasse

Der Aspangbahnhof um 1910. Von hier aus verließen die Waggons Wien – Ziel: die Ghettos und Vernichtungslager. Penibel genau wurde Buch geführt: Von Februar 1941 bis Oktober 1942 war der Aspangbahnhof der Ausgangsort von 45 Transporten mit etwa 48.000 Menschen.
Bild: ONB – Bildarchiv Austria

reingeholt worden, der Tempel war ja dann zu einem Lager umgearbeitet. Und es hat geheißen, im Oktober muss ich weg, muss ich Österreich verlassen. Wir müssen uns in Polen ansiedeln. Wir sind dann gesammelt worden, und am 20. Oktober 1939 sind wir weggefahren vom Aspangbahnhof." Dort seien noch österreichische Polizisten zugestiegen: „Wir haben nicht gewusst, was mit uns ist. In Mährisch-Ostrau sind die uniformierten Polizisten ausgestiegen und Beamte der Gestapo in Zivil zugestiegen. Jetzt haben wir gewusst, was los ist. Sie haben uns alle Dokumente weggenommen. Dann ging es weiter."

Weitere Endstationen für solche Züge waren Minsk-Maly Trostinec, Sobibor, Łódź, Theresienstadt und Auschwitz. Von Februar 1941 bis Oktober 1942 wurden vom Aspangbahnhof mit 45 Transporten ca. 48.000 Menschen deportiert. Zuerst wurden sie in Sammellager im zweiten Wiener Bezirk gepfercht, von dort mit Lastwagen abgeholt und in die Züge verfrachtet. Viele starben auf der Bahnfahrt, verdursteten oder verhungerten. Zahlreiche verloren dabei den Verstand. Neun Züge endeten beim Landgut Maly Trostinec, einer ehemaligen Kolchose nahe der weißrussischen Hauptstadt Minsk.

Heute steht im dritten Bezirk auf dem ehemaligen Gelände des Bahnhofs am Rennweg ein Mahnmal: „Niemals vergessen", heißt es auf einer Gedenktafel. Von 9.000 Österreichern, die nach Maly Trostinec bei Minsk deportiert wurden, haben nur 17 überlebt.

Bild: Anna Beskova

Die Ankömmlinge wurden am Güterbahnhof selektiert, jeweils 20 bis 50 der Kräftigsten wurden für die Arbeit auf dem Landgut ausgesondert, die Übrigen in einen nahen Wald gebracht. Dort wurden sie an extra ausgehobenen Massengräbern erschossen – jeweils 950 bis 980 Menschen. Später wurden hier auch Gaswagen eingesetzt, in denen die Menschen vergast wurden. Nur 17 der 9.000 nach Maly Trostinec deportierten Wiener Jüdinnen und Juden überlebten.

Heute steht im dritten Bezirk am Rennweg ein Mahnmal: „Niemals vergessen", heißt es auf einer Gedenktafel. Den „Platz der Opfer der Deportation" gibt es erst seit 1995, als genau 50 Jahre nach Kriegsende der Opfer gedacht wurde. Der Aspangbahnhof war 1977 abgerissen worden, ohne dass Österreichs Politik ein Wort über die Opfer verlor. Heute ist das Gelände verwahrlost – eine „G´stettn", wie die Wiener sagen. (eba)

Literaturtipps

Gerhard Kletter: Der Aspangbahnhof und die Wien-Saloniki-Bahn. Erfurt 2006

Wolfgang Kos, Günter Dinhobl (Hrsg.): Großer Bahnhof. Wien und die weite Welt. Wien 2006

34 GEDENKTAFEL LEIBNIZGASSE

Gedenktafel für ermordete Wiener Tschechen und Slowaken, Leibnizgasse 10 / Quellenstraße 72: Dem Kommerz moderner und ungeplanter Stadtbilder gegenüber hat die Erinnerungskultur oft keinen leichten Stand.
Bild: Johannes Reiss

Reiseziel

- Große Gedenktafel für die Widerstandskämpfer der tschechischen Minderheit in Wien, Leibnizgasse 10, 1100 Wien
- Luftlinie vom Stephansdom: 3,7 km Süd
- 16°22′35″ Ost / 48°10′32″ Nord

Öffis

- U1 Reumannplatz; Station Quellenstraße / Favoritenstraße – Straßenbahnlinie: 6, 67;

MUTIGE TSCHECHEN UND SLOWAKEN

Viele Widerstandskämpfer im Osten Österreichs hatten Wurzeln in Böhmen, Mähren und der Slowakei. 69 Männer und Frauen der tschechisch-slowakischen Minderheit in Wien wurden bis 1945 ermordet. Sie trugen dazu bei, dass eine wesentliche Voraussetzung erfüllt wurde, die Österreich von den Alliierten für seine Befreiung und neue Freiheit auferlegt bekam. Seine Bürger mussten auch selbst zur Befreiung von den Nazis beitragen. Die Republik und ihre politischen Parteien nahmen das später alles andere als wörtlich.

Der Kampf von Tschechen und Slowaken für Österreichs Freiheit wurde heruntergespielt und vergessen. Eine der mutigsten Wiener Tschechinnen war Antonia „Toni" Bruha. Sie gehörte zur Untergrundorganisation um Alois Houdek und wurde 1941 von der Gestapo verhaftet. Drei Monate zuvor hatte die 26-Jährige eine Tochter bekommen, die ihr weggenommen wurde. Nach einem Jahr Kerker, vier Monate davon in Einzelhaft, wurde Bruha 1942 ins KZ Ravensbrück überstellt. Zuerst musste sie sehr hart arbeiten, dann kam sie in die Schneiderei und wurde schließlich „Revierläuferin" für Ärzte der SS. Das nutzte sie, um einen Nachrichtendienst für die Widerstandsbewegung im Lager aufzubauen. Bruha half bei der Rettung dreier Frauen, die hingerichtet werden sollten: Toni Lehr, Gerti Schindel und Edith Wexberg wurden versteckt und mit dem schwedischen Roten Kreuz aus dem KZ geschmuggelt. Am 28. April 1945 gelang der stark geschwächten Toni auf einem Todesmarsch die Flucht. Sie kehrte auf abenteuerlichen Wegen nach Wien zurück und wurde Russisch-Übersetzerin bei Radio Wien. 1947 gründete sie mit anderen Frauen die „Lagergemeinschaft Ravensbrück". Als Zeitzeuginnen klärten sie an Schulen und Universitäten über den Nationalsozialismus auf. Mehr als 30 Jahre arbeitete Toni Bruha ehrenamtlich auch für das Dokumentationsarchiv des österreichischen Widerstandes (DÖW), wo sie das

„Ravensbrück-Archiv" aufbaute. Ihre Autobiografie heißt „Ich war keine Heldin".

Bruha gehörte im Widerstand zur tschechischen Sektion der Kommunistischen Partei Österreichs (KPÖ), obwohl sie Sozialdemokratin war. Die KP-Gruppe um Alois Valach und Alois Houdek war mit mehr als 200 Mitgliedern die größte der Wiener Tschechen. Viele waren selbst keine Kommunisten. Sie ermutigten junge Männer zur Wehrdienstverweigerung. Später kamen Sabotage und Anschläge auf Getreidelager und Depots der deutschen Wehrmacht hinzu. Nur ca. 40 Mitglieder hatte die katholisch-bürgerliche Widerstandsgruppe „Curiue" um den tschechischen Priester Josef Pojar, der von der U.S. Army und ihrem militärischen Geheimdienst OSS als Agent und Fallschirmjäger ausgebildet wurde. Auf verschlungenen Luft- und Landwegen kehrte Pojar heimlich nach Wien zurück. Wenig später wurden viele seiner Kampfgefährten verhaftet und ermordet. Über das weitere Schicksal des Priesters ist bis heute nichts bekannt. Am 7. Mai 1955 wurde an der ehemaligen tschechischen Hauptschule in der Wiener Quellenstraße 72 eine Gedenktafel für die Widerstandskämpfer enthüllt.

Böhmen, Mähren und Slowaken gehörten schon immer zu Wien und Österreich. Bereits im Hochmittelalter gab es Verbindungen zwischen Wien, Prag, Brünn und Bratislava. Viele Wiener Familien haben Vorfahren in der früheren Tschechoslowakei, die meisten von ihnen wanderten im Zuge der Industrialisierung im 19. Jahrhundert als Tagelöhner und einfache Arbeiter ein. Der Deutschnationalismus, der mit eiserner Hand herrschende Bürgermeister Karl Lueger und andere Populisten sowie frühe Rassenfanatiker und Germanentümler stempelten die Wiener Tschechen und Slowaken zu Bürgern zweiter Klasse. Bis heute existiert der Schulverein der Tschechen, der sich nach Jan Komensky, einem Humanisten der Renaissance, benannt hatte. Der Freidenker und Reformpädagoge kam 1592 in Mähren zur Welt, studierte auch in Deutschland, fand später in Polen und den Niederlanden Zuflucht und ging als Johann Comenius in die Geschichtsbücher ein. 1872 gründete der Wiener Komensky-Verein die erste Hauptschule der Stadt, in der auf Tschechisch unterrichtet wurde – in der Quellenstraße 72,

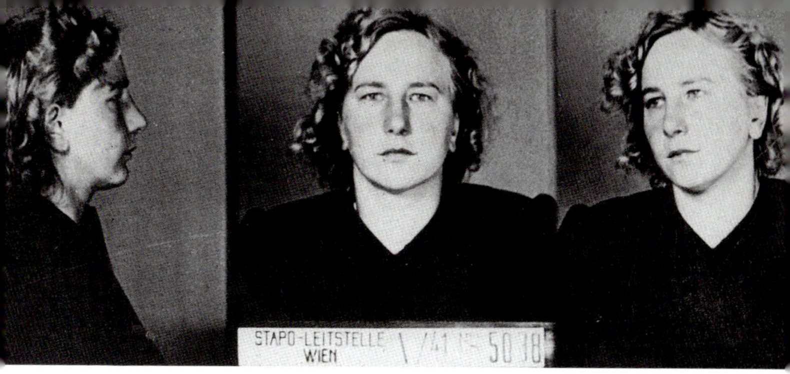

Toni Bruha wurde von der Gestapo mit diesen Bildern erkennungsdienstlich erfasst.
Bilder: DÖW

wo sich heute die Gedenktafel für den tschechischen Widerstand befindet. 1919 eröffnete der Verein in der Schützengasse 31 ein eigenes Gymnasium. 1934 übersiedelte es an den Sebastianplatz 3. 1935 gab es insgesamt 4.452 tschechische Schüler an den Wiener Komensky-Schulen. 1938, nach Hitlers Machtübernahme in Österreich, begann mit der brutalen „Germanisierung" Wiens der Terror gegen die Minderheit. So kam auch das Aus für ihre Schulen. Nach Hitlers Untergang konnten einige Klassenzüge des Gymnasiums ihre Reifeprüfungen nachholen. Das Gymnasium wurde wieder geschlossen und erst im Jahr 2000 als tschechisches Oberstufenrealgymnasium wiedereröffnet. 2006 schloss sich ein Kreis, als die Schule ins größere Gebäude in der Schützengasse 31 zurückkehrte, wo sie 1919 gegründet worden war. (leh)

Literaturtipps

Antonia Bruha: Ich war keine Heldin. Wien 1984

Albert Lichtblau, Michael John (Hrsg.): Schmelztiegel Wien – Einst und jetzt. Zur Geschichte und Gegenwart von Zuwanderung und Minderheiten. Wien 1990

Franz Pesendorfer (Hrsg.), Karl und Marta Brousek: Wiener Impressionen – auf den Spuren tschechischer Geschichte in Wien. Wien 2003

Vlasta Valeš: Die Wiener Tschechen – Einst und jetzt / Vídeňští Češi – včera a dnes. Prag 2004

Elisabeth Welzig: Leben und überleben – Frauen erzählen vom 20. Jahrhundert. Wien 2006

Webtipp

dasrotewien.at – Stichwortsuche: Antonia Bruha, Tschechen in Wien

35 KARL-SCHWEIGHOFER-GASSE

Das Grabmal von Carl Schweighofer am Wiener Zentralfriedhof ist ein besonders schönes Beispiel für eindrucksvolle Grabstätten. Ein Arbeiter aus Bronze lehnt an einem Klavier, mit einem Kranz in der Hand, und trauert um seinen Chef, der 1905 gestorben ist. Die Gasse, wo sich heute die Donau-Bar befindet, ist nach ihm benannt. Der Bildhauer war Wilhelm Seib.

Bild: Privatarchiv, Wien

Reiseziel

- Donau-Bar, Karl-Schweighofer-Gasse 10, 1070 Wien
- Luftlinie vom Stephansdom: 1,5 km Südwest
- 16°21'28" Ost / 48°12'09" Nord

Öffis

- U2 Mariahilfer Straße, U3 Neubaugasse – Bus: 13A, 14A;

DONAU-BAR: KLAVIERHANDEL STATT SYNAGOGE

Es ist eine urban legend: In der heutigen Donau-Bar im siebten Bezirk soll sich eine Synagoge befunden haben. Immer wieder ist davon zu hören und zu lesen. Doch es ist eben ein Mythos und keine historische Tatsache. Statt Techno-Beats sind hier einst wohl Klaviertasten erklungen: Die jüdischen Klavierfabrikanten Schweighofer sollen hier Instrumente ausgestellt haben.

Die Bar ist im Wiener Clubleben fest verankert, seit Jahrzehnten geführt von Peter und Gabriele Fehringer. Der Hauptraum mit meterhohen Wänden, von Säulen durchzogen: Es ist durchaus vorstellbar, dass das ein sakraler Raum gewesen sein könnte. Doch: „Das Donau war keine Synagoge", stellt Chefin Gabriele Fehringer klipp und klar fest. Die jüdische Zeitschrift „Nu" hat sich der Legende angenommen, unter dem Titel „Davidstern im Tanzlokal" hat Autorin Eva Konzett ihre Rechercheergebnisse veröffentlicht. Als Peter Fehringer das Lokal gemietet hatte, begann er Renovierungsarbeiten durchzuführen: Die Zwischendecke wurde abgenommen, Gips von den Säulen geschlagen. Da kam Unerwartetes zum Vorschein: ein Davidstern und stilisierte Weintrauben. Er hat sich über die schönen Ornamente gefreut, sie als „etwas Jüdisches" erkannt und die Bar eröffnet. Die jüdischen Symbole sprachen sich zwar herum, aber niemand ging den Hintergründen näher nach. Fehringer erzählt, dass einmal auch eine Gruppe englischer Gäste mitten in der Bar ein jüdisches Trauerlied anstimmte, um den sakralen Ort zu verabschieden. Der Chef ließ die Musik leiser drehen.

Laut Eva Konzett wussten die Juden, die in der Nachbarschaft wohnten, von keiner Synagoge oder einem Bethaus in der Gasse. Die einzige Synagoge im siebten Gemeindebezirk befand sich vor dem Zweiten Weltkrieg in der Schottenfeldgasse. Die Gasse, in der die Donau-Bar liegt, ist aber nach dem jüdischen Klavierfabrikanten Carl Schweighofer benannt. Die Klavierbauerfamilie, seit 1792 Firmeninhaber in Wien, baute Klaviere von hoher Qualität. Dort,

Das „Donau" im siebten Wiener Gemeindebezirk ist seit Jahren fixer und beliebter Treffpunkt der Wiener Clubszene. An den Säulen befinden sich jüdische Ornamente, ein Davidstern und stilisierte Weintrauben. Wer sie angebracht hat, ist unklar. Nur sicher ist, dass die Donau-Bar keine Synagoge war, wie eine urban legend behauptet, sondern ein Klaviersalon der jüdischen Klavierfabrikanten-Familie Schweighofer.
Foto: Anna Beskova

wo heute die Bar ist, sollen Carl und seine Söhne in einer Halle Instrumente für Privatkunden präsentiert haben. In Archiven findet sich ein „Claviersalon" unter der früheren Adresse „Breite Gasse 10". Nach dem Tod Carls verkauften die Erben die Klavierfabrik am Margaretenplatz im fünften Bezirk an Friedrich Karbach-Kohn aus der jüdischen Klavierhändlerfamilie Bernhard Kohn. Die Kohns hatten einen Klavierhandel im ersten Bezirk, mit Kunden wie Gustav Mahler. Die Schweighofer-Familie behielt jedoch das Haus in der Breiten Gasse, bis zum „Anschluss" 1938 und zur „Arisierung". Friedrich Karbach-Kohn wurde im Juli 1942 deportiert und im September in Theresienstadt ermordet. Nach dem Krieg wurden

die Nachkommen der Familien mit einem Geldbetrag abgespeist.

Die Ornamente an den Säulen in der Donau-Bar haben laut Experten einen jüdischen Hintergrund, doch ob sie von Schweighofer angebracht wurden oder erst später, ist nicht bekannt. Eva Konzett schreibt: „Im einstigen Klavierzimmer wird heute Musik erst nach der Dämmerung gespielt. Kurz vor Mitternacht hat sich am Samstag vor der Tür eine ordentliche Schlange gebildet. Drinnen drängeln sich die Menschen zwischen Bar und Tanzfläche. Im Rücken der Bar tastet ein Scheinwerfer die Säulen ab. Für kurze Zeit sind die Weintrauben und der sechszackige Stern frontal beleuchtet." Bezeichnend ist, dass viele von der Synagogen-Legende wissen, wenige aber Kenntnis davon haben, wo in Wien sich wirklich Synagogen befanden. Und noch viel weniger wissen mehr über die Familien Schweighofer und Kohn. Am Zentralfriedhof kann man das beeindruckende Grabmal von Carl Schweighofer, der 1905 starb, besuchen: Ein trauernder Arbeiter aus Bronze mit einem Kranz in der Hand lehnt an einem Klavier aus Stein. Und im Kunsthistorischen Museum ist ein Klavier aus dem Hause Schweighofer ausgestellt. (eba)

Literaturtipp

Eva Konzett: Davidstern im Tanzlokal, Nu – Jüdisches Magazin für Politik und Kultur, https://evakonzett.wordpress.com/2014/01/02/davidstern-im-tanzlokal-dezember-2013/

Webtipp

www.donautechno.com

36 MONDÄNE KAUFHÄUSER

Stiegenaufgänge in die Seidenabteilung im Kaufhaus Gerngross. Neben dem „Herzmansky" war es eines der modernsten Kaufhäuser weltweit. Beide Gebäude waren im jüdischen Besitz und wurden sofort „arisiert".
Bild: ONB – Bildarchiv Austria / Hassak

Reiseziel

- Das Gebäude mit der Aufschrift „Herzmansky" liegt in der Stiftgasse/Ecke Mariahilfer Straße
- Luftlinie vom Stephansdom: 1,6 km Südwest
- 16°21'21" Ost / 48°12'01" Nord

Öffis

- U3 Neubaugasse; Station Neubaugasse – Bus: 13A, 14A;

„ARISIERUNG" DER GROSSEN MODEHÄUSER

Jüdische Gewerbe und Betriebe der Konsumgüterindustrie waren den Nationalsozialisten ein besonderer Dorn im Auge. Als die Macht erkämpft war, begannen auch in Wien rigoros die „Arisierungen". Die großen Modehäuser Herzmansky und Gerngross zählten um die Jahrhundertwende zu den modernsten Betrieben weltweit – und wurden 1938 nach dem „Anschluss" Österreichs sofort den Besitzern geraubt.

Eine großzügige Treppe, als ob Vivien Leigh hier „Vom Winde verweht" gedreht hätte, führte einst im „Herzmansky" über drei Etagen. Das Warenhaus für Mode und Textilien an der Ecke Mariahilfer Straße/Stiftgasse hatte um 1900 die größte Auswahl, die man sich damals vorstellen konnte. Damen von Welt fanden hier Seide, Plüsch, Schleier, Voile, Batist, Teppiche, Schirme, Stöcke und Taschen vor. Heute befindet sich die Filiale eines deutschen Bekleidungskonzernn in dem Gebäude. Wer um die Ecke in die Stiftgasse geht, kann noch die alte Fassade mit den Glasfenstern bestaunen. Ganz oben steht in schwarzen Lettern auf goldenem Grund „A. Herzmansky", weiter unten auf schwarzen Marmortafeln sind noch Hinweise auf „Seidenstoffe, Wollstoffe, Samte, Plüsche" zu lesen. Es ist die einzige noch erhaltene Warenhausfassade aus dieser Zeit weltweit. In den Räumen dahinter ist heute das Café Gerstner untergebracht.

1858 ließ Kaiser Franz Joseph die Wiener Ringstraße als Prachtmeile anlegen. Die Straße, die ins Zentrum führte, wurde „Mariahilfer Straße" genannt. Damit begann die Entwicklung zur heutigen Einkaufsmeile. Die barocken Biedermeier-Häuser mussten mehrstöckigen Gründerzeitbauten mit pompösen Eingängen und prunkvollen Fassaden weichen. Händler zogen ein. August Herzmansky eröffnete 1863 vorerst ein kleines Geschäft in der Kirchengasse. 1887 führte die Familie schon das große Warenhaus in der Mariahilfer Straße. August Herzmansky war ein Jahr zuvor gestorben. Zwei Neffen übernahmen die Geschäftsführung. Ein früherer Mitarbeiter wurde schließlich der größte Konkurrent: Albert Gerngross ließ einige Meter daneben sein eigenes Warenhaus im Jugendstil erbauen. Er bot ein ähnliches Sortiment, dazu kamen noch ein Wintergarten, erste Rolltreppen und Aufzüge. 1932 verübten – damals in Österreich noch illegale – Nazis einen ersten Anschlag mit Stinkbomben und Tränengas auf das Kaufhaus Gerngross. Als Hitlers Truppen einmarschierten, wurden die beiden Kaufhäuser sofort „arisiert". Max Delfiner, letzter Eigentümer des „Herzmansky", gelang die Flucht ins Ausland. Die Vorarlberger Textil-Firma „Rhomberg und Hämmerle" profitierte und übernahm das Haus. Im Krieg wurde ein Teil zerstört, 1948 wurde das Unternehmen an Delfiner zurückerstattet.

Ab März 1938 gab es unzählige „wilde Arisierungen" kleiner jüdischer Geschäfte und Betriebe. Historikern zufolge sei in Wien dabei von Teilen der Bevölkerung besonders brutal und rücksichtslos vorgegangen worden. Bis Mai 1938 hatten ca. 30.000 eigenmächtig handelnde „kommissarische Leiter" Tausende Betriebe übernommen und teilweise ruiniert. Verzweifelte Juden ließen sich ihre Geschäfte oft weit unter Wert abpressen. Am 12. November 1938 – nach der Reichspogromnacht – wurde die „Ausschaltung der Juden aus dem Wirtschaftsleben" offiziell vom Regime verordnet. Nach dem „Anschluss" müsse die „totale Entjudung" Österreichs folgen, donnerte Hermann Göring unter tosendem Beifall in einer Rede. In ganz Österreich waren ca. 26.000 Betriebe von der „Entjudung" betroffen. 21.000 Kleinbetriebe wurden stillgelegt, 5.000 „arisiert". Die „arische Rasse" sollte die Besitztümer jüdischer Familien übernehmen. Für die Nazis war das rechtmäßig und gut. Die wertvollen Palais von jüdischen Familien in Wien riss sich die neue Staatsmacht selbst unter den Nagel. In der ganzen Stadt wurden klingende Firmennamen – wie die Bankhäuser Gutmann und Rothschild, die Ottakringer Brauerei, die Zuckerlfabrik Heller, das Sanatorium Purkersdorf, das Hotel de France, das Hotel Bristol, der Verlag Zsolnay – „arisiert". Auch das Café Ritter an der Mariahilfer Straße und das berühmte Café Dobner beim Getreidemarkt/Ecke Wienzeile wurden einverleibt.

Wunderschön erhalten gebliebene Inschrift am Kaufhaus Herzmansky in Wien-Neubau. Die Fassade mit den hohen Fenstern zeugt von einer untergegangenen Welt. Heute befindet sich im Erdgeschoss ein Kaffeehaus und die Filiale einer großen Modekette.
Bild: Anna Beskova

Die Eigentümerin des Café Dobner, Johanna Medak, wurde 1943 deportiert und ermordet. Es war eine Spielstätte des Kabarettisten Fritz Grünbaum. Auch der Schriftsteller und Theatermann Jura Soyfer trat dort auf. 80 Kinos wurden „arisiert", wie beispielsweise das Haydn und das Schikaneder. Auf dem – heute bei Touristen sehr beliebten – Naschmarkt wurden 300 Stände enteignet. Unter den Profiteuren finden sich laut Historikern bekannte Namen: Julius Meinl AG, Creditanstalt, Schoeller Bleckmann Stahlwerke, Graf Georg Schönborn-Buchheim und Karl Kristen. Er war der Vater von Christine Vranitzky, der 1939 ein jüdisches Geschäft – die Normalia Orthopädische Fußbehelfe GmbH – übernommen hat.

Heute ist die Mariahilfer Straße neben ihrer Funktion als zentrale Einkaufsmeile eine Begegnungs- und Fußgängerzone. An Einzelwarenhäusern fehlt es aber. Hier machen sich – wie in allen Einkaufsstraßen und Malls europäischer Hauptstädte – die immer gleichen internationalen Ketten breit. (eba)

Literaturtipp

Tina Walzer, Stephan Templ: Unser Wien. „Arisierung" auf österreichisch. Berlin 2001

37 FRITZ-GRÜNBAUM-PLATZ

Sein Humor half ihm nichts: Der Kabarettist Fritz Grünbaum versuchte mit seiner Frau unterzutauchen, wurde aber verraten und von den Nazis ins KZ Dachau deportiert. Er starb an Tuberkulose und Erschöpfung, seine Frau Lilly wurde in Maly Trostinec ermordet. Stücke aus seiner Kunstsammlung sind bis heute verschollen.
Bild: ONB – Bildarchiv Austria

Reiseziel 1

- Brigittenauer Gymnasium, Karajangasse 14, 1200 Wien
- Die Gedenkstätte ist (an Schultagen) jeden Donnerstag von 16.00–20.00 Uhr öffentlich zugänglich.
- Luftlinie vom Stephansdom: 2,3 km Ostnordost
- 16°22′29″ Ost / 48°13′46″ Nord

Reiseziel 2

- Fritz-Grünbaum-Platz beim Flakturm, 1060 Wien
- Luftlinie vom Stephansdom: 2 km Südwest
- 16°21′10″ Ost / 48°11′51″ Nord

Öffis

- Kabarett Simpl: U3 Stubentor; Station Stubentor – Straßenbahnlinie: 2; Bus: 3A, 74A;
- Brigittenauer Gymnasium: U4 Friedensbrücke; Station Rauscherstraße – Straßenbahnlinie: 5;
- Fritz-Grünbaum-Platz: U3 Neubaugasse; Station Neubaugasse – Bus: 13A, 14A;

SCHWARZER HUMOR BIS ZULETZT

Bruno Kreisky und Fritz Grünbaum – den Ex-Bundeskanzler und den Kabarettisten verbinden familiäre Wurzeln im Judentum, die Sozialdemokratie und eine Adresse: Karajangasse 14. 1938 wurde in dieser Wiener Volksschule von der Gestapo ein Gefängnis für Gegner des Nationalsozialismus eingerichtet. Bis zu 100 politische Gefangene mussten hier ausharren, ehe sie in andere Kerker oder Konzentrationslager deportiert wurden.

Fritz Grünbaum hatte es aus Brünn nach Wien verschlagen. Das Jusstudium gab er bald auf, als er Schauspieler kennenlernte und selbst mit dem Schreiben begann. So wurde er 1906 zum „Conférencier" im Kabarett „Hölle" des Theaters an der Wien. Sein mährischer Akzent und der feine jüdische Humor machten ihn rasch bekannt. Schon 1907 gelang Grünbaum der Sprung in die Weltstadt Berlin. 1910 kam er nach Wien zurück – für Auftritte im neuen „Bierkabarett Simplicissimus". Dort war auch der Autor und Kabarettist Egon Friedell aktiv. Im „Simpl" wurde Grünbaum ein Star. 1921 lernte er den Dichter Karl Farkas kennen. Nun begann ihre legendäre „Doppelconférence", der Rest ist Kabarettgeschichte. Der doppelbödige Dialog mit den Rollen des „Gscheiten" und des „Blöden" kam ursprünglich aus Ungarn. Mit Grünbaum und Farkas eroberte er den deutschsprachigen Raum. Ab 1933 wurden ihre Texte deutlich politischer, Seitenhiebe gegen die Nazis inklusive. Grünbaum schrieb, trat auf und unterschätzte das kommende Grauen – wie viele Zeitgenossen. Legendärer Grünbaum-Satz während eines Stromausfalls: „Ich sehe gar nichts, absolut nichts, da muss ich mich in die nationalsozialistische Kultur verirrt haben." Am 10. März 1938 traten Grünbaum und Farkas zum letzten Mal gemeinsam auf. Zwei Tage später kam Hitlers „Anschluss" von Österreich.

Grünbaum versuchte mit seiner Frau Lilly in die Tschechoslowakei zu flüchten, was misslang. So versteckte er sich in Wien, doch er wurde verraten und verhaftet. Im Mai 1938 kam er ins

Ausstellung im heutigen Gymnasium Brigittenau, wo Fritz Grünbaum und auch der spätere Bundeskanzler Bruno Kreisky vor ihrer Deportation ins Lager gefangen gehalten wurden. Die Schau „Als Schulen zu Gefängnissen wurden" haben Schüler selbst konzipiert und gestaltet.
Bild: Anna Beskova

KZ Dachau bei München. Hier setzte er seinen Humor ein, um bei Sinnen zu bleiben. Er trat vor Mithäftlingen auf, machte sich Gedanken, wie er das „Tausendjährige Reich zu besiegen gedenke". Und dass das systematische Hungern im KZ das beste Mittel gegen die Zuckerkrankheit sei. Als ihm ein SS-Mann keine Seife geben wollte, bemerkte er: „Wer für Seife kein Geld hat, soll sich kein KZ halten." Zu Silvester trat er noch einmal vor anderen Häftlingen auf, bereits schwer gezeichnet. Sein Witz und seine Erzählkunst blitzten noch ein letztes Mal auf. Am 14. Jänner 1940 starb er – offiziell an „Herzlähmung", tatsächlich an Tuberkulose und Erschöpfung. Seine Frau Lilly wurde nach einer Odyssee durch Wiener Verstecke entdeckt und 1942 in Maly Trostinec ermordet.

Fritz Grünbaum besaß in seiner Wohnung in der Rechten Wienzeile 26 eine große Bibliothek und eine Kunstsammlung mit mehr als 400 Werken. Darunter auch Bilder von Schiele, Rembrandt, Degas und Kokoschka. Die Nazis beschlagnahmten alles. Der Verbleib der meisten Bilder ist bis heute ungeklärt. Möglicherweise haben sich neben Nazi-Behörden auch Nachbarn bedient. Mehr als 40 Operetten-Libretti, perfekt gereimte Monologe, Doppelconférencen, Revuen und mehr als 100 Schlager umfasst sein Werk; viele davon sind noch heute bekannt – wie „Ich hab das Fräul'n Helen' baden sehn".

Auch das Kabarett Simpl wurde „arisiert". 1939 eröffnete es mit neuem und stromlinienförmigem Ensemble. „Sämtliche Mitwirkende sind reichsdeutsche Staatsbürger" wurde im Programm

Erinnerung an einen großen Entertainer Wiens: Der Fritz-Grünbaum-Platz im sechsten Bezirk, im Hintergrund ragt einer der Flaktürme hervor. Grünbaum unterschätzte wie viele das kommende Grauen und trat bis kurz vor dem Anschluss im Kabarett Simpl auf.
Bild: Eva Maria Bachinger

betont. Während Karl Farkas flüchten konnte, nahm sich Egon Friedell das Leben: Als am 16. März 1938 die SA seine Wohnung in der Gentzgasse 7 stürmte, stürzte er sich aus dem Fenster. An dem Haus befindet sich heute eine Gedenktafel. Bizarres Detail: Ausgerechnet ein alter Flakturm der Nazis in Wien-Mariahilf hat heute die Adresse Fritz-Grünbaum-Platz 1. Auch am Kabarett Simpl ist eine Gedenktafel angebracht – allerdings steht auf der Website irrtümlich, Grünbaum sei im KZ Buchenwald ermordet worden.

Seit 1999 sind in der Schule in Wien-Brigittenau – heute ein Gymnasium – zwei Ausstellungen eingerichtet: „Die verlorene Insel" hat die Initiative „Aktionsradius Augarten" realisiert. „Als Schulen zu Gefängnissen wurden" haben Schüler selbst gestaltet. Die Schüler haben sich mit Lebensgeschichten der rund 350 vertriebenen jüdischen Kinder ihrer Schule beschäftigt. Viele schafften es mit Kindertransporten ins britische Exil. 24 überlebten den Nationalsozialismus nicht. (eba)

Literaturtipps

Marie-Theres Arnbom, Christoph Wagner-Trenkwitz (Hrsg.): Grüß mich Gott! Fritz Grünbaum. Eine Biographie 1880–1941. Wien 2005

Sophie Lillie: Was einmal war. Handbuch der enteigneten Kunstsammlungen Wiens. Wien 2003

Hans Veigl (Hrsg.): Fritz Grünbaum. Der leise Weise. Wien 1992

Webtipps

borg20.at
simpl.at

38 FLAKTURM ESTERHAZYPARK

Flakturm im Esterhazypark unweit des Westbahnhofs und des MuseumsQuartiers – mit gläsernem Zubau für das „Haus des Meeres" und dem Kletterzentrum des Österreichischen Alpenvereins; mit Hunderten künstlicher Griffe auf vertikalen Betonwänden.
Bild: Gerald Lehner

Reiseziel 1

- Flakturm im Esterhazypark, Fritz-Grünbaum-Platz 1, 1060 Wien
- Der Flakturm im Esterhazypark ist mit seinen Einrichtungen – „Haus des Meeres", Kletterzentrum des Österreichischen Alpenvereins, Foltermuseum, Café-Restaurant – für Besucher der interessanteste der Wiener Flaktürme.
- Luftlinie vom Stephansdom: 1,9 km Südwest
- 16°21'09" Ost / 48°11'52" Nord

Reiseziel 2

- Flakturm im Augarten, Gaußplatz 11, 1020 Wien
  Kein Zutritt, aber sehr eindrucksvoll vom Park aus zu sehen.
- Luftlinie vom Stephansdom: 1,9 km Nord
- 16°22'25" Ost / 48°13'33" Nord

Öffis

- Esterhazypark: U3 Neubaugasse; Station Neubaugasse – Bus: 13A, 14A;
- Augarten: Station Gaußplatz – Straßenbahnlinie: 31; Bus: 5A, 5B;

MONSTER DES LUFTKRIEGS

Sechs Ungetüme aus dem „Krieg der Sterne" („Star Wars") beschützen die Wiener Innenstadt vor Außerirdischen! So sieht es auf den ersten Blick aus. In Wirklichkeit wurden die gewaltigen Bunker- und Geschütztürme („Flaktürme") von den Nationalsozialisten errichtet, um Bombenangriffe der Alliierten abzuwehren. Das gelang kaum – trotz der gewaltigen Materialschlacht mit Beton und Stahl. Die Trefferquote der großkalibrigen Fliegerabwehrkanonen war gering, die meisten Bomber flogen zu hoch. Heute stehen die Türme mit ihren meterdicken Wänden unter Denkmalschutz.

Sie beherrschen das Stadtbild noch immer und bilden ein imaginäres Dreieck, in dessen Zentrum der Stephansdom steht. Nur in Wien, Berlin und Hamburg ließen die Nazis solche Geschütztürme im Großformat errichten. Sie sollten die Innenstädte ihrer Metropolen vor Angriffen amerikanischer und britischer Bomberverbände schützen, dienten auch als Kommandozentralen und hatten riesige Schutzräume für die Zivilbevölkerung eingebaut. In den größeren Exemplaren konnten vorübergehend bis zu 30.000 Menschen untergebracht werden. In Wien wurde der letzte Gigant erst Anfang 1945 fertiggestellt. 1942, also relativ spät, hatte das Programm begonnen. Bis 1944 war Wien von Westen her für alliierte Piloten nicht erreichbar. Erst als sich die Amerikaner über Italien den Alpen näherten, starteten große Verbände von Boeing B-17-(Flying Fortress-)Langstreckenbombern in Richtung Wien, Wiener Neustadt und Linz. Zuvor hatte es nur einzelne Angriffe gegeben, die von Stützpunkten in Nordafrika aus geflogen wurden. Die Amerikaner agierten bei Tag, weil ihre Air Force keine nächtlichen Flächenbombardements (wie die Briten), sondern industrielle und verkehrstechnische Ziele präziser treffen wollte. Für die USA galt die Doktrin, möglichst wenig zu

zerstören, weil die Alliierten Österreich (fälschlicherweise) als erstes Opfer Hitlers betrachteten.

Nur rund zehn Prozent der Bomber konnten die Nazis in Wien abschießen. Die Kanonen hatten das riesige Kaliber von 12,8 Zentimetern. Sie benötigten Leitsysteme, die auf kleineren Türmen untergebracht wurden. Deshalb wurde immer paarweise gebaut. Alle Anlagen arbeiteten mit dem „Würzburg"-Radar der Nazis. Die Reichweite der großen Flak betrug horizontal bis zu 20 Kilometer. So wurden in Wien auch viele Panzer der angreifenden Roten Armee zerstört. Nach oben konnten die Granaten 14.000 Meter Höhe erreichen. Zum Schutz vor Tieffliegern waren auf den Türmen noch deutlich kleinere und wendigere Flak-Geschütze montiert. Erst in jüngster Zeit wäre es möglich, den Stahlbeton relativ gefahrlos und „sanft" zu sprengen – auch in den Innenstädten. Lange träumte man in Wien davon. Doch jede Sprengung hätte auch andere Gebäude zerstört. Mittlerweile denkt kaum noch jemand an die Entfernung der Monster. Die sechs Wiener Flak-Türme stehen sogar unter Denkmalschutz – als Mahnmale.

Flaktürme im Arenbergpark.
Bild: Privatarchiv, Wien

Standorte

Arenbergpark

Die beiden Türme im Arenbergpark sind die größten der drei Paare in Wien. Sie wurden von Dezember 1942 bis Oktober 1943 gebaut. Die Mauern des Gefechtsturms sind bis zu sieben Meter dick. Es gab neben den üblichen Bunkerräumen für Zivilisten auch Räume der „Gaupropagandaleitung", der NSDAP-Kreisleitung, des Radiosenders Wien und der Firma Siemens & Haske. Vorgesehen war auch ein Bereich für den Gauleiter. Heute wird der Hauptturm für Ausstellungs- und Lagerräume verwendet. Es sollen weitere Kunstausstellungen und eine Schau über Zeitgeschichte eingerichtet werden.

Stiftskaserne/Esterhazypark

Ein weiteres Turmpaar steht in der Stiftskaserne bzw. im Esterhazypark. Diese Riesen wurden zwischen Oktober 1943 und Juli 1944 errichtet. Durch den fortschreitenden Krieg mussten Stahl und Beton eingespart werden. Dadurch entstand eine neue Bauart, die es nur in Wien gibt – nicht in Berlin und Hamburg. Der Grundriss

Flakturm in der Stiftskaserne.
Bild: Privatarchiv, Wien

hat 16 Ecken, oberhalb der Plattform hat das Gebäude 32 Ecken. Der Leitturm im Esterhazypark gehört der Stadt Wien und beherbergt heute ein Foltermuseum und eine Jugendherberge. Dazu kommt seit 1958 das „Haus des Meeres", ein Naturkundemuseum. 1998 ließ der Österreichische Alpenverein an der Außenseite eine multifunktionelle Kletterwand einrichten, die sehr beliebt ist. Auf dem Dach gibt es ein Café-Restaurant. Der Gefechtsturm in der Stiftskaserne, wo das Österreichische Bundesheer untergebracht ist, ist im Besitz der Republik. Er wird noch immer als Bunker verwendet, der im Krisenfall für die österreichische Bundesregierung und die Staatsspitze reserviert ist.

Augarten

Dieses dritte Turmpaar wurde zwischen Juli 1944 und Jänner 1945 als letztes gebaut. Es ist auch das modernste. Auffallend sind die Träger aus Stahlbeton an den Außenseiten. Sie dienen der einfacheren Wartung und Reparatur der Plattformen. Der Gefechtsturm im Augarten ist der höchste in Wien. Seine Innenräume sind seit

Flakturm im Augarten. Der „modernste" der sechs Flaktürme in Wien wurde kurz nach Kriegsende durch explodierende Munition schwer beschädigt, nachdem spielende Kinder in einer nicht geräumten Waffenkammer gezündelt hatten.
Bild: Gerald Lehner

21. November 1946 stark beschädigt. So kurz nach Kriegsende zündelten Kinder in einer Munitionskammer, in der noch immer Granaten für die 12,8-Zentimeter-Flak gelagert waren. Beim Brand explodierte die ganze Munition, Decken und Dach wurden durch die Druckwellen angehoben und fielen zurück in ihre Verankerungen, was dem gesamten Betonbau schweren Schaden zufügte. Den Kindern gelang es, vor der großen Explosion unverletzt aus dem Bunker zu entkommen. Beide Türme sind gesperrt. (leh)

Literaturtipps

Ute Bauer: Die Wiener Flaktürme im Spiegel österreichischer Erinnerungskultur. Wien 2003

Marcello La Speranza: Flakturm-Archäologie. Ein Fundbuch zu den Wiener Festungsbauwerken. Berlin 2012

Valentin E. Wille: Die Flaktürme in Wien, Berlin und Hamburg. Geschichte, Bedeutung und Neunutzung. Saarbrücken 2008

Webtipps

folter.at (mit Foltermuseum Wien)

haus-des-meeres.at

oeav-events.at/lv-wien/klettern/flakturm (Kletterzentrum)

39 WESTBAHNHOF

Der Bub auf dem Koffer im Wiener Westbahnhof – in der Seitenhalle links, in Blickrichtung zu den Bahnsteigen.
Bild: Gerald Lehner

Reiseziel 1

- Westbahnhof, Europaplatz 2, 1150 Wien
- Luftlinie vom Stephansdom: 2,8 km Südwest
- 16°20'19" Ost / 48°11'49" Nord

Reiseziel 2

- Museum zur Erinnerung an die Kindertransporte nach Großbritannien 1938/39, Dauerausstellung „Für das Kind", Radetzkystraße 5, 1030 Wien
- Luftlinie vom Stephansdom: 1,2 km Ostnordost
- 16°23'17" Ost / 48°12'40" Nord

Öffis

- Westbahnhof: U3, U6 Westbahnhof; Station Westbahnhof – Straßenbahnlinien: 5, 6, 9, 18, 52, 58;
- Museum: Station Gaußplatz – Straßenbahnlinie: 31; Bus: 5A, 5B;

10.000 FUHREN INS LEBEN, DIE MEISTEN IN DEN TOD

Zwei Bronzestatuen erinnern in Wien an jüdische Kinder – an ca. 10.000 Mädchen und Buben aus Österreich, Deutschland, der Tschechoslowakei und Polen. Sie konnten 1938 und 1939 nach Großbritannien fliehen und wurden gerettet. Mehr als eineinhalb Millionen Kinder kamen im Holocaust um. Am Wiener Westbahnhof steht seit 2008 das Kunstwerk „Bub auf einem Koffer sitzend". Die Skulptur „Das Mädchen Naomi" wurde beim neuen Kindertransport-Museum im dritten Wiener Gemeindebezirk aufgestellt, das im Dezember 2014 eröffnet wurde: Dort erinnert die Schau „Für das Kind" an den bitteren Abschied der Kinder. Die logistische Rolle der Eisenbahnen im Zusammenhang mit den Konzentrationslagern wird seit 2012 in der ÖBB-Wanderausstellung „Verdrängte Jahre" beleuchtet.

Die in Venezuela geborene, in London lebende Bildhauerin Flor Kent hat die beiden Statuen geschaffen. Als Modell für jene am Westbahnhof, von dem die Kinder in ihr neues Leben aufbrachen, stand ihr der zum Zeitpunkt des Entwurfs neunjährige Sam Morris aus Großbritannien zur Verfügung. Er ist ein Urenkel der ehemaligen Wienerin Sara Schreiber, die 1938 als Kind aus Österreich fliehen konnte. Der kleine Sam sagte bei der Einweihung durch den Wiener Oberrabbiner Paul Chaim Eisenberg, er sei sehr stolz, ausgewählt worden zu sein: „Ohne die mutige Hilfe von Menschen, die damals bei der Judenverfolgung nicht weggesehen haben, wäre ich nie geboren worden." Mit dem Gedicht „Juden am Bahnhof" von Walter Lindenbaum eröffnete Burgschauspieler und Filmstar Cornelius Obonya – auch als „Jedermann" in Salzburg im Einsatz – den Festakt anlässlich der Enthüllung des Denkmals. Flor Kent: „Wir feiern heute einen seltenen Moment des Lichts in einer sehr dunklen Zeit." Quäker, christliche und jüdische Organisationen

Jüdische Schülerinnen aus Wien bei der Ankunft – mit einem „Bobby", einem Polizisten im sicheren Großbritannien.
Bild: Image Bank WW2 – NIOD

Mehr als zwei Drittel der Geretteten sahen ihre Eltern nie wieder. In dem Haus Radetzkystraße 5, in dem sich das neue Museum befindet, mussten einst 380 Frauen und Männer in einem Massenquartier wohnen, bevor sie mit der Bahn in Vernichtungslager deportiert wurden. Ein „Stein der Erinnerung" ist im Straßenpflaster eingelassen. (leh)

Filmtipp: „In eine fremde Welt"

An die britische Rettungsaktion für jüdische Kinder erinnert auch der Dokumentarfilm „In eine fremde Welt" („Into the Arms of Strangers"). Gestaltung, Regie: Mark Jonathan Harris, Lee Holdridge, Judi Dench. Erzählt wird mit zahlreichen Interviews und historischen Dokumenten die Geschichte der nach Großbritannien gebrachten Kinder. Als Erwachsene berichten sie im teils schon höheren Alter über Erinnerungen, Gefühle und Empfindungen und das weitere Leben während des Zweiten Weltkriegs und danach. 2007 wurde der Film in der Wiener Urania gezeigt – in Anwesenheit der britischen Zeitzeugen Bertha Leverton, Otto Deutsch und Hanny Hieger. Aus den USA kam Produzentin Deborah Oppenheimer, die selbst Tochter eines Geretteten ist. Im Jahr 2000 erhielt die Produktion einen Oscar als bester Dokumentarfilm. Über gängige Internet-Anbieter auch auf DVD erhältlich.

Literaturtipps

Wolfgang Benz (Hrsg.): Die Kindertransporte 1938/39. Rettung und Integration, mit Beiträgen von Ilse Aichinger. Frankfurt am Main 2003

Anthony Grenville: Stimmen der Flucht. Österreichische Emigration nach Großbritannien ab 1938. Wien 2011

Anthony Grenville, Charmian Brinson, Richard Dove, Marietta Bearman, Jennifer Taylor: Wien – London, hin und retour. Wien 2004

Mark Jonathan Harris, Deborah Oppenheimer, Jerry Hofer: Kindertransport in eine fremde Welt. München 2000

Barry Turner: Kindertransport. Eine beispiellose Rettungsaktion. Gerlingen 2002

Anna Wexberg-Kubesch: Vergiss nie, dass du ein jüdisches Kind bist. Der Kindertransport nach England 1938/39. Wien 2012

Webtipps

millisegal.at
oebb.at/verdraengtejahre
warnerbros.com/intothearmsofstrangers/

40 WOHNHAUS VON KARL POPPER

Karl Popper als Hauptschullehrer in jungen Jahren
beim Bergwandern in der Umgebung von Wien.
Bild: Archiv Susanna Morawetz-Kolb

Reiseziel

- Anton-Langer-Gasse 46, 1130 Wien
- Nach seiner Hochzeit mit Josefine Henninger in Wien zog Karl Popper am 11. April 1930 in das Haus seines Schwiegervaters in der Anton-Langer-Gasse 46, wo er bis 12. Dezember 1935 wohnte. Das alte Haus steht nicht mehr. Zum Gedenken wurde 2004 an dem an dieser Adresse 1973/74 neu erbauten Haus eine Gedenktafel angebracht.
- Luftlinie vom Stephansdom: 8 km Südwest
- 16°16'57" Ost / 48°10'13" Nord

Öffis

- Station Hermesstraße – Straßenbahnlinien: 60, 62;

ZWISCHEN NEUSEELAND UND HIMALAYA

Sie waren enge Freunde und beide Hauptschullehrer in Wien. Der eine wurde als Philosoph später weltberühmt, der andere Reformpädagoge, Extrembergsteiger und Botschafter Österreichs in Pakistan. Schon früh wehrten sich Sir Karl Popper und Fritz Kolb gegen Austrofaschisten und Nazis. Popper ging 1937 ins Exil nach Neuseeland. Kolb wurde 1939 beim Bergsteigen in Indien unfreiwillig Zeuge, wie auffällig sich der SS-Mann Heinrich Harrer in einem britischen Internierungslager verhielt.

Für mich war der gleichaltrige Fritz Kolb einer der wichtigsten Menschen in meinem Leben ... Er war wohl der tüchtigste und erfolgreichste unter uns Erziehern. Ohne eine Führerrolle beanspruchen zu wollen, war er der Einflussreichste in jeder Lage." Das schrieb Popper in seinem Vorwort für Kolbs politische Autobiografie „Es kam ganz anders" (1981). Der österreichisch-britische Philosoph und Begründer des kritischen Rationalismus war bei Erscheinen von Kolbs Buch längst ein Weltstar. Neben Arbeiten zur Erkenntnis- und Wissenschaftstheorie, zur Sozial- und Geschichtsphilosophie beschäftigte sich Popper mit der für Demokratien zentralen Frage, wie man schlechte bzw. korrupte Regierungen möglichst rasch und unblutig von der Macht entfernen kann. Unabhängige Justiz und strikte Gewaltenteilung sah er dabei als Grundlagen. In seinem Hauptwerk „Die offene Gesellschaft und ihre Feinde" (1945) analysierte Popper die totalitären Tendenzen in den Schriften von Platon, Hegel und Marx. Das Buch entstand in Neuseeland – unter dem Eindruck Hitlers und Stalins. Popper hatte jüdische Vorfahren und flüchtete 1937 mit seiner Frau. 16 Mitglieder seiner Familie verlor er wenige Jahre später im Holocaust. Er wurde Dozent an der Canterbury University in Christchurch auf der Südinsel Neuseelands, ehe er 1946 an die London School of Economics berufen wurde. 1965 folgten der Ritterschlag durch Queen Elisabeth II. und weitere internationale Ehrungen.

(li.) Cover von Fritz Kolbs längst vergriffenem Buch, das in den 1950ern im Bruckmann-Verlag (München) erschien. Nicht nur deutsche und österreichische Nazis wie Heinrich Harrer und Peter Aufschnaiter waren vor dem Zweiten Weltkrieg in Nordindien und dem heutigen Pakistan auf hohen Bergen unterwegs – auch Briten mit den beiden Sozialdemokraten und „Naturfreunde"-Bergsteigern Fritz Kolb und Ludwig Krenek aus Wien.

(re.) Teilnehmer der österreichisch-britischen Himalaya-Expedition in Nordindien (heutiges Pakistan) von Sommer 1939, kurz vor Beginn des Zweiten Weltkriegs. Zweiter von links: Fritz Kolb von den sozialdemokratischen „Naturfreunden" in Wien.

Bilder: Archiv Susanna Morawetz-Kolb

Als junge Männer hatten sich Popper und Kolb im Wien der 1920er- und 1930er-Jahre gemeinsam für Sozialdemokratie und Reformpädagogik engagiert. Während Popper sich später vom Marxismus entfernte und in Neuseeland Fuß fasste, blieb Kolb im Lehrberuf und den sozialdemokratischen „Kinder- und Naturfreunden" Wiens treu. Er träumte vom Extrembergsteigen im Himalaya. Mit dem Lehrerkollegen Ludwig Krenek, der auch mit Popper befreundet war und später ebenfalls nach Neuseeland auswanderte, bestieg Kolb hohe Gipfel der Ost- und Westalpen sowie im Kaukasus – mit sehr bescheidenen Mitteln, denn als Lehrer hatten sie kaum Geld. Sie nahmen Kontakt zu den britischen Bergsteigern Robey Johnson, Frank Hollick, Donald Cumber und Hilda Richmond auf. Gemeinsam gelang es, in den Himalaya zu kommen. Im Herbst 1939 bestiegen sie mit einfachsten Mitteln auch den Mulkila (6.520 m) im indischen Bundesstaat Himachal Pradesh. Wenige Tage zuvor hatte Hitlers Wehrmacht das freie Polen überfallen und Großbritannien den Nazis daraufhin den

Krieg erklärt. Als Kolb und Krenek in Nordindien ins Tal kamen, wurden sie von den Briten in ein Internierungslager für Deutsche und Österreicher gesteckt. Dort saßen auch andere Bergsteiger fest, die in Indien unterwegs waren – unter anderen der fanatische Nationalsozialist Heinrich Harrer. In seinen Welt-Bestsellern verschwieg er seine braunen Seilschaften konsequent, in Interviews stritt er später alles ab. Als der Autor dieser Zeilen 1997 Harrers Mitgliedschaften bei SS, SA und NSDAP nachwies, meldete sich Susanna Morawetz-Kolb, eine Tochter von Fritz Kolb. Sie berichtete, dass ihr Vater und die anfangs kleine Gruppe der Hitler-Gegner in den Internierungslagern in Indien von inhaftierten Nazis bedroht wurden. Dabei habe sich der SS-Mann Heinrich Harrer gerühmt, im November 1938 die Synagoge in Graz angezündet zu haben. Fritz Kolb wurde als Gegner der Nazis später von den Briten freigelassen, bekam einen Lehrerjob und verbrachte den Krieg in Indien. Später arbeitete er wieder an Wiener Schulen, ehe er Diplomat, österreichischer Botschafter in Pakistan und OECD-Manager wurde.

Das Londoner Ehepaar Sir Karl Popper und Josefine Anna Henninger zu Besuch bei der Familie des alten Freundes Fritz Kolb (1976 in Wien). Mit „Hennie" hatte Popper von 1930 bis 1935 in der Otto-Langer-Gasse 46 in Wien-Speising gewohnt. Er war zu dieser Zeit Hauptschullehrer wie „Hennie" und Kolb. Als Philosoph trug er später Grundlegendes zur Sozial- und Geschichtsphilosophie sowie zur politischen Philosophie bei. Er gilt als Begründer des kritischen Rationalismus.
Bild: Archiv Susanna Morawetz Kolb

Letzte Zeitzeugin in Neuseeland

Über Karl Poppers Zeit im Exil in Neuseeland (1937–1946) war bis vor kurzem in Europa wenig bekannt. Wir haben auf seinen Spuren in Christchurch an der Universität und bei seinem Wohnhaus in den steilen Küstenbergen am Pazifik recherchiert. Dabei konnten wir im Dezember 2013 in Christchurch die letzte lebende Person ausfindig machen, die bei Popper studiert hatte. Die 97-jährige Neuseeländerin Betty Selima-Rogaczewski war Anfang der 1940er-Jahre eine von nur zwei jungen Frauen, die neben mehr als 40 Männern politische Ideengeschichte bei Popper studierten. An der Universität von Christchurch hatten wir zuvor gehört, dass Popper die Frauen nicht unbedingt gleichberechtigt behandelt haben soll. „Alles Bullshit", schimpfte Betty, als wir ihr das erzählten. „Er war ein sehr angenehmer Mann und fair. Allerdings haben wir erst viele Jahre später erfahren, welcher Star da bei uns gelehrt hatte." Betty

(li.) Sir Poppers ehemalige Studentin Betty Selima-Rogaczewski mit Enkelin Josephine Wilson vor ihrem Haus in Christchurch/Neuseeland, Dezember 2013.

(re.) Kurz nach der Hochzeit: Die Neuseeländerin Betty Selima-Rogaczewski mit ihrem Mann aus Polen, den sie während des Zweiten Weltkriegs in London kennenlernte. Als Flüchtling wurde er Pilot und flog für polnische Einheiten in der Luftwaffe Großbritanniens (Royal Air Force) gegen Nazideutschland.

Bilder: (li.) Gerald Lehner; (re.) Familienarchiv

Selima war mit einem gebürtigen Polen verheiratet, der im Zweiten Weltkrieg als Bomberpilot der Royal Air Force viele Einsätze gegen Nazideutschland flog. (leh)

Literaturtipps

Margit Franz, Heimo Halbrainer: Going East. Going South. Österreichisches Exil in Asien und Afrika. Wien 2014

Fritz Kolb: Es kam ganz anders. Betrachtungen eines alt gewordenen Sozialisten. Mit einem Vorwort von Karl Popper. Wien 1981

Gerald Lehner: Zwischen Hitler und Himalaya. Die Gedächtnislücken des Heinrich Harrer. Wien 2007

Karl Popper: Die offene Gesellschaft und ihre Feinde. Tübingen 2003

Webtipps

canterbury.ac.nz (Canterbury University, Christchurch/Neuseeland)
popper4u.at (Sir Karl Popper Volksschule Wien)
popperschule.at (Sir Karl Popper Gymnasium Wien)

41 OTTO-WAGNER-SPITAL

Mahnmal für die ermordeten Kinder und Jugendlichen vom „Spiegelgrund" auf dem Gelände des heutigen Otto-Wagner-Spital – gleichzeitig Mahnmal für den langjährigen Umgang Österreichs mit seiner Geschichte und die Vorgänge um den Arzt und Gerichtsgutachter Dr. Heinrich Gross – für viele der größte Justizskandal der Zweiten Republik.
Bild: Gerald Lehner

Reiseziel

- Otto-Wagner-Spital, Baumgartner Höhe 1, 1140 Wien
- Gedenkstätte und Dauerausstellung für die Opfer von Heinrich Gross und Komplizen.
- Sehr sehenswert ist auch die nahe „Kirche am Steinhof" des Wiener Jugendstil-Archiktekten Otto Wagner.
- Luftlinie vom Stephansdom: 6,9 km West
- 16°16'48" Ost / 48°12'28" Nord

Öffis

- Station Baumgartner Höhe – Bus: 47A, 48A;

MASSENMÖRDER IM LANGZEITDIENST

Mindestens 789 Kinder und Jugendliche wurden in der „heilpädagogischen" Anstalt „Am Spiegelgrund", dem heutigen Otto-Wagner-Spital, ermordet. Viele wurden bei „wissenschaftlichen" Versuchen schwer verletzt. Das Grauen für die Kinder und die Taten von Ärzten, Psychiatern, Pflegepersonal und Pädagogen sind unbeschreiblich. Ein mutmaßlicher Haupttäter kam seit 1953 als Mitglied bzw. unter dem Schutz der Sozialdemokratie (SPÖ) wieder zu Ehren: Dr. Heinrich Gross war ab 1960 jahrzehntelang als gut bezahlter Gerichtsgutachter im Einsatz. 1975 wurde ihm das Ehrenkreuz der Republik Österreich 1. Klasse verliehen.

Heinrich Gross war schon 1933 in die – in Österreich damals noch illegale – SA eingetreten. Vier Jahre später, kurz nach dem „Anschluss", wurde er auch Mitglied der NSDAP. Für fanatische Jungärzte wie ihn gab es viel zu tun. Die Nationalsozialisten knüpften engmaschige Netze, um die Schwächsten aus der Bevölkerung herauszufischen. Sie selektierten Neugeborene, Kleinkinder, Kinder und Jugendliche, die der NS-Ideologie nicht entsprachen und als „abnormal" und „asozial" gebrandmarkt wurden. 1939 wurde dafür das psychiatrische Krankenhaus „Am Steinhof" auf der Baumgartner Höhe im Westen Wiens adaptiert. Um Platz zu schaffen, verfrachtete man etwa 3.200 bisherige Patienten zum Schloss Hartheim in der Nähe von Linz. Sie starben dort in der Gaskammer.

An ihrer Stelle kamen die Kinder in das Wiener Spital. Ihre Leichen sollten der „Wissenschaft" dienen. Hunderte wurden ausgeweidet, ihre Gehirne und Nervenstränge konserviert, präpariert und für laufende oder künftige „Forschung" bereitgestellt. Heinrich Gross arbeitete damit unbehelligt bis 1978 – 33 Jahre nach Kriegsende (!). Er verschleierte die Herkunft und erstellte insgesamt 34 Studien mit Teilen der Ermordeten, heimste dafür auch international Ehrungen ein.

Kriminelle Energie früh bekannt

Dabei hatte es 1945 für den Karrieristen noch düster ausgesehen. Die Sowjets in Wien steckten ihn – wie viele schwer belastete Nazis – für zwei Jahre in die Internierungshaft. 1948 wurde er wegen „Beteiligung am Totschlag eines Kindes" angeklagt. Im März 1950 erhielt Gross zwei Jahre Gefängnis. Die U-Haft wurde ihm angerechnet, und so kam er schon am 1. April 1950 wieder frei. Gross absolvierte nun seine Ausbildung zum Facharzt für Psychiatrie und Neurologie und trat in die SPÖ und deren „Bund sozialistischer Akademiker" (BSA) ein. 1955 bekam er einen Job als Facharzt auf dem Steinhof (heute Otto-Wagner-Spital). Er setzte – neben anderen „rehabilitierten" NS-Tätern – seine früheren Forschungen an Kindergehirnen fort. 1957 wurde er zum Primarius der 2. Psychiatrischen Abteilung auf dem Steinhof befördert. Ab 1960 war Gross zusätzlich Gerichtsgutachter für Neurologie und Psychiatrie im Dienst der Justiz. Nebenbei kassierte er seit 1968 von der Pharmaindustrie für teils hochgefährliche Medikamente, die er an Menschen testete.

1968 wurde unter politischer Obhut der SPÖ auf dem Steinhof unweit des „Spiegelgrundes" das „Ludwig-Boltzmann-Institut zur Erforschung von Missbildungen des Nervensystems" gegründet. Leitung: Dr. Heinrich Gross. Wieder forschte und publizierte er, ohne die genaue Herkunft der Präparate zu deklarieren. Gleichzeitig

(li.) Legendäres und mehrfach preisgekröntes Puppentheater von Simon Meusburger (Regie) und Nikolaus Habjan (Schauspieler): „F. Zawrel – erbbiologisch und sozial minderwertig", links die Puppe des SPÖ-Günstlings und mutmaßlichen Massenmörders Dr. Heinrich Gross.

(re.) Friedrich Zawrel beim Festakt: Am 15. Mai 2013 erhielt er im hohen Alter das Goldene Ehrenzeichen für Verdienste um die Republik Österreich, nachdem er von dieser bzw. ihrem Gerichtsgutachter Gross über Jahrzehnte verfolgt, gebrandmarkt und diffamiert worden war.

Bilder: (li.) Sabine Hauswirth / schuberttheater.at; (re.) APA / Herbert Pfarrhofer

prahlte er mit der Ausbeute der Morde: „Unsere Prosektur verfügt über das größte Material an Gehirnen mit angeborenen Entwicklungsstörungen und frühzeitig erworbenen Schäden." Österreichs Sozialdemokratie war damals in Wien mit einer nahezu unumschränkten Regierungsmacht ausgestattet. 1970 konnte sie auch auf Bundesebene mit Duldung der Freiheitlichen, in deren Reihen es viele alte und neue Nazis gab, eine Alleinregierung stellen. Hertha Firnberg, Wissenschaftsministerin unter dem populären Kanzler Bruno Kreisky (SPÖ), wusste von den Verstrickungen. Dennoch erhielt Gross den Theodor-Körner-Preis. 1971 folgte das Ehrenkreuz der Republik 1. Klasse.

Friedrich Zawrel und Werner Vogt decken auf

Am 20. Februar 2015 starb in Wien im 86. Lebensjahr einer der letzten Zeitzeugen, der die Verbrechen von Dr. Heinrich Gross am eigenen Leib erdulden musste: Friedrich Zawrel war Jahrgang 1929, schon als Kind in eine „Erziehungsanstalt" der Nazis eingewiesen worden und später auch in dem Wiener Todespavillon von Gross interniert. Er überlebte als einer von wenigen. In den 1970er-Jahren wurde Zawrel von Gross, der nun auch als Sachverständiger der Justiz viel Geld verdiente, abermals „psychiatrisch begutachtet". Das Opfer erkannte seinen Peiniger wieder. Gross versuchte nun,

Zawrel mit einem neuen Gutachten zum Schweigen zu bringen und als Lügner hinzustellen. Der Arzt und Unfallchirurg Werner Vogt, späterer Politiker der Grünen, und die Arbeitsgemeinschaft Kritische Medizin unterstützten Friedrich Zawrel und halfen mit, ihn zu rehabilitieren. Gross klagte Vogt wegen Ehrenbeleidigung und verlor den Prozess. Und Zawrel wurde bis ins hohe Alter nicht müde, der Jugend gegenüber aufklärend zu wirken, um Sozialdarwinismus, Rechtsradikalismus und Neonazitum einzudämmen. 2013 erhielt er – sehr spät, aber doch – das Goldene Ehrenzeichen für Verdienste um die Republik Österreich.

1979 war es noch ein harter politischer Kampf für Werner Vogt, gegen die Gedächtnislücken der Republik anzugehen. Es gelang ihm, Gross in einen weiteren Prozess zu verstricken, bei dem diesem nachgewiesen wurde, an mindestens neun Morden beteiligt gewesen zu sein. Die direkte Täterschaft wurde allerdings nicht bewiesen. Dennoch konnte sich nun auch die SPÖ nicht mehr hinter Halbwahrheiten verstecken. So wurde Gross 1981 aus der Partei ausgeschlossen. Der „Bund sozialistischer Akademiker" (BSA) warf den Arzt erst 1988 hinaus. Gross trat 1981 in den Ruhestand und wurde noch bis 1997 (!) – 18 Jahre lang – als hoch bezahlter und meistbestellter Sachverständiger für Psychiatrie und Neurologie bei Gerichtsverfahren von der Republik Österreich beschäftigt – in den Augen vieler Beobachter im In- und Ausland ein unfassbarer Skandal.

Umstrittenes Gutachten von Haller hilft Gross

Kritiker stellten im Jahr 2000 neuerlich eine Anklage gegen Gross auf die Beine. Der Richter vertagte die erste Verhandlung nach 30 Minuten, weil der Psychiater Reinhard Haller dem 84-jährigen Angeklagten Gross in einem Gutachten „fortgeschrittene vaskuläre Demenz und eine ausgeprägte Depression" attestierte. Das Verfahren kam nie wieder in Gang. Wenig später kritisierte der New Yorker Psychiater Peter Stastny seinen österreichischen Kollegen Haller scharf: „Es ist mir unerklärlich, warum dieses Gutachten vom Gericht akzeptiert wurde. Es werden darin Schlüsse gezogen, die aus den Untersuchungsmethoden nicht ableitbar sind." Der von Haller angewandte Test entspreche nicht dem modernen Standard.

Und das Gutachten basiere auf Methoden, die weder klinisch noch wissenschaftlich verwendet würden. Nachdem sich das Gericht wegen der angeblichen „Demenz" von Gross selbst außer Gefecht gesetzt hatte, gab der Angeklagte der Presse einige Interviews über den Zweiten Weltkrieg – wach, eloquent und auskunftsfreudig.

Neue Beweise aus Russland

2005 erstatteten der deutsche Filmemacher und Journalist Thomas Staehler sowie der Historiker Florian M. Beierl beim Landesgericht Wien Strafanzeige gegen Gross. Sie hatten in russischen Archiven schwer belastende Dokumente ausgegraben. Sie stammen aus dem Strafakt, den die Staatsanwaltschaft des sowjetischen Militärs 1948 bei Verhören von Dr. Erwin Jekelius angefertigt hatte. Der Arzt war Vorgesetzter von Gross gewesen und gestand 1948 den Sowjets die Verantwortung für Tausende Morde. Aus den Verhörprotokollen geht auch hervor, dass Gross seine Künste bei Prof. Dr. Hans Heinze an der „Herden"-Klinik in Brandenburg erlernt hatte. Heinze empfahl hohe Dosen Luminal, um Kinder wie Tiere einzuschläfern. Laut Jekelius hatte Gross das „Problem", dass zwei bis drei Kinder überlebten: „Er hat dann in Absprache mit mir eine kombinierte Dosis Morphium, Dial und Skupolamium injiziert." Auch dieses letzte Strafverfahren verlief im Sand. Heinrich Gross war offiziell „dement". Er starb wenige Monate später im Dezember 2005 im Alter von 90 Jahren.

Bestattungen

Im April 2002 wurden Gehirne und Nervenstränge von 789 Kindern, die Gross und seinen Komplizen zum Opfer gefallen waren, auf dem Wiener Zentralfriedhof bestattet. Zuvor hatte der Historiker Wolfgang Neugebauer vom Dokumentationsarchiv des österreichischen Widerstandes (DÖW) mit akribischen Recherchen eine genaue Liste der Ermordeten erstellt. Nach der Bestattung stieß man auf weitere 70 Gehirne, die bis heute nicht namentlich zugeordnet werden können.

Was bleibt?

Parallel zu den ersten Bestattungen wurde 2002 vom DÖW in einem Pavillon des Otto-Wagner-Spitals eine Dauerausstellung

Dauerausstellung im Pavillon V: Die „Heil- und Pflegeanstalt Am Steinhof" war Zentrum der nationalsozialistischen Medizinverbrechen in Wien, die insgesamt ca. 7.500 Patienten das Leben kosten sollten. Von 1940 bis 1945 existierte auf dem Anstaltsgelände unter der Bezeichnung „Am Spiegelgrund" eine sogenannte „Kinderfachabteilung", in der rund 800 Kinder und Jugendliche umkamen. 1940/41 wurden mehr als 3.200 Menschen aus der Anstalt abtransportiert und im Schloss Hartheim bei Linz ermordet.
Bild: DÖW

über Verbrechen der NS-Medizin in Wien eröffnet. Seit November 2003 gibt es in der Nähe auch ein Mahnmal. Für jedes ausgelöschte Leben wurde eine Lichtsäule aufgestellt. Bereits im Jahr 2000 wurde der Dokumentarfilm „Spiegelgrund" von Angelika Schuster und Tristan Sindelgruber beim Diagonale-Filmfestival uraufgeführt. Die Autorin Waltraud Häupl hat 2006 in ihrem lesenswerten Buch „Die ermordeten Kinder vom Spiegelgrund" dokumentiert, dass viele Kinder gezielt krank gemacht wurden. Dadurch konnte man natürliche Todesursachen wie Lungen- oder Darmentzündung besser vortäuschen. Und 2012 erhielten Simon Meusburger und Nikolaus Habjan vom Wiener Schuberttheater den Nestroypreis für ihr berührendes Figuren- bzw. Puppentheater „F. Zawrel – erbbiologisch und sozial minderwertig". (leh)

Licht und Schatten Wiens, wenige Minuten Spaziergang von der Gedenkstätte, vielleicht zum stillen Gebet für die Opfer der Nazis: Die „Kirche am Steinhof" zum heiligen Leopold wurde von 1904 bis 1907 nach Entwürfen von Otto Wagner erbaut und gilt als eines der bedeutendsten Bauwerke des Jugendstils.
Bild: Gerald Lehner

Literaturtipps

Brigitte Bailer: Mord als Instrument der NS-Jugendfürsorge. In: DÖW-Mitteilungen, Folge 207. Wien 2012

Herwig Czech: Forschen ohne Skrupel. Die wissenschaftliche Verwertung von Opfern der NS-Psychiatriemorde in Wien. In: Eberhard Gabriel, Wolfgang Neubauer (Hrsg.): Zur Geschichte der NS-Euthanasie in Wien: Von der Zwangssterilisation zur Ermordung. Wien 2002

Herwig Czech: Selektion und Kontrolle. Der „Spiegelgrund" als zentrale Institution der Wiener Jugendfürsorge zwischen 1940 und 1945. In: Gabriel, Neubauer, a.a.O.

Veronika Hofer, Thomas Mayer, Gerhard Baader: Eugenik in Österreich. Biopolitische Strukturen von 1900 bis 1945. Wien 2007

Peter Malina: Dem Vergessen überlassen. In: Alois Kaufmann (Hrsg.): Totenwagen – Kindheit am Spiegelgrund. Wien 2007

Susanne Mende: Die Wiener Heil- und Pflegeanstalt Am Steinhof in der Zeit des NS-Regimes in Österreich. In: Gabriel, Neubauer, a.a.O.

Wolfgang Neugebauer: Leben und Sterben am Spiegelgrund. In: Johann Gross (Hrsg.): Spiegelgrund. Leben in NS-Erziehungsanstalten. Wien 2000

Traudl Schmidt, Oliver Lehmann: In den Fängen des Dr. Gross. Das misshandelte Leben des Friedrich Zawrel. Wien 2001

Webtipp

gedenkstaettesteinhof.at

42 „JUBILÄUMSWARTE“

Baldur von Schirach (1907–1974). Fotografie, um 1938.
Bild: ONB – Bildarchiv Austria

Reiseziel

- Jubiläumswarte, Johann-Staud-Straße 80, 1160 Wien
- Die „Jubiläumswarte“ ist ein Aussichtsturm auf dem Gallitzinberg (Seehöhe 449 m) am westlichen Stadtrand: Vogeltennwiese bzw. Johann-Staud-Straße 80, 1160 Wien
- Luftlinie vom Stephansdom: 8 km Westnordwest
- 16°15'57" Ost / 48°13'17" Nord

Öffis

- Station Siedlung Kordon – Bus: 52B;

DER BUNKER DES GROSSMAULS

Auf dem Gallitzinberg an den östlichen Ausläufern des Wienerwaldes stehen die Ruinen einer wichtigen Kommandozentrale des „Dritten Reiches". Der große Luftschutzbunker des Gauleiters und „Reichsverteidigungskommissars" Baldur von Schirach hatte zentrale Funktionen im Kampf gegen amerikanische Flieger und Bodentruppen der Sowjets. Diese knackten den Bunker im Frühjahr 1945. Schirach hatte die Deportation und Ermordung von ca. 65.000 Menschen mit organisiert und Wien neben Adolf Eichmann und Karl Ebner „judenfrei" gemacht.

Über den persönlichen „Mut" des Gauleiters kursierten bei den kriegsgeplagten Wienern zahlreiche Witze. Während es für die Bevölkerung viel zu wenige Schutzräume gab, hatte Hitlers „Reichsjugendführer" und Wiener Statthalter für sich und seine obersten Kader gut vorgesorgt. 1942/43 ließ der gebürtige Rheinländer seinen großen Bonzenbunker samt Gefechtsstand bauen. Er wollte bei Bombenangriffen der Amerikaner nicht in der Stadt bleiben. Wenn es Alarm gab, setzte sich beim Wiener Parlament – dem damaligen „Gauhaus" der Nazis – eine Kolonne von Luxuslimousinen in Bewegung. Hurtig ging es hinaus in den Stadtteil Ottakring in die östlichen Ausläufer des Wienerwaldes. Der Bunker befand sich bei der sogenannten „Jubiläumswarte". Sie steht auf dem Gipfel des dicht bewaldeten Gallitzinbergs in 449 Metern Seehöhe hoch über Wien und hatte 1898 – zum 50-jährigen Regierungsjubiläum von Kaiser Franz Joseph – einen Turm erhalten. So konnten Wanderer die gute Fernsicht über Wien genießen. Die Nazis tauften den Turm in „Adolf Hitler Warte" um. Im Untergrund der Hügelkuppe fanden Ingenieure den perfekten Platz für Schirachs Luftschutzbunker mit Kommando-, Funk- und Telefonzentrale. Es wurde eine der wichtigsten Kommunikationseinrichtungen in Hitlers Reich. Als Gefechtsstand im Kampf wurde

43 SCHLOSS WILHEMINENBERG

Auch Heinrich Gross soll auf Schloss Wilheminenberg aktiv gewesen sein. Dem Facharzt, Gehirn-Spezialisten und mutmaßlichen Massenmörder vom Wiener Krankenhaus „Am Spiegelgrund" haben wir in diesem Buch ein eigenes Kapitel gewidmet – siehe Seite 209 („Otto-Wagner-Spital").

Bild: Gerald Lehner

Reiseziel

- Hotel Schloss Wilheminenberg, Savoyenstraße 2, 1160 Wien
- Luftlinie vom Stephansdom: 6,6 km Westnordwest

16°17'8" Ost / 48°13'11" Nord

Öffis

- Station Schloss Wilhelminenberg – Bus: 46B, 146B;

„KINDER-KZ" UND „FOLTERZENTRUM"

Welch bizarres Potenzial und welche Schattenseiten in einer demokratischen Partei fast 70 Jahre schlummern können, zeigt ein Skandal, der erst 2013 vollständig aufgedeckt wurde. Mit Wissen der mächtigen Wiener Sozialdemokraten (SPÖ) und des Österreichischen Gewerkschaftsbundes (ÖGB) wurde von 1961 bis 1977 im Schloss Wilheminenberg ein Schülerinnenheim betrieben – „wie ein Folterzentrum", berichten Opfer. Ehemalige Nazis und ein Ex-SS-Mann mit SPÖ-Parteibüchern gehörten zum Führungspersonal. Heute ist das Schloss ein Luxushotel.

Rote Parteispitzen schwiegen dazu über Jahrzehnte. 2011 gingen ehemalige Bewohnerinnen an die Öffentlichkeit. Einige Opfer sprechen vom „KZ Wilheminenberg". Es soll dort zu zahlreichen Übergriffen und sexuellen sowie anderen Gewalttaten gekommen sein. Die Wiener Stadtpolitik musste nach Medienberichten und heftiger Kritik eine Untersuchungskommission einrichten. Vorsitzende wurde die als unbestechlich bekannte Richterin Barbara Helige. Im Juni 2013 publizierte die Wiener Stadtzeitung „Falter" ein Interview, in dem Helige bestätigte, die Wiener Stadtpolitikerinnen der SPÖ, Maria Jacobik (bis 1973 zuständig) und Gertrude Fröhlich-Sandner (bis 1977), seien voll informiert gewesen und hätten nichts geändert. Die Kommission führte Interviews mit 170 ehemaligen Heimzöglingen, Erziehern, Psychologen, Anrainern und Polizisten. Dabei kam heraus, dass sich bereits in den 1950er-Jahren einige Erzieher vom Wilheminenberg wegen der Schändung von Buben vor Gericht verantworten mussten. Ehe ab 1961 Sonderschülerinnen untergebracht wurden, war das Heim als „Heilpädagogische Beobachtungsstation" in Verwendung – ausgerechnet als Außenstelle des „Spiegelgrundes", jener psychiatrischen „Klinik", in der der Gerichtsgutachter, frühere „Euthanasie"-Arzt und mutmaßliche Massenmörder Heinrich Gross unter dem Schutz

Heinrich Gross.
Bild: DÖW

seiner SPÖ-Mitgliedschaft weiterhin sein Unwesen trieb. Es war nicht nur Insidern bekannt, dass sich auch heimfremde Männer auf Schloss Wilheminenberg junge Mädchen „besorgen" konnten.

Der Wiener Kinder- und Jugendpsychiater Ernst Berger war Mitglied der Untersuchungskommission: „Schwarze" Pädagogik, Gewalt und sexuelle Übergriffe seien „pädagogische" Normalität gewesen. Eine verhängnisvolle Struktur als zentrales Großheim und Erziehungsmethoden aus dem Nationalsozialismus hätten den Alltag geprägt. Das sei nicht hinter Klostermauern geschehen, nicht aufgrund priesterlicher Doppelmoral und mit kirchlicher Verschwiegenheit, sondern unter den Augen der Wiener Stadtverwaltung,

Hans Krenek.
Bild: Wiener Stadt- und Landesarchiv

von Jugendamtsleitern, Stadträten und Erziehern. Walter Prohaska, 1973 Leiter des Wiener Jugendamtes, rechtfertigte sich laut Akten, die Probleme seien „der Art der Mädchen" geschuldet. Die sozialdemokratisch dominierte Stadtverwaltung sah mit dem Blick von Nazis auf die Opfer herab, schrieb das Nachrichtenmagazin „profil". Demnach wären Kinder aus schwierigen („asozialen") Familien schon angeboren „sittlich verwahrlost" und hätten einen „natürlichen Drang zur Prostitution". Die Zustände waren kein Versehen, sondern österreichische Realpolitik der Nachkriegszeit, als es für die Großparteien SPÖ und ÖVP darum ging, die Wählerstimmen der Braunen für sich zu generieren. In Wien haben sich die

44 CEIJA-STOJKA-PLATZ

Deportation von Wiener Roma: Eines der wenigen Fotos, die von der Vertreibung ganzer Bevölkerungsgruppen heute noch erhalten sind. Nationalsozialisten zerstörten kurz vor Kriegsende fast das gesamte Material, um der Bestrafung zu entgehen.
Bild: DÖW

Reiseziel

- Ceija-Stojka-Platz, 1070 Wien
- Der Platz vor der Altlerchenfelder Kirche in Wien-Neubau bekam im Herbst 2014 den Namen der Künstlerin und Schriftstellerin Ceija Stojka. Als tiefgläubige Katholikin besuchte sie die Altlerchenfelder Kirche regelmäßig. Mit der Namensgebung ehrt der Bezirk Wien-Neubau die Wienerin, die lange dort gelebt und gearbeitet hat.
- Luftlinie vom Stephansdom: 2,2 km West
- 16°20'34" Ost / 48°12'27" Nord

Öffis

- U6 Thaliastraße; Station Lerchenfelder Straße/Schottenfeldgasse – Straßenbahnlinie: 46;

KLEINES VOLK DER GROSSEN KÜNSTLER

Mindestens 9.500 österreichische Roma und Sinti sind von den Nazis ermordet worden. Das wurde lange verschwiegen und heruntergespielt. Seit alten Zeiten diffamiert das Establishment diese kleinen Völker als Diebe, Bettler, Obdachlose und „Fahrende". Romantisierende Unterhaltungsindustrie und Tourismus schlagen gleichwohl klingende Münze aus „Zigeunermusik" und „Zigeunerschnitzel". Neben anderen widerlegt die Wiener Familie Stojka seit Jahrzehnten mit moderner Kunst, Literatur und Jazz die alten Klischees und Feinbilder.

Die Wiener Künstlerin und Schriftstellerin Ceija Stojka war als Kind im KZ Auschwitz inhaftiert. Sie wurde 1933 in eine katholische Familie von Pferdehändlern der Lovara-Roma geboren und starb 2013 mit 80 Jahren in Wien. Von ihren 200 Familienmitgliedern überlebten nur sechs die Konzentrationslager. Für Ceija begann der Terror im KZ Dachau, wo auch ihr Vater ermordet wurde. Der Rest der Familie kam nach Auschwitz. 1944 brachte man das Kind mit seiner Mutter und der Schwester nach Ravensbrück. Schließlich wurden sie im KZ Bergen-Belsen von britischen Soldaten befreit – mehr tot als lebendig. Ceija Stojka publizierte 1988 ihr legendäres Buch „Wir leben im Verborgenen". Darauf folgte „Reisende auf dieser Welt" über den Rassismus im Nachkriegsösterreich. Erst 1989 fing sie auf einer Reise nach Japan mit dem Malen an und feierte international damit große Erfolge. Ähnlich erging es ihrem Bruder Karl Stojka, der zwei Jahre älter war. Auch er war in Auschwitz-Birkenau und emigrierte später in die USA, kam aber immer wieder zurück nach Wien. 1985 hatte er mit der Malerei begonnen. Auch in seinen Bildern spielte der Holocaust eine zentrale Rolle. Einige seiner Ausstellungen kamen ins europäische Ausland, in die USA und nach Japan. Karl Stojka starb 2003 in Wien. Er war Vater des Gitarristen Karl Ratzer, einer lebenden Legende des österreichischen Jazz und Blues. Der älteste Bruder von Ceija Stojka hieß Mongo, der es als

Autor, Musiker und Teppichhändler weit brachte. Er hatte Auschwitz-Birkenau, Buchenwald und Flossenbürg überlebt und war schwer traumatisiert. Sein Sohn Harri Stojka wurde 1957 in Wien geboren, er ist neben seinem Cousin Karl Ratzer als Jazzer, Gitarrist, Bandleader, Arrangeur und Komponist international sehr begehrt.

Die meisten ermordeten Roma stammten aus dem österreichischen Burgenland, das bis 1920 als Provinz „Deutsch-Westungarn" zu Ungarn gehörte. Über Jahrhunderte lebten viele auf dem Land, wo sie als Kleinhändler und Handwerker arbeiteten. Als Pferdehändler hatten sich einige Familien schon in der Habsburgermonarchie einen Namen gemacht. Die Großstadt Wien bekam für die Überlebenden des Holocaust eine größere Bedeutung – als Arbeitsmarkt und Wohnsitz, weil die alten Wirtschaftsformen nicht mehr existierten. Die Stadt bot mehr Schutz gegen den Rassismus. Viele Roma verloren ihre familiären Bindungen ins Burgenland aber nicht.

1991 wurde in Wien der „Kulturverein Österreichischer Roma" gegründet. Einer der Initiatoren war der burgenländische Arbeiter Rudolf Sarközi, der seit 1964 mit seiner Familie in Wien lebt. Die Nähe des Vereinslokals zum Parlament war auch taktisch gewählt. Die Roma wollten endlich vom Staat offiziell als Volksgruppe anerkannt werden. Sie folgten den Minderheiten der Kroaten, Slowenen, Tschechen, Slowaken und Ungarn in Österreich, die längst anerkannt waren und den Schutz des internationalen Rechts genossen. Im Dezember 1993 beschloss der Nationalrat das neue Gesetz für die Roma. Das war das glückliche Ende eines langen Spießrutenlaufs. Andererseits sorgte diese Gleichstellung für noch mehr Hass in rechtsradikalen Kreisen. Der steirische Neonazi Franz Fuchs verschickte ab Ende 1993 seine Briefbomben an Flüchtlingshelfer und Prominente – auch in Wien. Es gab 15 zum Teil schwer Verletzte. Dann legte Fuchs im burgenländischen Oberwart eine getarnte Sprengfalle mit der rassistischen Aufschrift „Roma zurück nach Indien". Am 4. Februar 1995 wollten die Roma Peter Sarközi, Josef Simon sowie Karl und Erwin Horvath diese Provokation entfernen und bezahlten mit dem Leben.

Fuchs beging weitere schwere Verbrechen, bis ihm eine eigene Bombe beide Unterarme abriss und mehrere Polizisten schwer verletzte. So kam er in Haft. Der Prozess wegen vierfachen Mordes,

Ceija Stojka bei der Vorstellung eines ihrer Bücher in der Österreichischen Nationalbibliothek (2008). Am 12. September 2014 wurde der Platz vor der Altlerchenfelder Kirche benannt.
Bilder: (li.) Haeferl / wikipedia.org; (re.) Manfred Werner / wikipedia.org

zahlreicher Mordversuche und Körperverletzungen folgte. Am 26. Februar 2000 erhängte sich Franz Fuchs im Gefängnis. Seine Morde führten dazu, dass sich eine breite Öffentlichkeit für die Opfer zu interessieren begann. Auch die Roma rückten positiv ins Scheinwerferlicht. Besonders der 1944 im Burgenland geborene Arbeiter Rudolf Sarközi wurde ein gefragter Vertreter seiner Volksgruppe. Er bekommt bis heute als Redner, Interviewpartner und Gast bei Talkshows viel Zustimmung. Schon 1996 hatte er ein Dokumentationszentrum für Roma-Kultur gegründet. Sarközi sitzt im Internationalen Rat zum Gedenken der Vernichtung der Roma und nimmt jedes Jahr an Gedenkfeiern im ehemaligen KZ Auschwitz-Birkenau teil. (leh)

Literaturtipps

Ceija Stojka: Wir leben im Verborgenen. Erinnerungen einer Rom-Zigeunerin. Wien 1988

–: Reisende auf dieser Welt. Wien 1992

–: Me Dikhlem Suno (Audio-CD). Wien 2000

–: Meine Wahl zu schreiben – ich kann es nicht. Gedichte (Romanes, deutsch) und Bilder. Landeck 2003

–: Träume ich, dass ich lebe? Befreit aus Bergen-Belsen. Wien 2005

–: Sogar der Tod hat Angst vor Auschwitz. Nürnberg 2014

Mongo Stojka: Papierene Kinder. Glück, Zerstörung und Neubeginn einer Roma-Familie in Österreich. Wien 2000

Wien Museum (Hrsg.): Romane Thana. Orte der Roma und Sinti. Wien 2015

Webtipps

harristojka.at

karlratzer.com

kv-roma.at (Kulturverein Österreichischer Roma)

verein-roma.at (Roma-Verein Oberwart)

45 THEATER IN DER JOSEFSTADT

Der Bühneneingang des Theaters war für viele Ensemblemitglieder ab 1938 verschlossen. Sie wurden vertrieben und ermordet. Ihre Namen sind im Gegensatz zu Paula Wessely oder Attila Hörbiger heute vergessen.

Bild: Anna Beskova

Reiseziel

- Theater in der Josefstadt, Josefstädter Straße 26, 1080 Wien
- Luftlinie vom Stephansdom: 1,6 km West
- 16°21'03" Ost / 48°12'34" Nord

Öffis

- U2 Rathaus; Station Lederergasse – Straßenbahnlinie: 2; Bus: 13A;

„WENN MAN DABLEIBT, WIRD MAN BENUTZT“

Am 12. März 1938 wurde im Theater in der Josefstadt das Stück „Kammerjungfer“ von Jacques Deval aufgeführt. Auf der Bühne standen Hans Jaray und Lili Darvas. Während bedeutende Mitglieder der Wiener Theaterszene wie Egon Friedell und Rudolf Beer angesichts der Brutalität des „Anschlusses“ aus Verzweiflung Suizid begingen, sollte das Theater geöffnet bleiben und Normalität vorgaukeln. Das Image des Theaters als Ort der Anständigen wird bis heute gepflegt.

Dem jüdischen Theaterdirektor Ernst Lothar wurden drei Nazis vorerst nur „zur Seite gestellt“. Einer, Robert Valberg, bereits seit 1932 NSDAP-Mitglied, „entfernte“ Lothar schließlich am 20. März 1938 aus dem Amt. Im Mai konnte er „Seiner Excellenz“, dem „Reichsstatthalter Dr. Arthur Seyß-Inquart“ melden, dass das Theater zu „100 % arisiert“ sei. Zahlreiche Künstler wurden entlassen, darunter der langjährige Regisseur Paul Kalbeck, Camilla Spira, Emil Geyer, Hans Jaray, Lili Darvas, Polly Koss, Maria Fein, Maria Gutmann, der Komponist Franz Eugen Klein. Geyer wurde 1942 im KZ Mauthausen erschossen, Klein in Auschwitz ermordet. „Das Ensemble wurde aufgeteilt in jene, die um den Preis von ‚Gedankenfreiheit‘ hoch subventioniert Karriere machen durften oder mussten, und jene, denen jedes Bestandsrecht abgesprochen wurde,“ so die Theaterwissenschaftlerin Veronika Zangl. Auf der Website der Josefstadt werden sie unter dem Link „Unvergessene Stars“ – mit Ausnahme von Darvas und Jaray – auch heute noch nicht erwähnt. Das ist in seiner Konsequenz zynisch: Denn sie sind heute schlichtweg unbekannt und vergessen – aufgrund von Flucht und Ignoranz.

Die Josefstadt unterstand als „Reichstheater“ direkt Propagandaminister Joseph Goebbels und war damit ein Ort der NS-Elite, eine Vorzeigebühne. Goebbels wollte Wien kulturpolitisch bedeutsam positionieren und die Stars der Josefstadt – Paula Wessely, Attila Hörbiger, Hilde Krahl, Jane Tilden – für seine Filme gewinnen. „Die Geschichtsschreibung über dieses Haus ist nach wie vor verleugnend und neutralisierend. Jüdische Schauspieler wurden vorerst gezwungen weiterzuspielen. Mit einem geöffneten Theater sollte in den ersten Tagen nach dem Anschluss an der Oberfläche alles normal weiterlaufen", berichtet Historikerin Birgit Peter. Wie schlimm das war, beschreibt der Schauspieler Karl Paryla: „Wenn man von der Szene abging, hörte man die grauenhaftesten Nachrichten aus der Stadt: Egon Friedell hat sich zum Fenster hinausgestürzt, Rudolf Beer ist von zwei Schülern in SA-Uniform im Wald kastriert worden; der zutiefst gedemütigte Mann hat in seiner Wohnung den Gashahn aufgedreht – das war die Welt, von der man umgeben war. Ich wollte nicht durch mein künstlerisches Mitwirken Inhumanität, Krieg, Unrecht und Verbrechen unterstützen. Ich wusste, wenn man dableibt, wird man benutzt." Paryla emigrierte.

Beileibe keine Regimegegner waren Attila Hörbiger und Paula Wessely. Solche wurden von der Gestapo verhaftet, gefoltert, deportiert und ermordet. Ihre Mitwirkung beim üblen Propagandafilm „Heimkehr" ist ihnen anzulasten, ebenso die NSDAP-Mitgliedschaft. Betont wird gerne, dass das Schauspielerpaar jüdische Freunde unterstützt hätte: Sie halfen finanziell und bei der „Ausreise", wie es im Bildband „Das Theater in der Josefstadt" Autor Georg Markus nennt. Im „Entnazifizierungsverfahren" bestätigten einige Zeugen die persönliche Integrität des Ehepaares: Hans Jaray, Josefstadt-Direktor Rudolf Steinboeck, der Schauspieler Alfred Neugebauer, Paula Wesselys Sekretärin Hermine Ehrenstein, „die mit einem Juden verheiratet war, der dank der Hilfe des Ehepaares während der NS-Zeit in Wien überleben konnte, weiters Attilas Bruder Paul Hörbiger, der in den letzten Wochen als Angehöriger einer Widerstandsbewegung in Haft war. Sie alle gaben zu Protokoll, dass das Ehepaar dem NS-Gedankengut fern stand. Attila Hörbiger selbst schreibt in seinem Ansuchen um Entnazifizierung, der Partei angehört zu haben, um zugunsten gefährdeter Freunde intervenieren zu können. Hans Jaray bestätigt, dass dies tatsächlich so gewesen sei", schreibt Markus, der früher für die „Kronen Zeitung" tätig war. Das Kriegsende und die Bomben auf Wien mussten die Hörbigers nicht miterleben, sie waren mit ihren drei Töchtern in Sölden in Tirol. „An eine Rückkehr nach Wien war vorerst nicht zu denken, da die Amerikaner sowohl über Paula Wessely als auch über Attila Hörbiger Berufsverbot verhängt hatten. Tirol lag jedoch in der Zone der französischen Besatzer, die bei ‚minderbelasteten Schauspielern' eher bereit waren, ein Auge zuzudrücken", so Markus. Bereits 1946 spielte Paula Wessely wieder an der Josefstadt in „Der gute Mensch von Sezuan". Autor Bertolt Brecht protestierte gegen die Schauspielerin, aber seine Kritik blieb ungehört. Nach dem Krieg wurde Wessely mehrmals auf ihre Mitwirkung in „Heimkehr" angesprochen, in einer Jugendzeitschrift meinte sie 1946: „Ich hatte ganz einfach Angst! Man wusste, dass ich keine Nationalsozialistin war." Sie sei von Goebbels unter Druck gesetzt worden. „Heute weiß ich, dass es falsch war."

2007 zeigte das Theatermuseum eine Paula-Wessely-Schau. Wesselys Nachlass sichtete für diese Ausstellung ihre Tochter Elisabeth Orth. Dabei habe sie jedoch keineswegs politische Dokumente ausgespart, betonte sie bei einer Präsentation der Schau. Speziell dieser Aspekt müsse wissenschaftlich aufgearbeitet werden. Sie habe es sich zum „erklärten Ziel gemacht, nicht einen Zettel Politisches auszulassen". Bei der Schau wurden tatsächlich viele Widersprüche aufgezeigt.

Insgesamt wurde dem Theater und seinem Ensemble nach dem Krieg das Image der „Gefährdung und heimlicher Renitenz" verliehen. Entscheidend dazu beigetragen hat Theaterdirektor Heinz Hilpert, der 1938 übernahm. „Es hat sich folgendes Bild verfestigt: nach der ‚unangenehmen' Phase der Arisierung, etablierte sich die Josefstadt als ‚Insel der Anständigen'. Hilpert fungierte dabei als Integrationsfigur, der das Erbe von Max Reinhardt weiterführte und bewahren sollte. Die Josefstadt wird als Ort des Widerstandes gegen den Nationalsozialismus betrachtet. Spannend erscheint, dass Hilperts Position als Günstling von Goebbels und somit als Pendant zu Gustaf Gründgens nicht hinterfragt wurde", so Historikerin Peter. Auch bei Hilpert sei das Bild übrig geblieben, dass er für die Kunst gelebt habe, Verfolgten half, die andere Seite wurde nicht beleuchtet, so Peter. Im Text von Georg Markus findet man diese Geschichtsschreibung auch noch 2013 (!) bestätigt. Als 2008 erstmals ein Symposium zu dem dunklen Kapitel veranstaltet wurde, erhielt Peter empörte Briefe, „wie wir es wagen können, Hilpert anzugreifen, wo er doch ‚anständig' war. Dass er viel publiziert hat, darunter viel NS-Konformes, wird einfach negiert." Bis dahin war auf der Website der Josefstadt auch zu lesen: „1938 bis 1945 Heinz Hilpert, Mitarbeiter Reinhardts in Berlin, rettet die Josefstadt über die Hitlerzeit. Goebbels nennt die Bühne ein ‚KZ auf Urlaub'." Auch dieses Goebbels-Zitat trug dazu bei, dass sich das Theater in der Nachkriegszeit so widerständisch und anständig geben konnte.

Wichtige Begründer des Aufstiegs der Josefstadt waren Juden: Max Reinhardt hieß ursprünglich Maximilian Goldmann. In Berlin baute er ein Theaterimperium auf: das Deutsche Theater, die Kammerspiele, das Große Schauspielhaus, die Komödie. 1923 wollte er sein Theaterimperium ausweiten und begann mit dem Kunstmäzen Camillo Castiglioni das darniederliegende Theater in der Josefstadt umzubauen. Freudig erwartet von Kulturinteressierten, waren die Gegenstimmen „unüberhörbar, gepaart mit unverhohlenem Antisemitismus", wie Birgit Peter und Gerald M. Bauer schreiben. Reinhardt leitete das Theater von 1924 bis 1933. 1929 wurde das Max Reinhardt Seminar in Wien gegründet. Reinhardt, gefeierter und renommierter Theatermann, Mitbegründer der Salzburger Festspiele, verlor Ansehen und Funktion in Deutschland mit der Machtergreifung Hitlers 1933 und verlagerte wie viele andere Schauspieler seine Tätigkeit ganz nach Wien. Doch der braune Schatten folgte. Im Oktober 1937 emigrierte Reinhardt mit seiner Frau Helene Thimig-Reinhardt in die USA. Er schrieb: „Der Entschluss, mich endgültig vom Deutschen Theater zu lösen, fällt mir naturgemäß nicht leicht. Ich verliere mit diesem Besitz nicht nur die Frucht einer 37jährigen Tätigkeit, ich verliere vielmehr den Boden, den ich ein Leben lang gebaut habe und in dem ich selbst gewachsen bin. Ich verliere meine Heimat." 1943 starb er im Exil in New York, wo er auch begraben ist. Weder Deutschland noch Österreich wollte er jemals wieder betreten.

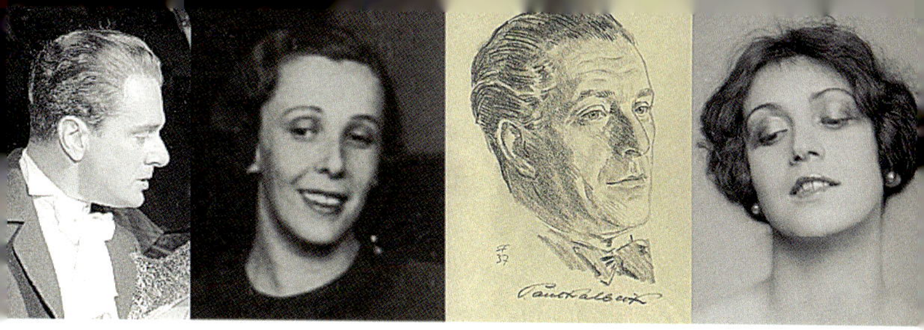

(Vergessene Künstler des Theaters in der Josfestadt: (v. l. n.r) Hans Jaray, Lili Darvas, Paul Kalbeck, Maria Fein. Nach dem Anschluss 1938 wurden die Schauspieler und der Regisseur Paul Kalbeck aus dem Ensemble entlassen. Sie mussten alle ins Exil: Jaray kehrte nach der Emigration in die USA wieder nach Österreich zurück, Darvas blieb in den USA, Maria Fein starb 1965 in Zürich. Paul Kalbeck flüchtete ebenfalls in die Schweiz, nach Bern, und kehrte nach Kriegsende nach Österreich zurück. Er starb 1949.

Bilder: ONB – Bildarchiv Austria

Der Großindustrielle Camillo Castiglioni liebte Kunst und besaß eine stattliche Sammlung in seinem Palais Miller-Aichholz in der Prinz-Eugen-Straße 28 beim Belvedere. Sein Vermögen spekulierte er vor allem mit Firmenbeteiligungen zusammen. Er unterstützte Max Reinhardt beim Umbau des Theaters in der Josefstadt sowie die Salzburger Festspiele. Bei jeder Aufführung war eine Loge für ihn reserviert. Seine Engagements für die Kriegsindustrie und für die Luftfahrt hingegen waren umstritten. Sein Palais wurde Arbeitsstätte des Architekten Hanns Dunstmann, der im Auftrag der Machthaber dort größenwahnsinnige Pläne für Wien und Berlin nach dem „Endsieg" entwarf. Castiglioni verlangte nach dem Krieg seine Aktien zurück, zähe Verhandlungen folgten. In den ersten zwei Instanzen wurde der Gemeinde Wien recht gegeben, erst 1954 in der dritten und letzten Instanz Castiglioni, drei Jahre vor seinem Tod. Obwohl im Krieg nur leicht beschädigt, ereilte das Palais das gleiche Schicksal wie das Rothschild-Palais: Es wurde abgerissen, weil niemand Verwendung dafür fand. (eba)

Literaturtipps

Herbert Föttinger, Christiane Huemer-Strobele (Hrsg.): Das Theater in der Josefstadt. Legendäre Geschichten und unvergessliche Stars. Wien 2013

Birgit Peter, Gerald M. Bauer: Das Theater in der Josefstadt. Kultur, Politik, Ideologie für Eliten? Wien 2010

Webtipp

joseftstadt.org

46 HAUS DER HITLERJUGEND

Am 14. Mai 1938 hat eine Abordnung der Hitlerjugend Aufstellung genommen: Der Luftwaffenchef Hermann Göring beim Spatenstich des Fliegerhorstes am Wiener Küniglberg. Ihr Schwur: „Jungvolkjungen sind hart, schweigsam und treu. Jungvolkjungen sind Kameraden. Der Jungvolkjungen Höchstes ist die Ehre."
Bild: ONB – Bildarchiv Austria / Rübelt

Reiseziel

- Albertgasse 35, 1080 Wien
- Luftlinie vom Stephansdom: 2,1 km West
- 16°20'38" Ost / 48°12'42" Nord

Öffis

- U6 Josefstädter Straße; Station Albertgasse – Straßenbahnlinien: 2, 5, 33;

„HART, SCHWEIGSAM UND TREU"

In Wien hatte die Hitlerjugend ihren Hauptsitz in der Josefstadt. Das Haus in der Albertgasse 35 war 1905 erbaut worden. Es gehörte dem Gewerkschaftsbund und wurde 1938 von den Nazis enteignet. Vorerst diente es der „Deutschen Arbeitsfront" als Heimstätte, ehe es der „Hitlerjugend" für ihre Gehirnwäsche übergeben wurde. Nach dem Krieg übernahm es wieder der Österreichische Gewerkschaftsbund (ÖGB). Der verkaufte es 2004, seither ist der Bau in Privatbesitz.

Der Nationalsozialismus betrieb – ähnlich wie der Stalinismus – die Kollektivierung der Erziehung. Die Nazis allerdings nicht aus klassenkämpferischen Motiven: „An der Jugend wird der Gesamtstaat zum Züchter des Volkstums nach den Gesetzen der führenden Rasse", schrieb der leitende nationalsozialistische „Pädagoge" Ernst Krieck.

Im braunen Hemd mit Hakenkreuzbinde, schwarzen Breeches-Hosen und Langschäftern, den passenden Stiefeln: So martialisch traten die Buben der Hitlerjugend (HJ) auf. „Pimpf" hießen die Jüngsten. Beim Bund Deutscher Mädchen (BDM) gab es auch eine Uniform – dunkelblauer Rock, weiße Bluse und das sogenannte Fahrtentuch in Schwarz mit einem Lederknoten. Es sah aus wie eine Krawatte.

Schon 1926 wurde die Hitlerjugend in Deutschland gegründet. Lange blieb sie eher unbedeutend – bis zur „Machtergreifung" 1933. Zuerst war die Mitgliedschaft freiwillig. Ab 1936 wurde die HJ offizielle Staatsjugend. Alle anderen Jugendorganisationen wurden verboten und aufgelöst. Als Österreich 1938 „angeschlossen" wurde, gab es auch hier die Pflichtmitgliedschaft bei der HJ. Baldur von Schirach war Reichsführer der HJ von 1931 bis 1940, als er zum „Reichsstatthalter" und Gauleiter von Wien befördert wurde. Dann übernahm sein bisheriger Stellvertreter Artur Axmann das Ruder. Schirach organisierte von Wien aus – neben der Deportation der

Wiener Juden – auch reichsweit die „Kinderlandverschickungen" für den „arischen" Nachwuchs: Fünf Millionen Kinder und Jugendliche aus Städten wurden zur Erholung zu Bauern aufs Land geschickt. Das sollte sie auch vor Luft- und Bombenangriffen schützen.

In „Mein Kampf" kommt „Familie" als Begriff nicht vor. Die beste Erziehung garantiere der Staat, schreibt Hitler sinngemäß. Der Staat müsse die „Leistungsfähigkeit" der Kinder nach „völkischen" Vorgaben steigern. Sein Zugriff auf die Jugend müsse direkt erfolgen. HJ und BDM würden sie auf die „Welt des Mannes" und die „Welt der Frau" vorbereiten, so Hitler. Und die Organisationen müssten „einen Keil zwischen Eltern und Kinder treiben". Wohl besonders dann, wenn Eltern nichts vom „Führer" hielten. Deshalb wurde die HJ auch angehalten, Eltern und andere Erwachsene zu denunzieren – zum Beispiel wenn sie ausländische Radiosender hörten.

Mit zehn Jahren war nach Ansicht der Nationalsozialisten die Kindheit vorbei. Nun war „Pflichterfüllung" oberstes Ziel. Bereits Zehnjährige bekamen die Uniform und mussten den Eid schwören: „Jungvolkjungen sind hart, schweigsam und treu. Jungvolkjungen sind Kameraden. Der Jungvolkjungen Höchstes ist die Ehre." 1938 kam das BDM-Werk „Glaube und Schönheit" für die 17- bis 21-jährigen Frauen hinzu, die damit auf ihre Rollen als Hausfrauen und Mütter vorbereitet wurden.

Der „HJ-Dienst" bestand aus wöchentlichen „Heimabenden", zu denen sich örtliche Gruppen trafen. Es gab Sportnachmittage mit paramilitärischen „Geländespielen", Ferienlager, Ausflüge und feierliche Propaganda-Aufmärsche. Gemeinschaftsgefühl und vielerlei Aktivitäten machten die HJ für viele attraktiv. Jüdische Kinder wurden von Beginn an ausgegrenzt. Den jungen „Ariern" wurde dagegen Zusammenhalt, Pflichterfüllung, Gehorsam, Willensstärke und Disziplin eingebläut. „Gesunde Familie", „Gesundes Volk", „Verhinderung von erbkrankem Nachwuchs", „Germanentum" und andere Themen standen im Zentrum der Gehirnwäsche.

Natürlich diente die HJ auch als Vorschule für den Kriegsdienst. Es gab Schießtraining, Exerzieren und lange Märsche. Der „treue Wehrmachtsoldat, Kampfflieger oder U-Bootführer" galt als Idol. Ende

Fassade des renovierten Hauses im achten Bezirk, in dem sich der frühere Sitz der Hitlerjugend befand. Baldur von Schirach war Reichsführer der HJ von 1931 bis 1940, als er zum „Reichsstatthalter" und Gauleiter von Wien befördert wurde. Dann übernahm sein bisheriger Stellvertreter Artur Axmann das Ruder.
Bild: Privatarchiv, Wien

1944, Anfang 1945 wurden die teils noch spielerischen Übungen bitterer Ernst: In den letzten Kriegsmonaten verheizten flüchtende Nazis skrupellos Kinder und Jugendliche gegen die längst übermächtigen Alliierten. Oft blieb diesen keine Wahl im Kampf. Hitlers Jugend war so fanatisiert, dass viele – trotz zahlreicher Angebote der Amerikaner und Sowjets – nicht in Gefangenschaft gingen und bis zum letzten „Mann" kämpften und starben. Auch viele Soldaten der Befreier kamen deswegen noch sinnlos ums Leben. (eba)

Literaturtipps

Jakob Benecke (Hrsg.): Die Hitler-Jugend 1933 bis 1945. Programmatik, Alltag, Erinnerungen. Eine Dokumentation. Weinheim und Basel 2013

Helmut J. Kislinger: Verführt und missbraucht. Ein ehemaliger Hitlerjunge erzählt aus den Jahren 1938–1945. Steyr 2009

Michael Wortmann: Baldur von Schirach. Hitlers Jugendführer. Wien 1982

(47) SIGMUND-FREUD-MUSEUM

An dieser international bekannten Adresse in Wien lebte und arbeitete Sigmund Freud. Heute gibt es hier ein berühmtes Museum über die Geschichte der Psychoanalyse.
Bild: Gerald Lehner

Reiseziel

- Berggasse 19, 1090 Wien.
- Ehemaliges Wohnhaus von Sigmund Freud. Hier hat Freud von 1891 bis 1938 gelebt und gearbeitet. Es war ein Neubau, als er mit seiner Familie einzog. In dem zuvor abgerissenen Haus hatte der sozialdemokratische Politiker Victor Adler gelebt. Das Museum besteht aus Freuds ehemaliger Praxis und Teilen seiner Privatwohnung. Zu Exponaten aus Leben und Arbeit kommen Sonderausstellungen und eine Sammlung, die den Einfluss der Psychoanalyse auf die moderne Kunst zeigt, sowie eine Bibliothek mit mehr als 35.000 Bänden.
- Luftlinie vom Stephansdom: 1,3 km Nordnordwest
- 16°21'47" Ost / 48°13'7" Nord

Öffis

- Station Schlickgasse – Straßenbahnlinien: 1, D; Station Berggasse – Bus: 40A;

SEX, GEWALT UND UNBEWUSSTES

Die Geschichte von Sigmund Freuds Psychoanalyse ist kompliziert. Sie war im Umfeld der Nazis alles andere als ein Ruhmesblatt. Fachverbände und Analytiker wirkten in den 1930er-Jahren unaufgefordert, indirekt und direkt an der Vertreibung jüdischer Mitglieder mit. Dazu kam die Selbstauflösung der Deutschen Psychoanalytischen Gesellschaft (DPG) in vorauseilendem Gehorsam. Die Rolle des Urvaters Freud, der bis zu seiner eigenen Vertreibung nach London mehr als 47 Jahre in der Wiener Berggasse 19 ordinierte, war in den Wirren der Zeit nicht immer vorbildlich.

Die Psychoanalyse war den Psychopathen, Gewalttätern und Karrieristen des Hitlerregimes verhasst. Besonders hatte es die Gestapo auf den österreichischen Analytiker und Sexualforscher Wilhelm Reich abgesehen. Der Kommunist arbeitete in Berlin, wo die Nazis schon seit 1933 wüteten. Die Unterdrückung der Triebe erzeuge geradezu Faschisten und Kriegshetzer, hatte Reich sinngemäß geschrieben. Wie recht er hatte, sei vielen erst nach dem Zweiten Weltkrieg bewusst geworden, sagen Analytiker heute. Bei den ersten Bücherverbrennungen im Mai 1933 kamen in Deutschland auch Freuds und Reichs Werke auf die Scheiterhaufen. Freud lebte in Wien, wo bis 1938 eine austrofaschistische Regierung gegen Hitler auftrat. Er fühlte sich als Jude deshalb relativ sicher. Mit Deutschland hatte er seit jeher enge Kontakte, da dort die psychoanalytische Szene um ein Vielfaches größer war. 1932 beschloss Freud, die vielen Gegner seines ehemaligen Schülers Reich zu unterstützen, die dessen Sexual- und Orgasmusforschung skandalisierten. Die Deutsche Psychoanalytische Gesellschaft warf den experimentierfreudigen Reich im August 1934 hinaus, wenig später folgte auf Druck aus Wien die Internationale Psychoanalytische Vereinigung (IPV). Freud torpedierte auch das Erscheinen von Reichs Buch „Charakteranalyse". Reich flüchtete von Berlin nach Kopenhagen und Oslo, später nach Nordamerika.

Freud habe sich durch diese Vertreibung auch eine Beruhigung der Situation erhofft, um den Fortbestand der DPG zu sichern, sagen Wissenschaftshistoriker. Mit der Psychoanalyse ging es dennoch rasch bergab. Ende 1935 forderte der DPG-Vorstand die noch verbliebenen jüdischen Mitglieder auf, „freiwillig" zu gehen. Die „Arier" schlossen sich 1936 dem neuen „Deutschen Institut für psychologische Forschung und Psychotherapie" an. Geleitet wurde es von Matthias Heinrich Göring, einem Cousin von Hermann Göring. 1938 kam auch für Freud der endgültige Abschied. Den Einmarsch deutscher Truppen in Österreich erlebte er im März 1938 in seinem Haus in der Berggasse 19. Dann verhaftete die Gestapo seine Tochter. Mit Glück konnte Anna Freud nach Verhören wieder nach Hause kommen. Wenige Tage später setzten sich die Regierungen Großbritanniens und der USA für die Familie Freud ein. So gelang die Ausreise, nachdem der Patriarch noch eine hohe „Reichsfluchtsteuer" gezahlt hatte. Sigmund Freud emigrierte Anfang Juni 1938 nach London. Vier seiner fünf Schwestern blieben im geliebten Wien. Es gab Rettungsversuche internationaler Netzwerke, die vier starben jedoch 1942 und 1943 in Konzentrationslagern. Freud überlebte im Exil nur ein Jahr. Er hatte als Pfeifenraucher schon länger Mundhöhlenkrebs und bat seinen Arzt um Sterbehilfe. Am 23. September 1939 spritzte er ihm eine Überdosis Morphium.

Was das neue Göring-Institut in Berlin mit seinem Lebenswerk machte, bekam Freud nicht mehr mit. Bei der „Neo-Analyse" wurde sein Seelenmodell „gereinigt". Dass Kinder eine Sexualität haben, galt den Nazis als „anstößig" und „typisch jüdisch". Nach Kriegsende litt auch dieses Fachgebiet plötzlich an großen Gedächtnislücken: Fanatiker und Mitläufer übernahmen in der neu gegründeten Deutschen Psychoanalytischen Gesellschaft wieder das Ruder. Die DPG lieferte sich Grabenkämpfe mit der 1950 gegründeten Deutschen Psychoanalytischen Vereinigung (DPV), die sich – vordergründig – moderner präsentierte. Einig war man sich darin, dass Hitler allein an allem schuld war – so beschreibt der Düsseldorfer Analytiker Bernd Nitschke die Heuchelei jener Zeit. Viele Analytiker hätten über Jahrzehnte die Mär verbreitet, die Nazis

Sigmund Freud wurde am 6. Mai 1856 in Freiberg in Mähren, damals Kaisertum Österreich, geboren. Er war Neurologe, Tiefenpsychologe, Kulturtheoretiker und Religionskritiker.
Bild: Max Halberstadt

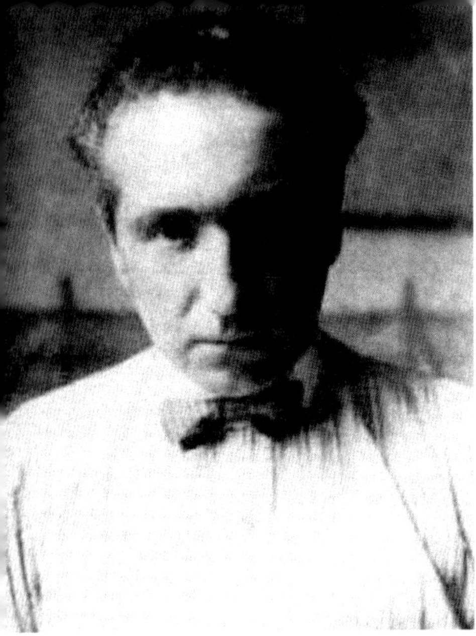

Wilhelm Reich mit ca. 25 Jahren. Er wurde am 24. März 1897 in Dobzau, Galizien, Österreich-Ungarn, geboren und starb am 3. November 1957 in Lewisburg, Pennsylvania, USA. Reich war Psychiater, Psychoanalytiker, Sexualforscher und Soziologe. Er fand Zusammenhänge zwischen psychischen und muskulären Panzerungen bzw. Verspannungen und entwickelte die Psychoanalyse zur Charakteranalyse und Vegetotherapie weiter. Er schuf Grundlagen für Psychotherapien, bei denen stark körperorientiert gearbeitet wird.
Bild: Unbekannter Fotograf

allein hätten alles zerstört. An den Antisemitismus in den eigenen Reihen wollten sich die meisten nicht erinnern. Auch nicht an die Selbstauflösung des Fachverbands – als Kniefall vor den Nazis. Es dauerte bis zu einem Generationswechsel in den 1990er-Jahren, ehe die Zeit reif war, reinen Tisch zu machen. Anfang der 2000er-Jahre wurden die DPG und DPV wieder in den internationalen Fachverband aufgenommen. International galten die deutschen Verbände lange als von Ewiggestrigen verseucht. In Österreich gab es derart mächtige Verbände nicht, weil das Land dafür viel zu klein war. (leh)

Eingang zum Museum im ehemaligen Wohnhaus von Sigmund Freud mit Blick in die Berggasse in Richtung Währinger Straße.
Bild: Gerald Lehner

Literaturtipps

Micha Brumlik: Sigmund Freud. Der Denker des 20. Jahrhunderts. Weinheim und Basel 2006

Petra Bühring: Psychoanalytiker im Nationalsozialismus: Durchschnittliche Deutsche. In: Deutsches Ärzteblatt 2002/99 (24)

Karl Fallend, Bernd Nitzschke (Hrsg.): Der „Fall" Wilhelm Reich. Beiträge zum Verhältnis von Psychoanalyse und Politik. Frankfurt am Main 1997

Peter Gay: Freud – Eine Biographie für unsere Zeit. Frankfurt am Main 2006

Fritz Erik Hoevels: Wilhelm Reichs Beitrag zur Psychoanalyse. Freiburg 2001

Bernd Nitzschke: Psychoanalyse und Nationalsozialismus, Phase 2. In: Zeitschrift gegen die Realität. Winter 2011/12

Eli Zaretsky: Freuds Jahrhundert. Die Geschichte der Psychoanalyse. Wien 2006

Webtipps

freud-museum.at
reich-derfilm.at
wilhelmreich.at

48 JÜDISCHE FRIEDHÖFE

Der älteste jüdische Friedhof Wiens: Betritt man den Innenhof des Seniorenheims „Haus Rossau“ in der Seegasse steht man vor mittelalterlichen Grabsteinen mit hebräischen Schriftzeichen aus dem 16. Jahrhundert.
Bild: Anna Beskova

Reiseziel 1

- Jüdischer Friedhof Roßau, Seegasse 9–11, 1090 Wien
- Luftlinie vom Stephansdom: 1.8 km Nordnordwest
- 16°21‘48“ Ost / 48°13‘24“ Nord

Reiseziel 2

- Wiener Zentralfriedhof, Simmeringer Hauptstraße, Tor 1 und 4
- Luftlinie vom Stephansdom: 7,1 km Südost
- 16°25‘60“ Ost / 48°09‘33“ Nord

Reiseziel 3

- Jüdischer Friedhof Währing, Semperstraße 64A/Schrottenberggasse, 1180 Wien
- Luftlinie vom Stephansdom: 3 km Nordnordwest
- 16°20‘60“ Ost / 48°13‘56“ Nord

Öffis

- Rossau: U4 Rossauer Lände; Station Seegasse – Straßenbahnlinien: 1, D;
- Zentralfriedhof: Station Zentralfriedhof Tor 1 – Straßenbahnlinien: 6, 71;
- Währing: U6 Nußdorfer Straße; Station Nußdorfer Straße – Straßenbahnlinien: 37, 38; Bus: 35A, 37A;

DIE GESCHÄNDETEN GRÄBER

Alte Bäume, von Efeu überwachsene Mausoleen mit hebräischen Inschriften, dazwischen viele kleinere Gräber: Jüdische Friedhöfe in Wien strahlen eine besondere Atmosphäre der Vergänglichkeit aus. Die Nationalsozialisten zeigten selbst vor den Toten keine Hemmungen: „Rassenforscher" zerstörten Gräber und exhumierten Gebeine. Nach dem Krieg waren die Friedhöfe dem Verfall preisgegeben. Auch mit Neubauten der Gemeinde Wien wurden Tote geschändet.

Der jüdische Teil auf dem riesigen Wiener Zentralfriedhof ist ein verwunschener Ort. Der ältere Teil bei Tor 1 besteht seit 1877. Bis 1916 wurden hier ca. 80.000 Menschen beerdigt. Danach bekam die jüdische Gemeinde zusätzlich ein Areal bei Tor 4. Von 1938 bis 1945 mussten hier auch ca. 800 „nichtarische" Christen oder Konfessionslose beerdigt werden. Nach den Nürnberger Gesetzen war es ihnen wegen jüdischer Vorfahren nicht erlaubt, auf „normalen" Friedhöfen zu liegen. Erst 2003 wurde auf dem Zentralfriedhof ein Gedenkstein für diese Opfer enthüllt. In der Pogromnacht im November 1938 wüteten Nazis sogar hier und verwüsteten die Zeremonienhallen.

In Wien-Währing wurde der jüdische Friedhof zwischen 1784 und 1879 genutzt. Nach dem Krieg ließ man ihn verfallen. Umgefallene, verwitterte Grabsteine, alles überwuchert, die Wege nicht mehr erkennbar, meterhoch türmten sich zerbrochene Grabsteine. Dazu kamen Vandalismus und Verwitterung. Prunkvolle Familiengräber, einfache aus Sandstein, jüdische Symbole, Jugendstil-Ornamente und Familienwappen sind noch zu erkennen. Mindestens 8.500 Gräber konnten bisher nachgewiesen werden, die Zahl der Bestatteten ist aber viel höher. Erst Ende 2009 stellten die Republik Österreich und die Stadt Wien Geld für die Sanierung zur Verfügung. Die Vernachlässigung ist nach internationalem Recht ein Verstoß gegen das Washingtoner Abkommen über Restitution und Kompensation jüdischen Eigentums. Dabei hat sich Österreich erst 2001 dazu verpflichtet, seine jüdischen Friedhöfe zu restaurieren.

Auf dem Währinger Friedhof liegen Mitglieder der reichen Familien Arnstein, Wertheimstein und Todesco, aber auch arme Hausierer, Bettler und die verachteten Schnapsbrenner und jüdischen Schankwirte, die „Branntweiner", wie sie in Wien genannt werden. Sie kamen aus allen Teilen der Monarchie nach Wien, aber auch aus einigen Teilen Deutschlands, schreibt die Historikerin Martha Keil. 1942 beschloss die NS-Stadtregierung von Wien die Auflassung aller jüdischen Friedhöfe. Zwischen 1941 und 1943 wurden Gräber planmäßig zerstört und die Toten vieler Familien exhumiert. Die Gebeine und Schädel von 200 Personen wurden für „rassenkundliche Forschungen" entwendet. Treibende Kraft war Viktor Christian, Dekan der Philosophischen Fakultät an der Universität Wien, der schon 1933 der damals in Österreich noch illegalen NSDAP beigetreten war. Die Nazis wollten mit diesen „Forschungen" beweisen, dass Juden im Lauf der Jahrhunderte nicht nur moralisch und geistig degenerieren würden, sondern auch körperlich. Der Kriegsverlauf verhinderte diese Studien, und die Gebeine lagerten über Jahrzehnte im Wiener Naturhistorischen Museum. Dessen Geschichte vor, während und nach der NS-Zeit ist alles andere als ein Ruhmesblatt (siehe dazu auch das Kapitel „Naturhistorisches Museum").

1941 wurden von jüdischen Gemeindemitgliedern Leichname umgebettet und auf dem Zentralfriedhof vergraben. Die Ruhestätte wurde auch dadurch massiv geschändet, indem ein Löschteich mit einer Tiefe von drei Metern angelegt wurde. Zahlreiche Knochen lagen auf Straßen und Verkehrswegen, die einige Juden zum Teil retten konnten. Was man dem Judentum damit rituell zufügte, ist unbeschreiblich: Ein Friedhof gilt als „Bet Kevarot", als „guter Ort". Neben der Synagoge ist er die wichtigste Einrichtung jeder Gemeinde. Ein Grabstein bleibt ewiges Eigentum des Toten, seine Entfernung verletzt die Totenruhe massiv. Umbettungen sind nur als große Ausnahmen erlaubt. In der Nachkriegszeit wurde der Währinger Friedhof an die Israelitische Kultusgemeinde erst nach zähen Verhandlungen zurückgegeben. Sie musste aber den zerstörten Teil an die Stadt Wien abtreten. Hoch und heilig versprachen sozialdemokratische Politiker, den Ort zu respektieren und als Grünland zu bewahren. Der Schwur hielt nicht lange: 1959 wurde darauf ein schmuckloser Gemeindebau errichtet. Wie zum Hohn wurde der Wohnblock nach dem jüdischen Schriftsteller Arthur Schnitzler benannt.

Auch in der Wiener Seegasse im Stadtteil Alsergrund trifft ein Neubau auf uralte Grabsteine: Der jüdische Friedhof aus dem 16. Jahrhundert liegt hier nun im Innenhof des Pensionistenheims „Haus Rossau". Durchquert man den Eingangsbereich und tritt in den Hof, steht man in einer anderen Welt. Es ist der älteste erhaltene Friedhof Wiens, der einzige, auf dem es nur hebräische Schriftzeichen gibt. Er war von 1517 bis 1783 in Verwendung. Auch dieser Ort wurde von den Nazis geschändet. Mutige Wiener Juden retteten 1943 vor der eigenen Deportation einige Grabsteine, brachten sie zum Zentralfriedhof und vergruben sie dort. Erst 1984 entdeckte man sie wieder: Ein Lastwagen blieb bei Tor 4 stecken. Ein Steinmetz bemerkte dadurch die barocken Grabsteine, die seit Jahrzehnten unter der Erde lagen. 280 wurden wieder an ihren alten Ort zurückgebracht. Im September 1984 wurde der Friedhof nach jüdischem Ritus neu eingeweiht. (eba)

Literaturtipps

Eva-Maria Bauer, Fritz Niemann: Währinger jüdischer Friedhof. Vom Vergessen überwachsen. Weitra 2010

Andreas Feiertag, Heinz Schmidt: Stein zu Stein. Jüdische Friedhöfe in Österreich. Weitra 2009

Martha Keil, Elke Forisch, Ernst Scheiber (Hrsg.): Denkmale – Jüdische Friedhöfe in Wien, Niederösterreich und Burgenland. Club Niederösterreich, Institut für Geschichte der Juden in Österreich 2006

Traude Veran: Das steinerne Archiv. Der Wiener jüdische Friedhof in der Rossau. Wien 2006

Tina Walzer: Der jüdische Friedhof in Währing: Historische Entwicklung, Zerstörungen der NS-Zeit, Status quo. Wien 2009

Tina Walzer, Claudia Theune: Jüdische Friedhöfe: Kultstätte, Erinnerungsort, Denkmal. Wien 2010

Webtipps

friedhoefewien.at

ikg-wien.at

waehringer-friedhof.at

49 JULIUS-TANDLER-FAMILIENZENTRUM

Die einen feiern Julius Tandler seit Jahrzehnten als Wegbereiter der modernen Sozialpolitik, blenden seine dunklen Seiten aus. Andere verweisen auf seine Aussagen, die ihn als „Eugeniker" ausweisen, der die „Vernichtung lebensunwerten Lebens" propagierte – lange bevor die Nazis an die Macht kamen.
Bild: Privatarchiv, Wien

Reiseziel 1

- Julius-Tandler-Familienzentrum, Lustkandlgasse 50, 1090 Wien
- Luftlinie vom Stephansdom: 2,8 km Nordnordwest
- 16°21'8" Ost / 48°13'50" Nord

Reiseziel 2

- Julius-Tandler-Platz – mit Straßen- bzw. Gedenktafel für Tandler am südlichen Rand beim Drogeriemarkt an der Kreuzung, 1090 Wien
- Luftlinie vom Stephansdom: 2 km Nordnordwest
- 16°21'42" Ost / 48°13'33" Nord

Öffis

- Familienzentrum: U6 Nußdorfer Straße; Station Nußdorfer Straße – Straßenbahnlinien: 37, 38; Bus: 35A, 37A;
- Julius-Tandler-Platz: U4 Friedensbrücke; Station Franz-Josefs-Bahnhof – Straßenbahnlinien: 5, 33, D;

ROTER REFORMER, DARWINIST UND HETZER

Die ideologischen Grundlagen für die Ermordung von behinderten Menschen („Euthanasie") sind deutlich älter als der Nationalsozialismus. „Eugenik" und „Rassenhygiene" geisterten schon im 19. Jahrhundert durch die Köpfe. In Wien war der sozialdemokratische Reformpolitiker, Universitätsprofessor und Arzt Julius Tandler einer der Prediger des erbarmungslosen Sozialdarwinismus. Wiens mächtige Sozialdemokratie tut sich bis heute schwer mit dem Thema.

Der Massenmord an Behinderten erforderte mehr als nur hohle Phrasen. Für die Umsetzung musste die Bevölkerung überwacht werden, um die Mordopfer rasch ausfindig zu machen. Auch in Wien gab es dazu ein „Amt für Volksgesundheit" der NSDAP. Es war dem „Hauptamt für Volksgesundheit" in Berlin unterstellt. Dessen Datensammlung umfasste ca. zehn Millionen Menschen. Alle diese Ämter in Hitlers Imperium kooperierten mit dem NS-Ärztebund. So entstand ein dichtes Netz der Kontrolle. Ziele waren „rassische Reinhaltung" und „Aufwertung des Volkskörpers". Auch das Wiener „Amt für Volksgesundheit" organisierte Schulungskurse für NSDAP-Mitglieder. Sie sollten Mitbürger auf ihre „erb- und rassebiologische Wertigkeit" beurteilen. Auf dem Staatsgebiet Österreichs wurden ca. 100.000 Menschen als „lebensunwert" eingestuft. Ärzte, Mitarbeiter der „Fürsorge" und Bürokraten „siebten" körperlich und geistig Beeinträchtigte aus. Endstation war Schloss Hartheim bei Linz, wo im Rahmen der „Aktion T4" 30.000 Menschen vergast wurden.

Die ideengeschichtlichen Wurzeln reichen zurück in eine Zeit, als es noch lange keine Nazis gab. Selbst Reformer und Ärzte wie der Wiener Sozialdemokrat und Anatom Julius Tandler waren Anhänger der „Eugenik" schon kurz nach der Jahrhundertwende und predigten die „Tötung" (= Ermordung). Die Wiener SPÖ tut sich bis heute schwer mit diesem Erbe. Bei den konkurrierenden Christlich-Konservativen gab es – angesichts der katholischen Betonung vom „Schutz des Lebens" sehr erstaunlich – ebenfalls Propagandisten der „Eugenik". Abtreibungen behinderter Babys und „Euthanasie" als angewandter Mord wurden hier jedoch strikt abgelehnt. Stattdessen sollten Gottesfurcht, voreheliche Keuschheit, streng katholische Familienplanung und die Vermeidung von Alkohol-, Tabak- und Drogenmissbrauch dazu beitragen, das „Volk" vor behinderten Nachkommen zu bewahren. Als die Nazis 1938 in Österreich die Macht übernahmen, fiel ihr ausschließlich mörderischer Zugang zu dem Thema auf fruchtbaren Boden.

Sozialdarwinismus und rechte Thesen von der Überlegenheit der „arischen Rasse" waren seit dem 19. Jahrhundert selbst in marxistischen Kreisen verbreitet. Bereits 1924 publizierte der sozialdemokratische Wiener Stadtpolitiker und Arzt Tandler solche Zeilen: „Welchen Aufwand die Staaten für völlig lebensunwertes Leben leisten müssten, ist daraus zu ersehen, dass die 30.000 Vollidioten Deutschlands dem Staat zwei Milliarden Friedensmark kosten. Bei der Kenntnis solcher Zahlen gewinnt das Problem der Vernichtung lebensunwerten Lebens an Aktualität und Bedeutung." Der Arbeitersohn Tandler, der seit 1910 in Wien Universitätsprofessor für Anatomie war, lag damit im Trend. Tandler wird bis heute von der Wiener SPÖ als einer ihrer Gründerväter und Pionier der Sozialpolitik verehrt. Ein prominenter Platz und Verkehrsknotenpunkt ist nach ihm benannt, es gibt Gedenktafeln, und eine Ausstellung der Partei im Karl-Marx-Hof birgt noch immer reine Lobhudelei. Verwiesen wird auf seine Verdienste: Kindergärten, Schulzahnkliniken, Mutterberatungsstellen, Waisenhäuser habe er geschaffen. Außerdem habe er den Arbeitersport stark gefördert. Dass Tandler laut Historikern auch Zwangssterilisationen von Behinderten propagierte, wird nicht erwähnt. Im Austrofaschismus unter dem katholischen Diktator und Bundeskanzler Engelbert Dollfuß folgte Austromarxist Tandler einem Ruf der Regierung Stalins nach Moskau, wo er als Berater für das Spitalswesen eingesetzt wurde. Am 25. August 1936 starb Tandler in der Sowjetunion im Alter von nur 66 Jahren.

(li.) Die sozialdemokratisch dominierte Stadt Wien vergibt nach wie vor Julius-Tandler-Medaillen an Preisträger, die sich mit sozialpolitischen Projekten verdient gemacht haben.

(re.) Gedenktafel am ehemaligen Julius-Tandler-Heim, dem heutigen Julius-Tandler-Familienzentrum.

Bilder: (li.) Stadt Wien; (re.) Gerald Lehner

Der konservative Nationalratsabgeordnete Franz Joseph Huainigg (ÖVP), der mit einer schweren körperlichen Behinderung sein Leben meistert, fordert seit langem die Einsetzung einer Kommission von unabhängigen und weisungsfreien Historikern. Sie sollen Leben und Werk von Julius Tandler beleuchten. Wiener Sozialdemokraten warfen Huainigg daraufhin reflexartig vor, seine Forderung sei wohl als Revanche zu verstehen. Die SPÖ-Mehrheit im Rathaus hatte kurz zuvor eine Straße umbenannt und damit einen Säulenheiligen der Konservativen demontiert – den Wiener Ex-Bürgermeister Karl Lueger, der schon im 19. Jahrhundert aus Judenhass politisches Kleingeld geschlagen hatte. Huainigg kann sich vorstellen, dass der Tandler-Platz in Wien seinen Namen weiterhin behält, gleichzeitig jedoch in eine Mahn- und Gedenkstätte für Mordopfer der „Eugenik" umgewandelt wird. Die SPÖ schweigt dazu. Bis Herbst 2014 erhielt Huainigg nach eigenen Angaben keine Antwort von den Sozialdemokraten. In Wien gibt es einige Gedenk- und Ehrentafeln für Tandler, auf denen seine ambivalente Rolle nicht erwähnt wird. Das Julius-Tandler-Heim (neuerdings „Familienzentrum") wurde 1925 von ihm als „Kinderübernahmestelle" konzipiert – als Waisenhaus bzw. Heim für Kinder aus schwierigen sozialen Verhältnissen. (leh)

Literaturtipps

Monika Löscher: „Der gesunden Vernunft zuwider". Katholizismus und Eugenik in Österreich vor 1938. In: Wolfgang Neugebauer, Heinz Eberhard Gabriel: Vorreiter der Vernichtung? Eugenik, Rassenhygiene und Euthanasie in der österreichischen Diskussion vor 1938. Zur Zeitgeschichte der Euthanasie. Wien 2005

Alfred Magaziner: Die Wegbereiter. Wien 1975

Karl Sablik: Julius Tandler, Mediziner und Sozialreformer. Wien 1983

Webtipp

dasrotewien.at – Stichwortsuche: Julius Tandler

50 PFARRE GERSTHOF

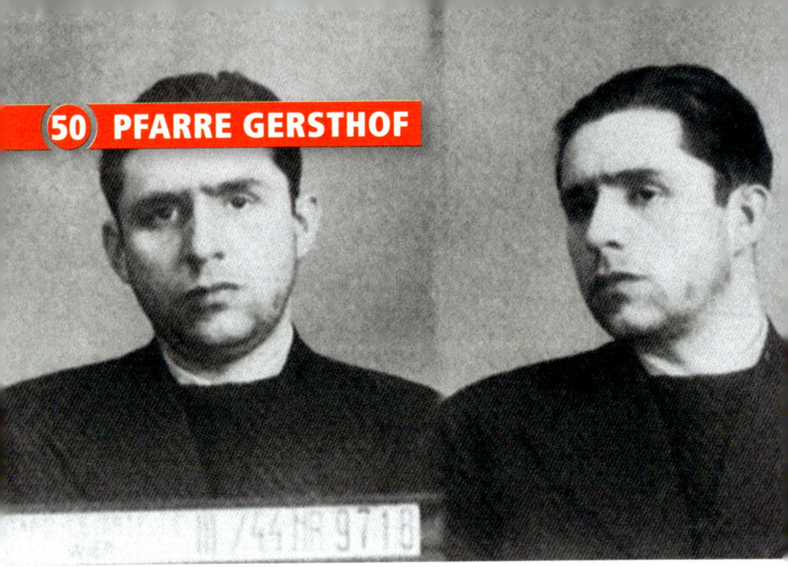

Der junge Kaplan Heinrich Maier musste seinen Widerstand mit dem Leben bezahlen. Er gehörte einer Gruppe an, die Informationen an den US-Geheimdienst weitergab. 1945 wurde er hingerichtet.
Bild: Pfarre Gersthof

Reiseziel
- Pfarre Gersthof, Bischof-Faber-Platz 7, 1180 Wien
- Luftlinie vom Stephansdom: 4,6 km Nordwest
- 16°19′26″ Ost / 48°14′04″ Nord

Öffis
- Station Türkenschanzplatz – Straßenbahnlinie: 41; Bus: 10A;

BLUTOPFER VON ORDENSLEUTEN UND PRIESTERN

Vatikan und Amtskirche schwiegen zu Hitlers Verbrechen, der einfache Klerus leistete nicht selten Widerstand. Systematisch wurden konfessionelle Schulen und Internate geschlossen, das Schulgebet abgeschafft und Ordensleute aus dem Schuldienst vertrieben. Ihre Vermögen wurden eingezogen. Eine der betroffenen Schulen war das Salesianum des Don-Bosco-Ordens in der Hagenmüllergasse.

Am 12. März 1938 schrieb der Chronist des Wiener Salesianums knapp: „Heute Nacht übernahm die NSDAP die Regierung – die Schule entfällt bis auf Weiteres. Unsere Buben sind begreiflicherweise stark ergriffen, aber durchaus diszipliniert." Bewaffnete HJ-Leute und SA-Männer drangen in die Räume der Schuldirektion ein und erklärten sämtliche Aktivitäten des Ordens für beendet. Den Don-Bosco-Schwestern wurde die Kleinkinderziehung ebenso entzogen wie die Jugendarbeit mit Mädchen. Anfangs versuchten die Verantwortlichen ihre Einrichtungen vor der kompletten Zerstörung zu schützen, indem sie sich Mühe gaben, die Anordnungen der Nazis umzusetzen. Doch bald wurde klar, dass ein Konsens unmöglich war. Im Frühjahr 1945 gab es keine funktionierende Einrichtung dieses Ordens mehr. Die antiklerikale Diktatur der Nazis hatte sie ausgeschaltet.

Bereits im März 1937 verfasste der zögerliche und ultrakonservative Papst Pius XI. aufgrund der Entwicklungen in Deutschland die Enzyklika „Mit brennender Sorge". Das Dokument hatte vor allem das Ziel, bei den Nazis die Abmachungen im Konkordat einzumahnen. Mit dem 1933 geschlossenen Vertrag hatte das NS-Regime der Kirche die Religionsausübung zugesichert, dafür sollte sie sich keinesfalls in die Politik einmischen und Regimegegner unter den Gläubigen ausgrenzen – ein geschickter Schachzug Hitlers. Die NSDAP-Zeitung „Völkischer Beobachter" triumphierte:

51 WOHNHAUS VON HERBERT TICHY

Alpinistische Brauchtumspflege und Heldenkult für einen Antisemiten ohne offizielle Debatte im Programm: Plakat und Titelbild des Salzburger Bergfilmfestivals 2014. Von links: Pasang Dawa Lama Sherpa, Herbert Tichy, Sepp Jöchler – bei der Cho-Oyu-Expedition von 1954 in Nepal.
Bild: Gerald Lehner

Reiseziel 1

- Ehemaliges Wohnhaus der Familie Tichy, Hockegasse 95, 1180 Wien
- Luftlinie vom Stephansdom: 6 km Nordwest
- 16°18′08″ Ost / 48°14′18″ Nord

Reiseziel 2

- Tichy-Weg in Wien-Währing an den Ausläufern des Wienerwaldes. Der nach dem Bergsteiger benannte Weg stand zu Redaktionsschluss im Herbst 2014 politisch in Diskussion: Die Stadt Wien nahm ihn in eine Liste von Straßennamen auf, die möglicherweise umbenannt werden – wegen der umstrittenen Verstrickungen der Namenspatrone.
- Luftlinie vom Stephansdom: 6,1 km Nordwest
- 16°18′07″ Ost / 48°14′15″ Nord

Öffis (gilt für beide Reiseziele)

- Station Pötzleinsdorf – Straßenbahnlinie: 41; Bus: 41A;

DIE BRAUNEN SEITEN DES BERGPOETEN

Unter den international bekannten Himalaya-Bergsteigern und -Schriftstellern hat – neben Heinrich Harrer aus Kärnten – der Wiener Herbert Tichy am perfektesten seine nationalsozialistische Vergangenheit verschleiert. Im Zweiten Weltkrieg „berichtete" der Publikumsliebling und Bestsellerautor der Nachkriegszeit für prominente Nazi-Zeitungen aus Ostasien. Das zeigen Studien des Historikers Hannes Stanik.

Fast 700 Artikel des Journalisten und promovierten Geologen Herbert Tichy wurden in der „Deutschen Allgemeinen Zeitung", der „Berliner Volkszeitung" und der bei Rechten und Konservativen im Ausland beliebten wie elitären Wochenzeitung „Das Reich" publiziert. In dieser schrieb Joseph Goebbels persönlich die Editorials. Tichy präsentierte sich nach dem Krieg in spießigen Zeiten als cooler Berg-Hippie, erfolgreicher 8.000er-Erstbesteiger, charmanter Entdecker, spirituell angehauchte Stimme der Völkerverständigung und Bestsellerautor. Kaum jemand weiß, dass der Wiener zuvor jahrelang geopolitisch brisante Propaganda geliefert hatte – ganz auf Linie mit den japanischen Eroberern Ostasiens, den Freunden Hitlers. In einer Studie der Universität Wien hat der Historiker und Geograf Hannes Stanik im Jahr 2009 Tichys Reportagen und Analysen aus dem damals von japanischen Faschisten unterjochten China analysiert. Die Ergebnisse dürften Tichy-, Nepal- und Tibet-Fans, die es im ganzen deutschsprachigen Raum gibt, verunsichern oder schockieren. Überraschend, hart und fast unglaublich ist für viele die Tatsache, dass der Wiener schon seit 1932 Mitglied der (bis 1938 in Österreich illegalen) NSDAP war und später – nach dem „Anschluss" Österreichs – Berliner Parteibehörden gegenüber selbst auf dieser frühen Mitgliedschaft bestand. Das passt nicht zum Image des Kosmopoliten, Menschenfreundes und poetischen Reiseschriftstellers, das sich Tichy nach Kriegsende zugelegt hatte; unter anderem mit der von ihm geleiteten

Erstbesteigung des 8.150 Meter hohen Cho Oyu zwischen Nepal und China (1954) oder der abenteuerlichen Durchquerung des – zuvor von „Weißen" noch nie erforschten – Westteils des alten Königreichs Nepals (1953).

Was Tichy zwischen 1940 und 1944 aus China lieferte, empfinden Demokraten als noch härteren Schlag in die Magengrube. Hannes Stanik weist in seiner Studie darauf hin, dass Tichy seine Texte der japanischen Militärzensur vorlegen musste. Nach Freigabe wurden sie von Peking nach Tokio gefunkt und von dort nach Berlin, wo sie ein weiteres Mal von der Zensur begutachtet wurden. Das schloss natürlich aus, dass Tichy unabhängig berichten konnte – wenn er es denn gewollt hätte. Historiker Stanik stuft die Bereitschaft bei einem NSDAP-Genossen als gering ein und fügt hinzu, der Reporter musste sich mit diesen Zuständen auch persönlich identifizieren. Sonst hätte er nicht selbst gewählt, so lange und so intensiv als Korrespondent gearbeitet.

Herbert Tichy skizzierte ein Politik- und Menschenbild, das bei den Machthabern erwünschter kaum sein konnte. Den japanischen Eroberungskrieg in Ostasien und weiten Teilen des Pazifiks sieht er als Schaffung eines neuen „Wohlstandsgebietes" unter Führung Japans, das „neue Asien", wo „jüdische Plutokraten" (Tichy), Amerikaner, Briten, Franzosen und Holländer nun nicht mehr das Sagen hätten. Dass der japanische Rassenwahn, ähnlich wie der deutsche, in Südost- und Ostasien zu Völkermorden und unermesslichen Kriegsverbrechen führte, kommt in seinen Berichten nicht vor. Im Gegenteil: Tichy überhöht eine aus seiner Sicht positive Rolle Japans, die nun zur Modernisierung weiter Teile des mittelalterlich rückständigen China beitrage. Japan, Deutschland und Italien, die „Achsenmächte", seien überhaupt die Motoren der neuen Zeit, schreibt Tichy und verweist immer wieder positiv auf „Adolfs Hitlers neues Europa". Bei den Rohstoffen seien die Achsenmächte zwar „Habenichtse", würden aber nun den brutalen Kolonialmächten Großbritannien und USA („Habende") durch den Krieg die Reichtümer abnehmen und in Europa und Asien neue Wohlstandssphären schaffen. Tichy sieht darin eine grundlegende Gerechtigkeit. Zudem erfüllt er seine Rolle als Propagandist im Krieg, indem er immer wieder auf die angebliche Zerstrittenheit innerhalb des alliierten Bündnisses hinweist. Die Amerikaner würden den Briten Australien und Indien abjagen wollen, und alles unter dem Deckmantel ihres Krieges gegen das nun mit Recht aufstrebende Japan. Dass sich die Australier – nach dem japanischen Überfall auf ihre Hafenstadt Darwin und vielerlei Massaker in benachbarten Staaten – über jede amerikanische Unterstützung freuten, kommt bei Tichy in keiner Zeile vor. Seine Aufgabe war es, den „Feind" zu schwächen, liest man in der Studie über seine Zeitungsartikel.

Stanik hat auch den Briefverkehr der NSDAP mit der Familie Tichy in Wien ausgewertet. In einem Schreiben vom 18. März 1940 des Mitgliedschaftsamtes der NSDAP an Erich Schulze, den Gauschatzmeister des Gaues Wiens der NSDAP, wird festgehalten: „In Bearbeitung des mit Laufschreiben Nummer 6065 vorgelegten Erfassungsantrags des Parteigenossen Herbert Tichy teile ich mit, dass der Genannte laut den Eintragungen in der Reichskartei am 26.11.1932 unter der Mitglieds-Nummer 1 308 596 bei der Ortsgruppe Wien-Währing mit der Anschrift: Wien 18, Hockegasse 95 in die NSDAP aufgenommen wurde ..." In der Folge ging es im Schriftverkehr der NSDAP mit Tichys Vater nach dem „Anschluss" von 1938 darum, ob es eine lückenlose Bezahlung der Mitgliedsbeiträge gab.

Tichys Vater Hans, selbst ein früher Unterstützer der Nazis, schrieb der Parteileitung, sein Sohn habe bereits seit 1932 auch in der SA gedient, der „Sturmabteilung" (die – nebenbei bemerkt – für den Straßenterror zuständig war). Das dürfte der alte Tichy als zusätzliche Anbiederung erwähnt haben. Es ist für viele Kenner von Herbert Tichy unvorstellbar, dass sich ihr Idol auch als Schläger betätigt haben könnte. Er galt seit Jugendzeiten als Charmeur, war hochintelligenter Sohn einer Unternehmerfamilie und hatte primitiven Straßenkampf nicht nötig, um nach oben zu kommen. Vater Tichy wies in einem Schreiben an die Berliner NSDAP auch auf die Auslandstätigkeit seines Sohnes von 1938 in Alaska hin. Herbert habe auch in den USA immer wieder „aufklärend für den Nationalsozialismus" gewirkt. Angesichts seiner späteren Propaganda aus Asien wirkt das glaubwürdig.

Herbert Tichy mit Kindern.
Bild: Pressedienst der Stadt Wien

In einem anderen Licht erscheint nun auch Tichys Freundschaft mit dem wesentlich älteren Tibetforscher und Reiseschriftsteller Sven Hedin aus Schweden, der in seinem eigenen Land wegen seiner Vorliebe für Hitler und die Nazis früh zur Unperson mutierte. Hedin hatte beste Kontakte zur SS, in seiner Anwesenheit eröffnete Himmler 1943 im „Haus der Natur" in Salzburg die Tibetschau des später verurteilten Kriegsverbrechers und Anthropologen Bruno Beger. Dieser war Mitglied der SS-Tibetexpedition von 1939 und wenige Jahre später in einen Massenmord an Auschwitz-Häftlingen verwickelt. Hedin selbst hatte bei einem Besuch im KZ Sachsenhausen nördlich von Berlin angemerkt, es wäre verwunderlich, wenn sich Häftlinge hier beschweren würden – das KZ erinnere ihn an ein gutes Sanatorium.

Nach dem Krieg kehrte Herbert Tichy seine Vorliebe für Hitler und Japans Faschisten mit Erfolg unter den Teppich. Auch dem Autor dieser Zeilen, der im Jahr 2000 große Teile von Tichys

Ende der 1950er-Jahre: Herbert Tichy (rechts) erhält vom damaligen Wiener Bürgermeister Franz Jonas (SPÖ) – dem späteren Bundespräsidenten Österreichs – eine hohe Auszeichnung seiner Heimatstadt.
Bild: Pressedienst der Stadt Wien

Nachlass durchforsten und auflisten konnte, blieb seine politische Rolle verborgen. Es passte ins neue Bild: Als Bestseller- und Jugendbuchautor belieferte Tichy nach 1945 die – selbst perfekt auf Gedächtnislücken spezialisierte – Nachkriegsgesellschaft der Wirtschaftswunderzeit mit „unpolitischen" Reiseberichten und Alpinismus-Reportagen. Er brachte auch ein Buch über Alaska heraus, wo er 1938 fast ein ganzes Jahr verbracht hatte. Seine journalistische Unterwürfigkeit gegenüber rassistischen Regimen hatte ausgedient, und so verwies er positiv auf die Tatsache, dass es in Alaska zahlreiche Mischehen zwischen „Weißen", „Eskimos" (Inuit) und Indianern gebe. Bewundernd beschreibt er eine Lehrerin, die keine Röcke trage und sich stattdessen emanzipiert und in sportlichen Hosen um ihr Schlittenhundegespann kümmere. Tichys Buch über Alaska gefiel auch dem Autor dieser Zeilen so gut, dass er 2004 im Jahrbuch des Österreichischen und Deutschen Alpenvereins einen umfangreichen Beitrag publizierte, der aus heutiger

Der Cho Oyu, 8.188 Meter – hier die Südwand –, liegt im zentralen Himalaya nur 20 Kilometer westlich von Mount Everest und Lhotse. Er ist der westliche Eckpfeiler des Bergmassivs Mahalangur Himal. Die Grenze zwischen Nepal und China verläuft über seinen Gipfel. 1954 gelang einem kleinen und schlagkräftigen Team (mit wenig technischem Aufwand und ohne Flaschensauerstoff) die Erstbesteigung – unter der Leitung von Herbert Tichy (Wien). Weitere Mitglieder der Expedition: Pasang Dawa Lama Sherpa (Kumbu Himal, Nepal), Sepp Jöchler, Helmut Heuberger (beide Tirol).
Bild: Gerald Lehner

Sicht desaströs ist. Tichy wird als Menschenfreund geschildert, dem jeder Rassismus fremd gewesen sei. Und der sich damit meilenweit vom Mainstream seiner Zeit unterschieden habe. Alles Unsinn, wie die neueren Forschungen von Hannes Stanik zeigen.

Im November 2014 sorgten die Enthüllungen über Tichy für heftige Proteste von Fans. Es gab einen empörten Gastkommentar von drei Kritikern um den Wiener Kinderarzt Herwig Frisch, publiziert in der Wiener Tageszeitung „Der Standard". Diesem Gastkommentar wurde vom Autor dieser Zeilen mit historischen Daten und Fakten aus Tichys NSDAP-Schriftverkehr entgegengetreten. Herwig Frischs Verein „Götterberge – Menschenwege" positioniert sich seit Jahrzehnten als Fan-Gemeinschaft Tichys. Dabei scheinen bei Veranstaltungen und Publikationen auch esoterisch-buddhistisch-asiatische Elemente eine Rolle zu spielen. Auch auf den Wiener Historiker Hannes Stanik ist diese Gruppe nicht besonders gut zu sprechen. Doch Stanik forscht weiter: „Im Nachlass finden sich auch Publikationen Tichys aus dieser Zeit, die seinen Antisemitismus dokumentieren. So macht er beispielsweise für den Weltkrieg und die Krisen Asiens das Judentum verantwortlich."

Der Wiener Zeitgeschichtler, Alpinhistoriker und Extrembergsteiger Rainer Amstädter fasst die Lage so zusammen: „Auf Grund der nun bekannten Faktenlage jedoch muss Tichy nicht nur als opportunistischer Mitläufer des NS-Regimes, anhand seiner Artikel vielmehr als publizistischer Asien-Vertreter des NS-Systems bezeichnet werden."

Literauturtipps

Rainer Amstädter: Der Alpinismus. Kultur, Organisation, Politik. Wien 1996

Peter Autengruber, Birgit Nemec, Oliver Rathkolb, Florian Wenninger: Umstrittene Wiener Straßennamen. Wien 2014

Gerald Lehner: Wie Herbert Tichy fast ein Eskimo geworden wäre. In: Alpenvereinsjahrbuch. Innsbruck und München 2004

Gerald Lehner: Zwischen Hitler und Himalaya. Die Gedächtnislücken des Heinrich Harrer. Wien 2007

Gerald Lehner: Tichy und die Nazis. Gegen die Lobhudler. In: Der Standard, 6. November 2014

Hannes Stanik: Der geopolitische Blick in den journalistischen Arbeiten von Herbert Tichy 1940–1944. Diplomarbeit an der Universität Wien 2009

Herbert Tichy: Was ich von Asien gelernt habe: Wege, in Weisheit glücklich zu leben. Wien 1984

Webtipps

herberttichy.com

herberttichy.wordpress.com

herbert-tichy.at (Website der Tichy-Verehrer um Dr. Herwig Frisch vom Verein „Götterberge-Menschenwege")

52 KARL-MARX-HOF

So wirkten im Februar 1934 die Artillerie-Granaten des Österreichischen Bundesheeres. Hier hatten sich schwerbewaffnete „Schutzbündler" als Paramilitärs der Sozialdemokratie verschanzt. Die Zerstrittenheit der beiden Lager beflügelte wenige Jahre später den Untergang Österreichs und die Machtübernahme der Nazis (1938).
Bild: DÖW

Reiseziel

- Karl-Marx-Hof, Heiligenstädter Straße 82, 1190 Wien
- Luftlinie vom Stephansdom: 4,5 km Nord
- 16°21'51" Ost / 48°14'57" Nord

Öffis

- U4 Heiligenstadt; Station Heiligenstadt/12.-Februar-Platz – Straßenbahnlinie: D; Bus: 5B, 10A, 11A, 38A, 39A, ;

STURM AUF DAS „ROTE WIEN"

In Wien steht mit 1.000 Metern der längste Wohnblock der Welt. Der Komplex im Stadtteil Döbling wurde zwischen 1927 und 1930 gebaut. Der Karl-Marx-Hof ist Symbol des sozialen Fortschritts im traditionell „roten Wien" und linderte einst die Wohnungsnot von Arbeitern. Der 15 Hektar (!) große Bau mit verwinkelten Innenhöfen und Grünflächen spielte im Vorfeld der nationalsozialistischen Diktatur auch militärisch eine Rolle. Er war einer der Hauptkampfplätze im österreichischen „Februaraufstand" bzw. Bürgerkrieg von 1934, als Paramilitärs der Sozialdemokratie gegen klerikalfaschistische Milizen antraten.

Die „Heimwehr" der Christlich-Konservativen kooperierte 1934 mit Gendarmerie, Polizei und dem österreichischen Bundesheer, um aufständische Sozialdemokraten zu bekämpfen. Der kurze Bürgerkrieg mit bundesweit mehr als 1.600 Toten und Verletzten mündete in die Diktatur des katholischen Ständestaates bzw. den „Austrofaschismus". So benennt die Linke die vier Jahre in Österreich, ehe Hitlers Truppen und österreichische Nazis im Frühling 1938 das geschwächte Land an Deutschland „anschlossen". Die „Februarkämpfe" von 1934 begannen nicht in Wien. In den Morgenstunden des 12. Februar machte die Polizei in der oberösterreichischen Industriestadt Linz eine Razzia im Hotel Schiff, um ein Waffenlager der Sozialdemokraten und ihres „Schutzbundes" auszuheben. Die rote Bundesparteileitung in Wien hatte ihren Linzer Genossen kurz zuvor noch ein Telegramm geschickt, man solle keinesfalls mit Gewalt auf eine Razzia antworten. Die Nachricht wurde aber von der Linzer Polizei abgefangen – wohl auch, um einen Angriff zu provozieren und die Aufrührer endlich bekämpfen zu können.

So rannte der rote „Schutzbund" in die Falle und eröffnete in Linz das Feuer. Rasch griff der Aufstand auf andere Teile Österreichs über. Vor allem in Wien und Industriestädten wie Steyr, St. Pölten,

Zentrum des Karl-Marx-Hofes: Der 12.-Februar-Platz erinnert heute an sozialdemokratische bzw. austromarxistische Wiener Arbeiter-Milizen, die hier im Winter 1934 den Truppen der austrofaschistisch-katholischen Bundesregierung bewaffneten Widerstand leisteten und niedergekämpft wurden.
Bild: Gerald Lehner

Weiz, Eggenberg bei Graz, Kapfenberg, Bruck an der Mur, Ebensee und Wörgl wurde mehrere Tage lang heftig gekämpft. In Wien verschanzten sich Arbeiter mit Karabinern, Maschinenpistolen und ein paar Maschinengewehren in Innenhöfen und auf Wohntürmen des Karl-Marx-Hofes. Aus militärischer Sicht war es ein Himmelfahrtskommando, denn die Regierung Dollfuß schickte bald das reguläre Bundesheer mit schweren Waffen. Mithilfe von Artillerie endete dieser „Februaraufstand" schon nach wenigen Tagen in einer Katastrophe für die Sozialdemokraten. Der Karl-Marx-Hof wurde von den siegreichen Konservativen in „Heiligenstädter Hof" umbenannt. In ganz Österreich gab es Verhaftungen von roten Widerständlern. Neun prominente „Schutzbündler" wurden hingerichtet, darunter die bekannten Sozialisten Koloman Wallisch und Karl Münichreiter. Dieser wurde mit schweren Verletzungen zum Galgen geschleppt. Solche Szenen vergrößerten nur den Hass auf die Regierung, was dazu beitrug, Österreich im späteren Kampf

An der Gebäudefront beim 12.-Februar-Platz stehen vier Keramikfiguren des Künstlers Josef Riedl auf den Schlusssteinen. Vier Frauen verkörpern Aufklärung, Befreiung (hier im Bild mit gesprengten Fesseln), Kinderfürsorge und Körperkultur. Bild: Gerald Lehner

gegen die Machtübernahme durch die Nazis weiter zu schwächen. Viele Sozialisten wurden in das „Anhaltelager" Wöllersdorf bei Wien gebracht. Dort saßen sie nun gemeinsam mit Kommunisten und österreichischen Nazis. Deren Bewegung wurde zwischen 1934 und 1938 immer stärker. Viele Hitler-Fans arbeiteten im Untergrund mit starker Unterstützung aus Deutschland auf Umsturz und „Anschluss" hin. Es gab erste Putschversuche (auch in Salzburg) und die Ermordung des katholischen Diktators und Bundeskanzlers Engelbert Dollfuß im Juli 1934. Es folgten zahllose Terroranschläge bis zum „Anschluss" Österreichs. Als die Nazis ab Mitte März 1938 an der Macht waren, ging es auch vielen Bewohnern des Karl-Marx-Hofes an den Kragen. 1938/39 wurden 66 Familien von dort vertrieben. Mindestens 29 Bewohner kamen bis 1945 im Holocaust um. Durch Bombenangriffe der U.S. Air Force hatte die Wohnanlage zum Teil schwere Schäden davongetragen. Die Instandsetzung von Gebäudeteilen dauerte bis in die 1950er-Jahre.

Das Areal, auf dem der Karl-Marx-Hof steht, war einmal ein Seitenarm der Donau gewesen, später sumpfiges Marschland, bis es 1750 aufgeschüttet wurde und sich Gärtnereien ansiedelten. Im Zuge der Industrialisierung Wiens kamen zahlreiche Zuwanderer aus Ungarn, Böhmen, Mähren, der Slowakei und den ländlichen Regionen Süd- und Westösterreichs nach Wien. Wirtschaftskrisen verstärkten deren Elend. Die Sozialdemokraten wollten die Wohnungsnot beseitigen und Arbeitsplätze schaffen. So wurde 1927 auch der Karl-Marx-Hof als größtes von vielen Bauprojekten in Angriff genommen – mit 1.382 Wohnungen für rund 5.500 Bewohner. Geplant wurde die Wohnanlage von Karl Ehn, Schüler des legendären Otto Wagner. Revolutionär war, dass jede Wohnung ein eigenes WC und eigene Wasseranschlüsse bekam. Es gab zahlreiche Gemeinschaftsräume, Arzt-Praxen, kleine Geschäfte, Waschküchen, Bäder, Kindergärten und eine Bibliothek. In der ehemaligen Großwäscherei wurde eine sehenswerte Dauerausstellung eingerichtet. Hier zeigt die Wiener SPÖ, wie sie die Geschichte der Arbeiterbewegung sieht – zum Teil einseitig und sehr heroisierend. Schattenseiten von Partei-Pionieren werden ausgeblendet. Mehr dazu in unserem Kapitel über das „Julius-Tandler-Familienzentrum", das noch immer nach einem „Euthanasie"-Prediger benannt ist. (leh)

Ehemalige Wäscherei im Karl-Marx-Hof. Die damals sehr moderne und zum Teil automatisierte Ausrüstung brachte den vielen Arbeiterfamilien eine wesentliche Erleichterung bei der Bewältigung des harten Alltags. In diesem Gebäude befindet sich heute das Museum, das die Geschichte der riesigen Wohnanlage und der Wiener Arbeiterbewegung erzählt.
Bild: Gerald Lehner

Literaturtipps

Genoveva Kriechbaum: Karl-Marx-Hof. Versailles der Arbeiter. Wien und seine Höfe. Wien 2008

Fritz Hermann: Karl-Marx-Hof. Szenen vom Untergang der Sozialdemokratie. Wien 2001

Inge Podbrecky: Rotes Wien. Fünf Routen zu gebauten Experimenten. Vom Karl-Marx-Hof bis zur Werkbundsiedlung. Wien, 2. überarb. Aufl. 2013

Hans Schafranek: „Die Führung waren wir selber". Militanz und Resignation im Februar 1934 am Beispiel Kaisermühlen. Wien 1984

Hans Schafranek, Irene Etzersdorfer: Der Februar 1934 in Wien. Erzählte Geschichte. Wien 1984

Emmerich Talos, Wolfgang Neugebauer: Austrofaschismus. Politik. Ökonomie. Kultur. Wien 2005

Webtipp

dasrotewien-waschsalon.at/

53 GAUSSPLATZ

Wien ist kein so gutes Pflaster für ihn, weil hier andere Aktivisten diese Art von Erinnerungskultur übernommen haben: Der deutsche Künstler Günter Demnig verlegt in vielen Städten, Gemeinden und Regionen Europas seine „Stolpersteine" zur Erinnerung an Mordopfer der Nazis.
Bild: Walter Schweinöster

Reiseziel

- Weg der Erinnerung mit 22 Stationen (auch vielen Steinen der Erinnerung), Startpunkt mit Info-Tafel „Jüdische Einwohnerinnen und Einwohner der Brigittenau", Gaußplatz, 1200 Wien
- Luftlinie vom Stephansdom: 2 km Nord
- 16°22'11" Ost / 48°13'35" Nord

Öffis

- Station Gaußplatz – Straßenbahnlinie: 31; Bus: 5A, 5B;

STEINE DER ERINNERUNG

Um den Opfern des Holocaust zu gedenken, werden in vielen Städten Deutschlands und Österreichs Steine der Erinnerung verlegt. Name, Geburtsdatum, Deportations- oder Sterbedatum sind eingraviert und im Boden des Gehsteigs vor den ehemaligen Wohnadressen eingelassen. Mitten im Alltag sollen sie zum Innehalten und Gedenken anregen, die Ermordeten sichtbar machen. Der deutsche Künstler Günter Demnig hat dafür die „Stolpersteine" geschaffen, Gedenksteine, die aus dem Boden ragen. Nur in Wien gibt es sie nicht, hier heißen sie „Steine der Erinnerung". Hintergrund ist ein Streit um eine „geklaute Idee".

In Wien haben diese Kleindenkmäler im Straßenbelag kein Einheitsdesign. Es gibt sie in vielen verschiedenen Ausführungen und Größen. Das spiegelt die Vielzahl der Privatpersonen und Vereine wider, die sich dafür engagieren. In Wien geht es auch um besonders viele Ermordete, weil es in keiner anderen österreichischen oder deutschen Stadt eine so große jüdische Gemeinde gab. Dem deutschen Aktionskünstler Günter Demnig gefällt der Wiener Sonderweg nicht. Er hat mittlerweile in vielen Teilen Europas fast 50.000 Stück seiner „Stolpersteine" verlegt. Demnig sagt, er habe als Gründer auch ein Copyright. Mittlerweile hat er es sich rechtlich schützen lassen. Der Künstler betont aber, er verzichte im Fall von Wien auf gerichtliche Klagen, weil das Thema zu sensibel sei. Er habe keine Lust, das Gedenken negativ in die Schlagzeilen zu bringen: „Obwohl es meinen Rechtsanwalt schon jucken würde. Wir haben auch nie eine Einladung für Gespräche bekommen." Demnig sagte uns auf Anfrage, für ihn sei klar, dass der Wiener Weg nicht mehr rückgängig gemacht werden könne: „Ich toleriere das mittlerweile. Andererseits wenden sich Nachfahren von Holocaust-Opfern an mich, weil sie in Wien keine Plagiate für ihre Ermordeten haben wollen." Die ersten „Stolpersteine" hat Demnig im Jahr

54 FÖRSTERGASSE

Die Krankenschwester Mignon Langnas kam zu dem Massaker in der Förstergasse kurz vor Kriegsende hinzu. Sie überlebte den Holocaust und die Bombardements in Wien, fand jedoch nach dem Krieg nicht mehr ins Leben zurück. 2013 erschien ihr Tagebuch.

Bild: George Langnas

Reiseziel

- Förstergasse, 1020 Wien
- Luftlinie vom Stephansdom: 1,4 km Nordnordwest
- 16°22'20" Ost / 48°13'16" Nord

Öffis

U4, U2 Schottenring; U4 Rossauer Lände; Station Obere Donaustraße – Straßenbahnlinie: 31;

DAS LETZTE MASSAKER

Wenige Tage vor Kriegsende, als die Rote Armee die Stadt Wien schon fast von Hitlers Joch befreit hatte, verübten SS-Leute noch Morde an Zivilisten. Am 11. April 1945 wurden neun Juden in Wien-Leopoldstadt erschossen.

Die Röntgenärztin Nelly Blum (54), ihre Schwester Marie Margolin (44), Arthur Holzer (59), Arthur Klein (56), die 82-jährige Erna und ihre Tochter Grete Klüger-Langer (44), der erst 21-jährige Kurt Mezei, Emil Pfeiffer (66) sowie Genia Schaier (48) starben im Kugelhagel der SS. Sie hatten es geschafft, bis knapp vor Kriegsende zu überleben. Die neun gehörten zum Ältesten- bzw. Judenrat in Wien. Dazu waren sie von der Gestapo willkürlich ernannt worden und mussten deren Befehle gegen Juden ausführen. Wer sich weigerte, wurde erschossen und sofort durch andere ersetzt. Kurt Mezei und seine Zwillingsschwester Ilse konnten mit ihrer Mutter Margarete in Wien überleben, der Vater wurde 1944 in Auschwitz ermordet. Ilse kam am 12. März 1945 durch den Bombenkrieg ums Leben. Margarete Mezei starb 1993 hochbetagt in Wien.

Anfang 1945 gab es in Wien nur noch ca. 5.800 Juden. Neben sogenannten „U-Booten", die von mutigen Bürgern versteckt wurden, waren es solche, die als „Mischlinge" galten, sowie Angehörige des Ältestenrates und jene, die in „Mischehen" mit „arischen" Partnern lebten. Sie waren vorläufig von den Deportationen ausgenommen – und lebten trotzdem in ständiger Angst. Die meisten waren unter furchtbaren Umständen in „Judenhäusern" im zweiten Bezirk untergebracht. Eines stand in der Förstergasse. Die großen Deportationswellen begannen schon Ende 1941 und erreichten 1942 ihren Höhepunkt. Es dauerte noch fast drei Jahre bis Ende März 1945, ehe die Rote Armee bei Klostermarienberg die österreichische Grenze überschritt und am 6. April den Großangriff auf die Nazis in Wien startete (siehe auch das Kapitel „Befreiungsdenkmal").

55 ROTHSCHILD-SPITAL

Einer der Ärzte, die im Rothschild Spital tätig waren, war Viktor Frankl. Hier ist er (in der Mitte) mit Kollegen und Kolleginnen des Neurologischen Ambulatoriums vor dem Spital zu sehen, aufgenommen zwischen1940 und 1942.
Bild: DÖW

Reiseziel

- Währinger Gürtel 97, 1180 Wien
- Luftlinie vom Stephansdom: 1,4 km Nordnordost
- 16°22'37" Ost / 48°13'14" Nord

Öffis

- U6 Station Währinger Straße/Volksoper; – Straßenbahnlinien: 40, 41 42; Bus: 40A;

„WARTEZONE DER HOFFNUNG"

Die jüdische Familie Rothschild baute in Wien neben prunkvollen Palais auch ein Spital, das modernste Krankenhaus seiner Zeit. Nach dem Krieg waren dort Tausende Menschen („Displaced Persons") untergebracht, die die Konzentrationslager überlebt hatten und auswandern wollten. Auch während des Aufstands in Ungarn gegen den Stalinismus (1956) bot man hier Flüchtlingen ein Dach über dem Kopf. 1960 wurden die Gebäude verkauft, abgerissen und an ihrer Stelle das WIFI errichtet.

Nach der Kapitulation des „Dritten Reiches" standen Überlebende der Konzentrationslager vor dem Nichts. Ihre Heimatländer verwüstet, Wohnungen und Häuser zerstört oder geraubt, die meisten oder alle Angehörigen ermordet. Traumatisiert und erschöpft wurden sie in behelfsmäßigen Camps aufgenommen, die die Befreiungstruppen der Alliierten für sie einrichteten. Von 1945 bis 1952 war auch das Wiener Rothschild-Spital eine solche Zwischenstation für rund 250.000 jüdische Flüchtlinge, die aus Konzentrationslagern und aus Osteuropa auf dem Weg in neue Heimaten waren. Bevorzugt wollten sie in die USA, nach Kanada, Australien und in das eben erst gegründete Israel. Der amerikanische Armee-Fotograf Henry Ries, 1938 aus Berlin in die USA emigriert, hielt die Agonie im Wiener Rothschild-Spital auf seinen Bildern fest. Er bezeichnete das Haus als „Wartezone der Hoffnung".

Es war schon immer ein offenes Haus: Hierher konnten alle kommen, ob sie nun jüdisch waren oder nicht. Von Anselm Salomon Rothschild finanziert, wurde es 1873 eröffnet. Es stand am Währinger Gürtel 97, wo sich heute das Wirtschaftsförderungsinstitut (WIFI) befindet. Eine Gedenktafel erinnert an das damals modernste Spital Wiens. Hier arbeiteten renommierte Ärzte wie Otto Zuckerkandl und Viktor Frankl, der die Leitung der neurologischen Abteilung übernahm. Der Architekt war Wilhelm Stiassny, der von den Rothschilds für vielerlei Bauwerke beauftragt wurde. Das

Spital war in moderne Pavillons gegliedert. Zuckerkandl starb 1921, seine geschiedene Frau Amalie wurde von Gustav Klimt porträtiert. So erhaben sie auf dem Gemälde wirkt, so verarmt und gealtert zeigt sie ein Foto von 1939. Sie wurde von den Nazis zusammen mit ihrer Tochter Nora 1942 ins Ghetto Izbica bei Krasnystaw in Polen deportiert. Das war ein „Warteraum" der anderen Art – für das Vernichtungslager Bełżec. Keiner von den 4.000 nach Izbica deportierten Österreicher überlebte den Holocaust. Der später weltberühmte Psychiater Viktor Frankl wurde 1942 aus seiner Heimatstadt Wien nach Theresienstadt deportiert. Er überlebte knapp. Seine erste Frau Tilly kam im KZ Bergen-Belsen um. Auch Frankls Eltern und sein Bruder überlebten den Holocaust nicht. Er verarbeitete sein Trauma im Buch „Trotzdem Ja zum Leben sagen", begründete die Logotherapie und Existenzanalyse und suchte Sinn und Ruhe auf den Wiener Hausbergen.

Vorläufer des Rothschild-Spitals war ein viel älteres Krankenhaus in der Seegasse 9, wo sich heute ein Altenheim befindet. Dieser Stadtbereich hieß 1629 im Dreißigjährigen Krieg noch „Gassel allwo der Juden Grabstätte", ab 1778 dann Judengasse. 1862 wurde sie die Seegasse, benannt nach einem Fischteich. 1698 gründete hier der Bankier Samuel Oppenheimer das erste Spital unweit des jüdischen Friedhofs. 50 Betten standen bereit, für die damalige Zeit eine großartige Innovation. Als es zu klein wurde, sorgte die Familie Rothschild

(li.) Das Rothschild Spital um 1905. Der Architekt war Wilhelm Stiassny, neben Viktor Frankl war auch Otto Zuckerkandl als Arzt dort tätig. Nach dem Krieg wurde das Spital zu einem Obdach für Tausende „Displaced Persons", für Überlebende der Vernichtungslager. Hier warteten sie auf ihre Ausreise, um ein neues Leben beginnen zu können. Danach kam der Verfall und es folgte die Demolierung. (re.) Heute befindet sich auf dem Areal das WIFI.
Bilder: (li.) Unbekannter Fotograf; (re.) Privatarchiv, Wien

für den Bau des neuen und hochmodernen Krankenhauses. Das Rothschild-Spital wurde sogar im „Dritten Reich" weiterbetrieben. Es wurde zum einzigen Ort, wo sich Juden bei Krankheiten oder nach Unfällen behandeln lassen konnten. 1943 wurde das Spital schließlich enteignet und von den Nazis als Lazarett genutzt. Nach Kriegsende wurde das Gebäude zwar der Israelitischen Gemeinde zurückerstattet, eine Wiedereröffnung scheiterte aber am Geld. Die Stadt Wien und die Republik Österreich wollten nicht mitzahlen. 1956 wurden die Pavillons noch einmal geöffnet, um Flüchtlinge aus Ungarn unterzubringen, wo die Sowjets den Aufstand von Demokraten blutig niedergeschlagen hatten. Wenig später wurde der Bau an die Wiener Wirtschaftskammer verkauft. Diese ließ ihn abreißen und errichtete 1960 hier das WIFI. Ein kleineres jüdisches Notspital befand sich bis Kriegsende in der Malzgasse 16. (eba)

Literaturtipps

Viktor Frankl: Trotzdem Ja zum Leben sagen. Ein Psychologe erlebt das Konzentrationslager. München 1977

Karl Heinz Tragl: Chronik der Wiener Krankenanstalten. Wien 2007

56 VOLKSSCHULE SPERLGASSE

Der Eingang der Volksschule Sperlgasse im zweiten Bezirk, wo Tausende Männer, Frauen und Kinder auf ihre Deportation warten mussten. 45.000 wurden von hier aus deportiert, darunter viele Kinder. Der „traurigste und wichtigste Ort" des Weges der Erinnerung.
Bild: Anna Beskova

Reiseziel

- Volksschule in der Kleinen Sperlgasse 2a, 1020 Wien
- Luftlinie vom Stephansdom: 900 m Nordnordwest
- 16°22'39" Ost / 48°12'56" Nord

Öffis

- U1, U4 Schwedenplatz; U2 Taborstraße; Station Karmeliterplatz – Straßenbahnlinie: 2; Bus: 5A;

WEG DER ERINNERUNG DURCH DIE „MAZZESINSEL"

Aufgrund des hohen jüdischen Bevölkerungsanteils wurde die Leopoldstadt „Mazzesinsel" genannt. Heute lebt hier jüdisches Leben wieder auf. Der „Weg der Erinnerung" zeigt das historische jüdische Leben im zweiten Bezirk, aber auch die Orte der Sammlungen und Deportationen von Frauen, Kindern, Männern.

Vor ein paar Jahren kam ein alter Mann aus Australien, ein Überlebender des Holocaust. Er wollte zu seiner ehemaligen Schule, ins Gymnasium in der Kleinen Sperlgasse. Als wir davor standen, wollte er in die Schule hinein. Ich war etwas unsicher, denn wie wird die Schule reagieren? Doch der Hausmeister war die Freundlichkeit in Person, auch der Direktor kam sofort herbeigeeilt. Als wir dann in seine ehemalige Klasse kamen und den Kindern sein Schicksal erklärt wurde, standen sie auf und applaudierten." Die berührende Geschichte erzählt der Fremdenführer Walter Juraschek. Auch solche Sternstunden gibt es in der Wiener Leopoldstadt. Der „Weg der Erinnerung" führt durch den Bezirk und hat gerade hier, wo der Anteil der jüdischen Bevölkerung bis zum „Anschluss" 1938 sehr hoch war, viele Stationen (siehe dazu das Kapitel „Gaußplatz"). In Russland lebten um 1903 fünf Millionen Juden. Es kam immer wieder zu grauenhaften Pogromen, Hunderttausende flüchteten in den Westen. Im Habsburgerreich lebten insgesamt zwei Millionen Juden, davon rund 180.000 in Wien, der Anteil im zweiten Bezirk lag bei 40 Prozent.

Der „traurigste und wichtigste Ort" des Weges, sagt Juraschek, sei die Station vor der Volksschule in der Kleinen Sperlgasse 2a, wo die Nationalsozialisten ein Sammellager errichtet hatten. Zwischen 1941 und 1943 wurden von hier aus rund 45.000 Menschen, darunter auch zahlreiche Kinder, deportiert und in Ghettos und Konzentrationslagern ermordet. Die meisten österreichischen Juden wurden in Maly Trostinec bei Minsk sofort erschossen oder in „Vergaserautos" vergast. Zwischen Mai und Oktober 1942 trafen insgesamt 16 Züge mit mehr als 15.000 Menschen aus Wien, Königsberg, Theresienstadt und Köln in Minsk ein. Dass die Menschen sofort nach Ankunft ermordet wurden, geht auf das Konto von Reinhard Heydrich, Chef der Sicherheitspolizei. Exekutionsstätte war ein Kiefernwäldchen in einigen Kilometern Entfernung vom Gut Maly Trostinec, einer ehemaligen Kolchose. Zum Einsatz kamen Polizisten und Waffen-SS, bis zu 100 Mann. Die Züge rollten zumeist zwischen vier und sieben Uhr früh im Güterbahnhof ein. Bei einem Sammelplatz wurden den Opfern Geld und Wertsachen abgenommen, etwa 20 bis 50 Personen, die zur Zwangsarbeit am Gut geeignet erschienen, sondierte die SS aus. Die restlichen wurden auf Lkws zu den 18 Kilometer entfernten Gruben gebracht, wo sie erschossen wurden. Ab Juni setzte man auch Vergaserautos ein. Von den insgesamt etwa 9.000 nach Maly Trostinec deportierten österreichischen Juden sind 17 Überlebende bekannt.

Weitere größere Sammellager befanden sich in den ehemaligen Schulen in der Castellezgasse 35 sowie in der Malzgasse 7. In der Malzgasse 16 befanden sich nicht nur eine Bubenschule und ein Bethaus, sondern auch das weltweit erste Jüdische Museum. Die restitutierten Teile des geraubten Bestandes sind heute im Jüdischen Museum in der Dorotheergasse im ersten Bezirk untergebracht. Die „Aushebung" von zur Deportation bestimmten Österreichern jüdischer Abstammung wurde meist nachts, aber auch tagsüber für alle sichtbar durchgeführt. Die Straßen wurden gesperrt und die Wohnungen gestürmt. Vorerst brachten sie die Nazis in Sammelwohnungen in sogenannten Judenhäusern unter. Dann verlud man sie mit ihren Habseligkeiten auf Lkws und brachte sie zum Aspangbahnhof (siehe dazu das Kapitel „Aspangbahnhof"). In den Sammellagern herrschten furchtbare Zustände: Hunderte Menschen wurden zusammengepfercht, sie mussten auf Strohsäcken, schäbigen Matratzen oder am Boden schlafen, ohne Decken, ohne Heizung. Eine zusätzliche Demütigung waren offene Toiletten. Viele nahmen sich das Leben. Auch in der Schmelzgasse 9 befanden sich Sammelwohnungen: 143 Menschen wurden hier zusammengepfercht, nur zehn von ihnen überlebten die Shoah.

Viele Eltern versuchten ihre Kinder durch Kindertransporte nach Großbritannien zu retten – in der Hoffnung, später nachkommen zu können. Doch zahlreiche Kinder wurden zu Vollwaisen. An diese Kinder erinnert die Statue der Londoner Bildhauerin Flor Kent in der Halle am Wiener Westbahnhof (siehe dazu das Kapitel „Westbahnhof"). In der Liverpool Station in London gibt es ein Gegenmodell. 10.000 Kinder konnten durch Kindertransporte gerettet werden, eineinhalb Millionen Kinder wurden ermordet. Für die Organisation der „Kindertransporte" hatten sich Christen und Juden zusammengeschlossen. Die aus Österreich stammenden Kinder fuhren von Wien-Westbahnhof in Richtung Holland, von wo sie per Schiff nach England weiterreisten.

Der „Weg der Erinnerung", konzipiert als Runde, mit insgesamt mehr als 100 Stationen, führt auch in die Czerningasse, eine sehr typische Gasse für das jüdische Leben in der Leopoldstadt und ein Beispiel für Sammelwohnungen und Deportationen. „Alice Zipper, Czerningasse 3, Deportation Auschwitz 1942. Anna Adler, Czerningasse 4, Theresienstadt", steht auf Tafeln in der Gasse. Insgesamt wurden aus der Czerningasse rund 1.000 Juden deportiert, nur 97 überlebten die Shoah. Auch wenn es Werkstattbesitzer Helmut Kniezanrek nicht böse meint und das Schild nur ein praktischer Hinweis für Autofahrer sein soll, schreckt die große Tafel „Vergaser" am Haus Czerningasse 7 – in dieser Gegend voller Tafeln mit Namen von Ermordeten, die vergast wurden. Gleich in der Nähe, auf Nummer 6, wird an die jüdischen Seelenärzte erinnert, weil in diesem Haus Viktor Frankl gewohnt hat. Er hat den Holocaust überlebt, seine Familie nicht.

In einem Haus in der Gasse gab es 41 Deportierte, nur ein einziger ist zurückgekommen: Freddi Landau. Als er 17 war, wurde er für den Transport ins KZ aufgerufen, seine 16-jährige Freundin Trude kam freiwillig mit. Theresienstadt, Auschwitz und Mauthausen markierten den Leidensweg. Sie haben sich zwar aus den Augen verloren, aber nur deshalb überlebt, weil sie voneinander über Umwege wussten. Als sie nach der Kapitulation zurückkamen und in die Wohnung von Landaus Eltern wollten, ließ sie der neue „Wohnungsbesitzer" nicht hinein. Auch jüdische Vereine wurden aufgelöst und das Vermögen einkassiert: An 160 Vereine wird an der Station in der Taborstraße vor der Karmeliterkirche erinnert. Nach dem Krieg argumentierte die Republik, dass zwar das Geld zurückerstattet wird, doch erst wenn der Vereinsvorsteher darum ansucht. Die meisten waren da allerdings tot.

Nicht zu übersehen ist der beeindruckende Nestroyhof am Nestroyplatz. Das Gebäude wurde von Oskar Marmorek 1898 erbaut. Marmorek, der in einem jüdischen, kinderreichen Elternhaus aufwuchs, war ein enger Freund und Mitarbeiter Theodor Herzls, des Begründers des Zionismus, der gleich in der Nähe, in der Praterstraße, seine Wohnung hatte. Begeistert von Herzls Ideen, war er von Beginn an für den Zionismus tätig. Der stattliche Jugendstilbau am Nestroyplatz beherbergte das „Etablissement Nestroy-Säle", das mit seinem Restaurant im Wintergarten eines der bekanntesten Vergnügungsetablissements Wiens war. Von 1904 bis 1918 bespielte das „Intime Theater" unter der Leitung von Emil Richter-Roland und Oskar Friedmann im Theatersaal des Hauses die Kleinbühne und brachte unter anderem Stücke von Maxim Gorki und August Strindberg zur österreichischen Erstaufführung. Ab 1927 leitete Jakob Goldfließ die „Jüdischen Künstlerspiele", zahlreiche Gastspiele internationaler Gruppen fanden statt. Die Räume wurden auch als Kino genutzt, und bis 1938 wurde im Keller in der Bar das Tanzbein zu Charleston, Foxtrott und Swing geschwungen. Die Gestapo drehte nach dem „Anschluss" das Licht ab und das fröhliche, vielfältige Nachtleben fand ein abruptes Ende. Der Nestroyhof wurde 1938 arisiert, das Theater aufgelöst und das Gebäude an die Industriellenfamilie Polsterer vergeben. Ein heute umstrittenes außergerichtliches Restitutionsverfahren führte 1952 zu einer Einigung zwischen den Erben der letzten Besitzerin Anna Stein und der Familie Polsterer, die bis heute Eigentümerin des Gebäudes ist. Jahrelang war ein Supermarkt Mieter und der Theatersaal wurde als Lager verwendet. Erst 1997 begann man an seine glanzvolle Vergangenheit anzuschließen: Zuerst wurde der Saal für verschiedene kulturelle Veranstaltungen genutzt. 2009 eröffnete schließlich das „Theater Nestroyhof/Hamakom (hebräisch für „der Ort").

Reges Treiben herrschte und herrscht am Karmelitermarkt. Früher war der Markt allerdings doppelt so groß wie heute, bis 1938 gab es 74 jüdische Händler. Leopold (Schani) Sonnenschein war einer der Gründer des Marktes. Er war bekannt dafür, dass er mit einem Pferdewagen Wassermelonen aus Ungarn lieferte. Wenn er einschlief, fand sein Pferd den Weg von allein. Sein Sohn Rudolf führte Bananen in Wien ein und wurde deshalb „Bananenkönig" genannt. Er und seine Schwester Therese, die auf dem Markt mitarbeitete, wurden deportiert und ermordet. Mit der Parole „Kauft nicht bei Juden" sollte die Geschäftsgrundlage der jüdischen Händler zerstört werden, bevor man ihnen den Rest nahm. Der Aufruf wurde von Antisemiten aller politischen Richtungen in Wien bereits ab 1904 verbreitet. Der Raubzug auf dem Karmelitermarkt ging nach dem „Anschluss" sehr schnell: Bereits im Sommer 1938 war der Markt „judenrein". Doch es gab auch Menschen, die Juden versteckten, unter Einsatz ihres eigenen Lebens: In Wien lebten rund 1.500 Menschen als „U-Boot", etwa ein Drittel flog auf. Beim Museum Yad Vashem in Jerusalem wird für all jene, die während der Nazizeit Juden schützten, ein Baum gepflanzt. An diese „Gerechten unter den Völkern" wird auch an der Ecke Leopoldgasse/Im Werd gedacht. (eba)

Literaturtipp

Verein Steine der Erinnerung (Hrsg.): Weg der Erinnerung durch die Leopoldstadt. Begleitbroschüre (Die Broschüre kann man über die Website steinedererinnerung.net anfordern; außerdem erhältlich im Literaturbuffet Lhotzky, Taborstraße 28, und im Café Sperlhof, Große Sperlgasse 41.)

Webtipp

steinedererinnerung.net

57 GROSSER TEMPEL

Eine Abbildung der Synagoge auf einer Gedenktafel in der Tempelgasse. Der Leopoldstädter Tempel war die größte und schönste Synagoge Wiens, ein Prachtbau mit orientalischer Kuppel und üppigen Ornamenten. In der Pogromnacht im November 1938 brannte er lichterloh, die Feuerwehr sah tatenlos zu. Insgesamt wurden im Deutschen Reich 1.500 Synagogen und Bethäuser zerstört.

Bild: Anna Beskova

Reiseziel

- Tempelgasse 3, 1020 Wien
- Luftlinie vom Stephansdom: 1 km Nordost
- 16°23′07″ Ost / 48°12′49″ Nord

Öffis

- U2 Nestroyplatz; Bus: 5A;

INFERNO MIT 50 GELEGTEN GROSSBRÄNDEN

In Wien wurde besonders brutal gegen Synagogen vorgegangen: In der Pogromnacht (NS-Jargon: „Reichskristallnacht") vom 9. auf den 10. November 1938 gingen 50 jüdische Bethäuser in Flammen auf und wurden zerstört. Heute erinnern nur noch unauffällige Gedenktafeln oder einige Gebäudeteile an diese Tempel, von denen viele architektonische Meisterleistungen waren. Immer noch wird versucht, eine würdige Erinnerungskultur zu verhindern.

Reporter Eldon Walli meldete sich für die Radiosendung „Zeitfunk" live vom Tatort. Er berichtete begeistert über riesige Flammen, die die Synagoge zerstörten. „Wir stehen vor dem großen Leopoldstädter Judentempel. Ihn heute noch so zu bezeichnen, ist schon etwas geschmeichelt, denn die erbitterten arischen Einwohner dieses Bezirkes haben nach dieser ruchlosen Tat von Paris (die Ermordung eines deutschen Diplomaten durch einen jüdischen Attentäter, die als Vorwand für die Pogrome verwendet wurde, Anm.) es sich nicht nehmen lassen, um auch hier ihren abgrundtiefen Hass gegen das Judentum zu bezeugen. Der Judentempel war in wenigen Minuten ein Raub der Flammen." Der damals 25-jährige Reporter stammte aus den USA, arbeitete auch für die SS und interviewte für seine Reportage einen SA-Mann und einen Feuerwehrmann. Zum SA-Mann sagte Walli angesichts der Einsturzgefahr: „Der Tempel kann ohne weiteres einstürzen, wir haben nichts dagegen, oder?" „Nein, nein", ein Lachen im Hintergrund. Die Feuerwehr sah zu, wie alles in Schutt und Asche fiel. Sie achtete nur darauf, dass das Feuer nicht auf Nachbarhäuser übergriff: „Wir haben uns eigentlich nur die Hände gewärmt und gewartet bis sich die Grundmauern von selbst niederlegen. Die Juden haben sich gleich in Sicherheit gebracht und waren teilweise als Zuseher da, verkleidet

(li.) Die weißen Säulen in der Tempelgasse sollen an die Größe der Synagoge erinnern. Rund 4.000 Personen fanden darin Platz. (re.) Nur die Synagoge in der Seitenstättengasse im ersten Bezirk, wo sich die Israeltische Kultusgemeinde befindet, ist erhalten geblieben.
Bilder: (li.) Anna Beskova; (re.) Eva Maria Bachinger

mit Parteiabzeichen." Daraufhin Walli: „Sogar diese Frechheit erlauben sie sich, aber das ist ja jetzt vorbei."

In Wien wüteten neben Horden der Partei auch aufgehetzte Bürger besonders schlimm: Die architektonische und kulturhistorische Bedeutung der Bauten war den Tätern völlig egal. Nur die Synagoge in der Seitenstettengasse 4, wo sich heute die Israelitische Kultusgemeinde befindet, blieb verschont. Dort befanden sich Akten, die die Nazis für die Vertreibung und Ermordung brauchten. 1938 lebten in Österreich 206.000 Juden und Jüdinnen, der allergrößte Teil in Wien, die meisten Familien waren aus Polen und Russland zugewandert, weil sie dort schon viel früher brutal verfolgt worden waren. Im ganzen Deutschen Reich brannten in dieser Nacht rund 1.500 Synagogen. Der Reichsmarschall Hermann Göring verschärfte

den Terror noch mit viel Zynismus, indem er eine Milliarde Reichsmark Schadenersatz von den jüdischen Gemeinden einforderte.

Die Synagoge in der Wiener Tempelgasse 5 war ein Prachtbau mit orientalischer Kuppel und üppigen Ornamenten. Heute erinnern nur vier weiße Säulen an ihre Größe. Weniger auffällig ist die Gedenktafel in Hebräisch beim Eingang. Auf dem Areal stehen heute Büros der Sozialorganisation ESRA, ein Kindergarten und eine kleinere Synagoge. Der große Leopoldstädter Tempel wurde 1858 gebaut und bot Platz für 2.500 Männer und 1.500 Frauen. Architekt war Ludwig Förster, der auch den Tabaktempel in Budapest entwarf und an der Planung des Wiener Arsenals beteiligt war. Er war der Schwiegervater von Theophil Hansen, der unter anderem Österreichs Parlamentsgebäude geplant hatte.

58 ALTER NORDWESTBAHNHOF

Aufbau der Ausstellung „Der ewige Jude" in der Nordwestbahnhalle am 02.08.1938.
Bild: ONB – Bildarchiv Austria

Reiseziel

- Der Nordwestbahnhof, wo die längst abgerissene Halle mit der Ausstellung stand, war Kopfbahnhof der alten Nordwestbahn. Große Teile des Areals sind heute Brachland, andere dienen als Frachtenbahnhof bzw. Güterterminal. Bis 2025 soll hier ein neuer Stadtteil mit viel grünem Erholungsraum entstehen.
- Luftlinie vom Stephansdom: 2,5 km Nordost
- 16°23'23" Ost / 48°13'35" Nord

Öffis

- Station Rebhahngasse – Straßenbahnlinie: 2;

„DER EWIGE JUDE"

Dass Wien schon lange vor Hitler eine Hauptstadt des Rassenwahns war, zeigte sich auch im Zuge der Wander-Ausstellung „Der ewige Jude". Sie verstärkte 1938 den hier schon lange verbreiteten Hass auf Minderheiten. Mehr als 350.000 Wienerinnen und Wiener sahen die als multimediale Propaganda und Hetze perfekt gestaltete Schau zwischen Anfang August und Ende September 1938. Pro Tag kamen fast 6.000 Schaulustige. Wegen des Andrangs wurde der braune Zirkus, der 1936 vom NSDAP-Gauleiter in Oberbayern eingefädelt worden war, in Wien um einen Monat verlängert.

Wien war nach München die zweite Station und wurde so wie alle anderen Städte auch im Zuge der Werbung für die Schau mit knallgelben Plakaten zugepflastert. Für Wien gab die Post sogar eine Sonderbriefmarke heraus. Der Standort der Schau in der Halle des alten Nordwestbahnhofs war von den Nazis bewusst gewählt. Sie behaupteten nämlich, die meisten Wiener Juden bzw. ihre Vorfahren wären über diesen Bahnhof aus Osteuropa eingewandert und hätten das „deutsche Wien" verseucht. Hier endete die sogenannte Tabor-Linie der Eisenbahnen im alten Habsburgerreich.

Die Halle des alten Nordwestbahnhofs im Stadtteil Brigittenau, in der die Wanderausstellung „Der ewige Jude" gezeigt wurde, steht heute nicht mehr. Es gab 26 Themenbereiche und Säle sowie zusätzliche Kapitel, die nur für Wien konzipiert wurden. In keiner anderen Metropole des „Dritten Reiches" gab es so viele jüdische Bürger und Zuwanderer aus allen sozialen Schichten. „Der ewige Jude" spannte auf mehr als 3.500 Quadratmetern den Bogen von der Römerzeit bis zu Bolschewismus und Marxismus. Uralte, alte und neuere Lügen, Klischees und Vorurteile wurden ausgewalzt, umgepolt, verdreht und als ewige Wahrheiten verkauft. Ein Endlosfilm zeigte die Schächtung von Tieren, um auch noch die letzten Energien des Publikums für blinden Hass gegen Juden zu mobilisieren. Es konnte sich auch bei diesen Menschen nur um Tiere handeln, Ratten und Schädlinge, die man töten müsse. Die Weimarer Republik in Deutschland und ihre Demokratie, die die Nazis 1933 endgültig zerstört hatten, wurde als Paradies des Judentums dargestellt: Kunst, Literatur, Theater und Musikwelt seien von Juden unterwandert gewesen, ebenso die deutsche Wirtschaft. Die Juden hätten den bolschewistischen Umsturz vorbereitet und die Kultur der Deutschen zersetzt. Dazu nahmen die Gestalter der Schau die Freimaurer als Komplizen der Juden ins Visier.

Nahezu alle Wiener Schüler wurden von ihren Lehrern in die Ausstellung getrieben. Wer danach nicht an die jüdische Weltverschwörung glaubte, brauchte als junger Mensch sehr viel Intelligenz und widerständigen Geist, um der Propaganda nicht auf den Leim zu gehen. Die Eröffnungsrede in Wien hielt Arthur Seyß-Inquart, hoher Nazi-Funktionär mit österreichischer Herkunft, der in seinem Heimatland schon früh den braunen Terror unterstützte. Speziell für Wien war die Schau um Fotos des früheren Bürgermeisters Richard Schmitz und des Kabarettisten Fritz Grünbaum ergänzt worden. Sie zeigten die beiden im Konzentrationslager Dachau mit dem Text: „Judenknechte und Juden auf Sommerfrische in Dachau". Folter, Zwangsarbeit und Haft seien heilsame Kuren für Juden, hieß es. Weitere Schwerpunkte und dreiste Lügen der Ausstellung: „Biologische Grundlagen", verzerrte Geschichte und Religion des Judentums, Wucher und Hehlerei als Hauptbeschäftigungen, Ghettos und Pogrome als „Notwehr" der europäischen Völker. Der uralte Antisemitismus von Päpsten und weiter katholischer Kreise wurde ebenso ausgeschlachtet wie der Judenhass des deutschen Reformators und Protestanten Martin Luther. Juden würden daran arbeiten, nach Russland nun auch Deutschland und die ganze Welt in eine kommunistische Hölle zu verwandeln. Die Ausstellung gehörte zur Vorgeschichte und ideologischen Vorbereitung der Novemberpogrome von 1938. Unter dem Einfluss der Schau gab es in allen Städten, in denen sie gezeigt wurde, eine Zunahme an antisemitischen Gewalttaten. Das zeigt eine Auswertung der polizeilichen Einsatzdaten jener Zeit.

Nordwestbahnhalle zur Ausstellungszeit im Sommer 1938 und Propaganda-Postkarte zu dieser Schau.
Bilder: ONB – Bildarchiv Austria

Die Konzeption der Wanderausstellung hatte Otto Nippold eingefädelt, NSDAP-Gauleiter von München und Oberbayern. Gestalter waren der Architekt Fritz von Valtier und der Maler Horst Schlüter. Eröffnet wurde sie zum ersten Mal am 8. November 1937 im Bibliotheksbau des Deutschen Museums in München. Reichspropagandachef Goebbels hielt die Rede. „Der ewige Jude" gehörte zur berüchtigten Trilogie der Nazis, die nach Kriegsende als „Schandausstellungen" bezeichnet wurden: „Entartete Kunst" und eine große Schau gegen Kommunismus und Bolschewismus ergänzten die Palette der braunen Belehrungsindustrie. (leh)

Literaturtipps

Yizhak Ahren et al.: Der ewige Jude oder Wie Goebbels hetzte. Aachen 1990

Wolfgang Benz: „Der ewige Jude" (Propaganda-Ausstellung). In: Handbuch des Antisemitismus. Bd. 4. Berlin 2011

Christian Hardinghaus: „Der ewige Jude" und die Generation Facebook. Antisemitische NS-Propaganda und Vorurteile in sozialen Netzwerken. Marburg 2012

Webtipp

dasrotewien.at – Stichwortsuche: Nordwestbahnhof, Brigittenau

59 RIESENRAD

Das Wiener Riesenrad ist weltberühmt. Die früheren, nicht verwandten, Grundbesitzer bzw. Pächter Gabor Steiner und Eduard Steiner wurden aus Wien von den Nazis vertrieben, Eduard Steiner im Vernichtungslager Auschwitz ermordet. Nur ein Straßenschild erinnert an Gabor Steiner.

Bild: Anna Beskova

Reiseziel

- Riesenrad, Riesenradplatz 1, 1020 Wien
- Luftlinie vom Stephansdom: 2 km Nordost
- 16°23'46" Ost / 48°12'59" Nord

Öffis

- U1, U2 Praterstern; Station Praterstern – Straßenbahnlinien: 0, 5; Bus: 5B, 80A, 82A;

RIESIGE GEDÄCHTNISLÜCKEN

Das Riesenrad im Wiener Prater ist ein weltweit bekanntes Postkarten- und Fotomotiv. Kaum eine Wien-Werbung kommt ohne diese Attraktion aus. Obwohl die heutigen Besitzer nichts mit Nazis und ihren Raubzügen zu tun haben, werden historische Schattenseiten noch immer gern verschwiegen – auch beim Riesenrad. Zum Beispiel, dass der Wiener Eduard Steiner sein Wunderwerk durch „Arisierung" an vier Nazis verlor.

Auf der Website wienerriesenrad.com gibt es unter dem Link „Geschichte" inhaltlich eine große Lücke. So liest man da (Stand Herbst 2014): „Ab 1920: Immer mehr US-amerikanische Filmproduzenten verwenden das Wiener Riesenrad als Motiv. 1944: Brand des Riesenrades." Kein Wort von Nationalsozialismus und „Arisierung". Auch in der modernen Ausstellung, die sich seit 2002 beim Riesenrad befindet, wird alles Mögliche thematisiert – von der Römerzeit in Wien bis zum Biedermeier, von Prinz Eugen bis Karl Lueger. Die ursprünglichen Besitzer des Wahrzeichens von Wien bleiben unerwähnt. Sie existieren nicht einmal virtuell.

Wien wollte mit dem Riesenrad einst eine Art zweites Chicago werden. In der Metropole des US-Bundesstaates Illinois fand 1893 die Weltausstellung statt. Dafür wurde dort ein 80 Meter hohes Riesenrad aufgestellt. Der britische Ingenieur Walter Basset konzipierte auch für London eine solche Attraktion. Der jüdische Wiener Gabor Steiner sah sich das Projekt in England an. Als Theaterdirektor war er begeistert: Auf einem von ihm gepachteten Grundstück im Wiener Prater wurde gerade die Erlebniswelt „Venedig in Wien" errichtet. Genau dort sollte Basset nun auch ein Riesenrad bauen. Am 25. Juni 1897 setzte sich das Ding in Bewegung: 254 Tonnen schwer, 60 Meter hoch, mit 30 Gondeln. Das Rad selbst gehörte noch immer dem Briten Basset. Bei der offiziellen Einweihung am 3. Juli gab es ein Volksfest.

Trotz vieler Besucher geriet das Riesenrad mit dem Ersten Weltkrieg in große Schwierigkeiten. Weil es die Armee als Aussichtsposten benötigte, wurde es für die Öffentlichkeit gesperrt. 1916 enteignete der Staat den britischen Eigentümer Basset und ließ es versteigern. 1919 entschloss sich der Wiener Jude Eduard Steiner – nicht mit dem Gründer Gabor Steiner verwandt – zum Kauf. Er verpachtete dann den Betrieb. Nach dem „Anschluss" wurde Steiners Eigentum noch im Jahr 1938 „arisiert". Viele bemühten sich um eine Übernahme. Im Juli 1939 erhielten vier „verdiente Parteigenossen" der NSDAP den Zuschlag: Alfons Wilfhart, Johann Michner, Josef Radler und Anton Ölwein. Sie sollten rund 49.000 Reichsmark bezahlen, nur ein Viertel der ursprünglichen Verkaufssumme. Doch Steiner bekam sein Geld nie. Das Riesenrad wurde nun von den vier Nazis betrieben, verwaltet und von der Obrigkeit unter Denkmalschutz gestellt. In den folgenden beiden Jahren waren die Umsätze fünfmal so hoch wie der Kaufpreis, für den ohnehin nie Geld floss.

Eduard Steiner wurde im August 1942 ins KZ Theresienstadt deportiert und in Auschwitz-Birkenau im Juni 1944 mit seiner Frau ermordet. Nach dem Krieg kam nur einer der sogenannten „Käufer" vor Gericht. 1948 forderten Steiners Töchter und eine Enkelin den rechtmäßigen Besitz zurück. „Es dauerte fünf Jahre, bis 1953, die von Unzumutbarkeiten durchdrungen waren, bis das Riesenrad rückgestellt wurde. Die von 1938 bis 1944 erwirtschafteten Erträge kamen nie zur Auszahlung", schildert die Historikerin Eva Blimlinger.

Heute erinnert beim Riesenrad nichts an Eduard Steiner. Seinem Vorgänger Gabor Steiner gelang 1938 die Flucht zu seinem Sohn Maximilian in die USA, wo er 1944 verstarb. 1987 wurde er von der Stadt Wien immerhin mit dem „Gabor-Steiner-Weg" gewürdigt. Der führt durch die Kaiserwiese zum Riesenrad. Allerdings findet man das Straßenschild nicht auf Anhieb, es steht auch kein erklärender Text dabei. Steiners Sohn war in den USA ein erfolgreicher Komponist und schuf die Filmmusik für Welterfolge wie „Gone with the Wind" und „Casablanca". Der junge Steiner heimste dafür drei Oscars ein.

Die Bombennächte in Wien überstand das Riesenrad schwer beschädigt. Mit 15 Gondeln wurde es nach dem Krieg wieder in Betrieb gesetzt und wurde alsbald zum Symbol für den Wiederaufbau. 1961 verkauften die Steiner-Erbinnen den Besitz ihrem Anwalt Karl Lamac. Die Stadt Wien, der man das Wahrzeichen anbot, zeigte kein Interesse. Aktuelle Besitzer (Stand 2014) sind Peter Petritsch, ein Enkel von Karl Lamac, und seine Cousine. Wir haben Petritsch gefragt, warum bei seinem Betrieb nichts auf die NS-Diktatur und frühere Besitzer des Riesenrades hinweise. Petritsch reagierte zuerst nicht, dann unwirsch: „Beim Umbau 2001 wurde das Panorama von der Firma ArtEvent gestaltet, die im Eigentum von André Heller steht – und der dürfte über die Art Ihrer Fragen jedenfalls erhaben sein. Ich kann Ihnen leider keine Antwort geben. Ich kann nur vermuten, dass ArtEvent dieses Thema nicht wichtig genug erschien! Ebenso wurde die Homepage extern erstellt, und ich sehe keine Veranlassung, diese zu ändern."

Wir haben auch ArtEvent konfrontiert. Eine Sprecherin: „Unsere Firma hat für die Gestaltung der Infrastruktur-Erweiterung durch Dritte am Wiener Riesenrad die gesellschaftsrechtliche Basis zur Verfügung gestellt. Inhaltlich handelt es sich nicht um ein ArtEvent Projekt. Ob eine historisch-kritische Ausstellung im Zuge der Infrastruktur-Erweiterung durch die Riesenrad Eigentümer vorgesehen war, entzieht sich unserer Kenntnis, liegt aber gewiss nur in deren Zuständigkeit und Eigenverantwortung." Demnach scheinen also doch Peter Petritsch und seine Cousine zuständig zu sein. Who knows? (eba)

Literaturtipp

Cécile Cordon: „Das Riesenrad hat alle entzückt". Die wechselvolle Geschichte des Wiener Wahrzeichens. Wien 1997

Webtipps

riesenrad.co.at
wienerriesenrad.com

60 ERNST-HAPPEL-STADION

Von den inhaftierten Wiener Juden im damaligen Praterstadion – dem heutigen Ernst-Happel-Stadion – gibt es kein einziges Foto. Knapp ein Jahr später auf eben diesem Rasen: Die „großdeutsche" Nationalmannschaft unter der Leitung des damaligen „Reichstrainers" Sepp Herberger trainiert.
Bild: ONB / Blaha

Reiseziel

- Ernst-Happel-Stadion, Meiereistraße 7, 1020 Wien
- Luftlinie vom Stephansdom: 3,5 km Ost
- 16°25'11" Ost / 48°12'22" Nord

Öffis

- U2 Stadion; Bus: 11A, 77A;

FUSSBALLSTADIEN ALS KONZENTRATIONSLAGER

Das frühere Wiener Praterstadion, heute Ernst-Happel-Stadion, war das erste Fußballstadion weltweit, das als behelfsmäßiges Konzentrationslager verwendet wurde. Jahrzehnte später folgten Faschisten in Chile und Argentinien dem Wiener Beispiel und nutzten große Sportstätten, um Regimegegner zu „konzentrieren". Auch bei modernen Bürgerkriegen in Schwellen- bzw. Entwicklungsländern findet der Missbrauch von Stadien für Folter und Tod seine Fortsetzung.

2003 gelang es dem jungen Historiker David Forster, zumindest in Wien eine neue Erinnerungskultur zu diesem Thema zu etablieren – mit einer Gedenktafel: Die Gestapo hatte 1939 mehr als 1.000 Juden im Wiener Praterstadion eingesperrt. Von hier führte ihr Weg ins NS-Konzentrationslager Buchenwald (Thüringen). Die Aktion sollte eine Art Generalprobe für spätere Deportationen sein, mit denen Wiens jüdische Stadtviertel entvölkert wurden. Die Männer wurden dabei überfallsartig verhaftet. Das Wiener Praterstadion für 60.000 Zuschauer war schon damals eines der modernsten weltweit. Zwischen 1928 und 1931 hatte es die sozialdemokratische Stadtregierung errichten lassen. Die Wiener Gestapo unter Karl Ebner, einem gebürtigen Südtiroler, ließ die verhafteten Juden im Sektor B unter den Tribünen unterbringen. Auf Stroh. Es gab dünne Suppe und pro Mann ein Stück Brot pro Tag. „Mit dem Grauen der eigentlichen KZ war das noch nicht vergleichbar, aber es war der Auftakt für die Vertreibung und Vernichtung dieser Menschen", so Historiker David Forster, der das Wiener Tabuthema ab 2002 erforschte. Noch im September 1939 rückten NS-Anthropologen an, um die Juden „rassenkundlich" zu „untersuchen". Leiter war Dr. Josef Wastl, der schon seit 1932 bei der NSDAP war. Er suchte „Material" für Studien über „Untermenschen". Sein Team nahm 440 Männer unter die Lupe, vermaß

Köpfe, Hände und Füße etc. Wastls „Rassengutachten" wurden von rivalisierenden Nazis als zu wenig scharf kritisiert, berichtet die Wiener Anthropologin und Umwelthistorikerin Ortrun Veichtlbauer. Auch die Wiener Akademie der Wissenschaften hat diese Verbrechen unterstützt. Wie die Historikerin Brigitte Fuchs herausfand, soll die treibende Kraft im Hintergrund der deutsche Anthropologe und NSDAP-Funktionär Hans Kummerlöwe aus Dresden gewesen sein, der neue Direktor des Wiener Naturhistorischen Museums. 1940 ließ er polnische Kriegsgefangene und Juden „untersuchen", die in Kaisersteinbruch inhaftiert waren.

KZ Buchenwald

Am 30. September 1939 wurden die 1.038 Juden aus dem Praterstadion zum Westbahnhof verfrachtet. Der Zug mit den Viehwaggons fuhr zum KZ Buchenwald bei Weimar. Im Sommer 1940 waren dort nur noch 40 von ihnen am Leben. Nur 27 erlebten im Frühjahr 1945 die Befreiung durch die US-Armee. Forster interviewte 2003 den Wiener Fritz Kleinmann, der dabei war. Als Kleinmann 1953 eine Haftentschädigung beim Staat beantragte, ließ sich der bis 1988 Zeit – 25 Jahre. Kleinmann erhielt dann 860 Schilling (61 Euro) für drei Wochen Haft im Praterstadion. Er hatte den Großteil seiner Familie in Konzentrationslagern verloren. Forster schrieb in der populären Fußballer-Zeitschrift „ballesterer" eine Serie, in der auch die Geschichte des Praterstadions aufgerollt wurde. Dazu startete er eine Unterschriftenaktion für eine Gedenktafel. Mit 600 Unterstützern überwand man die Bürokratie der Bundeshauptstadt. Im Wiener Gemeinderat gab es ein einstimmiges Votum. Am 13. November 2003 wurde die Gedenktafel im Ernst-Happel-Stadion beim Sektor B angebracht. Dort, wo 1939 die 1.038 Juden auf den Transport in den Tod gewartet hatten. Der hochbetagte Fritz Kleinmann, der die Initiative zur Gedenktafel ergriffen hatte, starb 2009.

Know-how für Pinochets Faschisten

Für das Know-how der braunen Folterknechte gab es nach 1945 neue Märkte – besonders in Lateinamerika. Chiles und Argentiniens Faschisten inhaftierten Regimegegner bevorzugt in Fußballstadien.

Enst-Happel-Stadion in Wien (hinten), das frühere Praterstadion, das den Nazis als behelfsmäßiges Konzentrationslager diente.
Bild: Gerald Lehner

Eine Delegation des Weltfußballverbandes (FIFA) mit Generalsekretär Helmut Käser aus der „neutralen" Schweiz fand es 1973 nicht der Mühe wert, beim Besuch in Chile öffentlich Kritik zu äußern – im Gegenteil: Die Besucher sorgten sich, ob das als KZ benutzte Nationalstadion von Santiago wieder zur regulären Sportstätte umfunktioniert werden könne, damit am 21. November 1973 das WM-Qualifikationsspiel Chiles gegen die Sowjetunion stattfinden konnte. Chiles Regierung musste dafür ihre Häftlinge verlegen. Für viele sei es der eigentliche Schritt in den Tod gewesen, berichten chilenische Oppositionelle. Im Estadio Nacional waren insgesamt mehr als 40.000 Regimegegner interniert.

1978 war die Welt zu Gast im Folter- und Mörderstaat Argentinien. Beim Endspiel der Fußball-WM – bei der international von Sportreportern kaum politische Hintergründe beleuchtet wurden – besiegte Argentinien die Holländer. Der Torjubel im Estadio Monumental von Buenos Aires drang in die Kerker des nur 700 Meter entfernten KZ in einer Armeeschule mit riesigem Fußballplatz. (leh)

Literaturtipps

Gladys Ambort: Wenn die anderen verschwinden, sind wir nichts. Hamburg 2011

David Forster: Das Sindelar-Märchenbuch, auf: ballesterer.at

David Forster: Fußball unterm Hakenkreuz, auf: davidforster.at

David Forster: Initiative „Gedenktafel im Stadion", auf: davidforster.at

Friedrich Paul Heller: Pinochet – eine Täterbiografie in Chile. Stuttgart 2012

Wolfgang Kaleck: Kampf gegen die Straflosigkeit, Argentiniens Militärs vor Gericht. Berlin 2010

Webtipps

ballesterer.at

davidforster.at

61 S. C. HAKOAH

Hedy Bienenfeld-Wertheimer, Mitglied bei S. C. Hakoah, war eine der erfolgreichsten Schwimmerinnen Österreichs, 1927 gewann sie bei den Europameisterschaften Medaillen. Erst im Jahr 2000 konnte Österreich wieder eine Schwimm-Medaille erringen.
Bild: S.C. Hakoah

Reiseziel

- S. C. Hakoah
  (Karl Haber Sport & Freizeitzentrum), Simon-Wiesenthal-Gasse 3 (Eingang: Wehlistraße 326),
  1020 Wien
- Luftlinie vom Stephansdom: 4,2 km Ostnordost
- 16°25'43" Ost / 48°12'26" Nord

Öffis

- U2 Donaumarina; Bus: 77A;

DIE HAKOAH LEBT

Die Hakoah Wien zählt zu den traditionsreichsten und erfolgreichsten Sportvereinen Österreichs. Von den Nationalsozialisten beinahe ausgelöscht, wurde der Club schon 1945 von Überlebenden wiederaufgebaut. Viele der ehemaligen Spitzensportler sind vergessen.

Damals hieß ich Pick, Annemarie Pick", sagte die alte Dame in London bei einem Zeitungsinterview. Ann Marie Pisker war Meisterschwimmerin und Mitglied bei der Hakoah (hebräisch für „Kraft"). „Österreich war eine Schwimmnation, die Hakoah hatte viele Champions, dazu die tollen Wasserballer. Einmal, ich war noch sehr jung, ist auch Filmstar Johnny Weissmüller in Wien geschwommen. Da war die Aufregung natürlich groß", erzählt sie. Ihr Trainer war der damals sehr bekannte Zsigo Wertheimer: „Ich war in seiner Gruppe, bin mit Judith Deutsch, Ruth Langer, Elli Schmidt und Lucie Goldner geschwommen, auch Hedy Bienenfeld und Fritzi Löwy, die einige Jahre älter waren, waren dabei. Die Hedy hat dann den Wertheimer geheiratet. Als Trainer war er streng, fast cholerisch. Wenn er nicht zufrieden war, hat er unsere Schlapfen ins Wasser geschmissen. Aber es war eine tolle Zeit." Pisker war eine starke Kraulerin, Junioren-Meisterin und holte einige Staffel-Titel: „Ich hab 1935 an der zweiten Makkabiade in Palästina teilgenommen, wir sind mit dem Schiff von Triest nach Haifa gefahren. Und ich war 1937 offizielle Polizei-Meisterin, weil ich in der Donau den Bewerb ‚Quer durch Wien' gewonnen habe. Und ich weiß noch, wie schmutzig damals die Donau war." Mit Hitlers Einmarsch war für Pisker alles vorbei. Sie musste nach England flüchten. Viele Mitglieder des Sportclubs wurden in alle Welt zerstreut, viele wurden ermordet.

Die Hakoah Wien wurde 1909 gegründet, weil schon damals „Arierparagrafen" dafür gesorgt hatten, dass Juden nicht mehr Mitglieder anderer Sportvereine sein durften. Der Wiener Antisemitismus grassierte auch im Schwimmverband: Das mussten Judith

62 DONAUPARK

Donaupark mit Donauturm, wo einst Hunderte Menschen erschossen wurden.
Bild: Gerald Lehner

Reiseziel 1

- Donaupark (ehemaliger Schießplatz, Gedenktafel beim China-Restaurant), Arbeiterstrandbadstraße 122, 1220 Wien
- Luftlinie vom Stephansdom: 5 km Nordost
- 16°25'12" Ost / 48°14'24" Nord

Reiseziel 2

- Isidro-Fabela-Promenade, Donau-City, 1220 Wien
- Luftlinie vom Stephansdom: 4 km Nordost
- 16°24'45" Ost / 48°13'58" Nord

Öffis

- Donaupark: U1 Alte Donau; Bus: 20B;
- Isidro-Fabela-Promenade: U1 Kaisermühlen VIC; Bus: 20B, 92A;

SCHIESSPLATZ DER WEHRMACHT

Neben Eisenbahnern leisteten Wiener Feuerwehrleute besonders hartnäckigen Widerstand. Am 31. Oktober 1944 mussten 600 Männer der Berufsfeuerwehr auf dem riesigen Schießplatz von Kagran antreten. Fünf ihrer Kollegen wurden an Pfähle gebunden. Hermann Plackholm und Johann Zak starben durch ein Hinrichtungskommando der Wehrmacht. Die anderen drei wurden „begnadigt" und ins KZ Mauthausen zurückgebracht. In Kagran erschossen die Machthaber auch zahlreiche Deserteure und Soldaten der Wehrmacht, die Widerstand geleistet hatten. Heute befinden sich hier der Donaupark und der Donauturm mit ihren Vergnügungen – und gleich in der Nähe die Wiener Niederlassung der Vereinten Nationen (UNO). An Hitlers Opfer erinnert nur wenig.

Plackholm und Zak waren Mitbegründer einer Widerstandsgruppe, der rund 100 Wiener Feuerwehrmänner angehörten. 1942 kam ihnen die Gestapo auf die Spur, und ein Jahr später waren 70 Mann verhaftet. Ludwig Ebhart überstand die Folter nicht und verstarb im März 1943. Ein Jahr später gab es einen Schauprozess gegen 50 Wiener Feuerwehrmänner. Josef Schwaiger tötete sich nach dem ersten Verhandlungstag aus Verzweiflung selbst. Gegen Rudolf Haider wurde gesondert verhandelt. Er fasste ein Todesurteil aus und wurde im Wiener Landesgericht hingerichtet. Gegen 48 Mann wurden fünf Todesurteile verhängt, 13 erhielten lebenslängliche, die übrigen langjährige Zuchthausstrafen. Wie viele davon in Konzentrationslagern das Kriegsende erlebten, ist bis heute nicht bekannt.

Die genaue Zahl der insgesamt in Wien-Kagran hingerichteten Menschen ist auch nicht mehr zu eruieren. Es waren Hunderte. Heute gehört der Stadtteil zu den nobleren Gegenden, weil es hier sehr viel Grünland, Badestrände und Sportplätze gibt. Der 800.000 Quadratmeter große Donaupark bedeckt zu großen Teilen den früheren Schießplatz, der 1871 von der Armee des

Promenade bei der Wiener „UNO-City" zur Erinnerung an den mexikanischen Diplomaten Isidro Fabela, der als Einziger beim Völkerbund einen Protest gegen Hitlers „Anschluss" von Österreich einbrachte – im Namen der Regierung Mexikos.
Bild: Gerald Lehner

österreichischen Kaiserreiches eingerichtet worden war. Damals war die Gegend sehr abgelegen, weil es kaum Donaubrücken gab. Heute liegt der Donaupark im Norden und Nordosten Wiens sehr verkehrsgünstig zwischen der Wagramer Straße, der Arbeiterstrandbadstraße und dem Hubertusdamm. Südlich schließen die Donauinsel mit der Neuen Donau und die Copa Cagrana als Naherholungsgebiete an, die mit der U-Bahn auch vom relativ fernen Stadtzentrum schnell zu erreichen sind.

1945 legten die sowjetischen Befreier Österreichs den riesigen Schießplatz still. Die Wiener Stadtverwaltung funktionierte das Areal in der Wirtschaftswunderzeit zur riesigen Mülldeponie um. Anfang der 1960er-Jahre bekam Wien den Zuschlag für die Internationale Gartenschau 1964. Man brauchte dafür riesige Flächen, und in Kagran wurde nun umgeplant und gebaut. Zusammen mit dem Gelände für die Gartenschau entstanden auf dem ehemaligen Schießplatz von Hitlers Wehrmacht der heutige Donaupark und gleich daneben der 252 Meter hohe Donauturm. Beide wurden am 16. April 1964 eröffnet. Die braune Regionalgeschichte geriet – von einigen unauffälligen Gedenktafeln abgesehen – fast in Vergessenheit. Seit 1984 gibt es unweit des heutigen China-Restaurants im Donaupark eine Gedenktafel für die ermordeten Feuerwehrmänner, die jedoch schwer zu finden ist. Wer heute Passanten fragt, erntet zu diesem Thema großteils Schulterzucken, fragende Blicke oder angriffslustige Statements – man müsse endlich einen „Schlussstrich" ziehen.

Gegensätze in Kagran: Von den Nazis zur UNO

Zu Fuß oder mit dem Fahrrad sind es vom ehemaligen Schießplatz der Nazi-Armee in Wien nur wenige Minuten bis zum Vienna International Centre (VIC), wie die Wiener „UNO-City" offiziell heißt. Hier stehen seit Anfang der 1970er-Jahre riesige Bürotürume und Konferenzzentren, in denen folgende Abteilungen der Vereinten Nationen auf exterritorialem Boden untergebracht sind: UNODC (Drogenkontrolle und Verbrechensverhütung), UNIDO (Industrielle Entwicklung), OOSA (Weltraumfragen), UNCITRAL (Internationales Handelsrecht), UNODA (Abrüstungsfragen) und Teile des UNHCR (Flüchtlingshochkommissariat). Dazu kommen in den riesigen Gebäuden von Wien-Kagran außerhalb der UNO-Struktur weitere internationale Organisationen: IAEO (Internationale Atomenergie-Organisation), CTBTO (Verbot von Nuklearversuchen), IKSD (Schutz der Donau).

1938: Nur Mexiko hilft Österreich gegen Hitler

Im öffentlich zugänglichen Bereich kann man eines mutigen Mannes aus Mittelamerika gedenken, der Österreich in schweren Zeiten unbeirrt beistand: Bei der U-Bahn-Station des Vienna International Centre gibt es die Isidro-Fabela-Promenade. Der 1882 geborene Isidro Fabela war Diplomat Mexikos beim früheren Völkerbund, dem Vorgänger der UNO. Er legte am 19. März 1938 (gut eine Woche nach Hitlers „Anschluss" von Österreich an Nazideutschland) beim Völkerbund offiziellen Protest ein. Während die freien Westmächte und die Sowjetunion tatenlos zusahen, blieb Mexiko der einzige Staat, der Österreich zu helfen versuchte. Fabela starb 1964 in Cuernavaca. Er war Jurist, Politiker und Schriftsteller. Von 1946 bis 1952 gehörte er als Richter dem Internationalen Gerichtshof gegen Nazi-Verbrecher an. (leh)

Literaturtipps

Herbert Exenberger, Heinz Arnberger: Gedenken und Mahnen in Wien 1934–1945. Wien 1998

Fabela (Alfaro), Isidro. In: Mexican Political Biographies. 1935–1993. Austin 1995

Franz Loidl: Makabres Gedenken rund um die Kagraner Erschießungsstätte. In: Miscellanea – Reihe der Wiener Katholischen Akademie. Reihe 3. Wien 1987

Webtipps

dasrotewien.at – Stichwortsuche: Donaustadt
donauturm.at
kulturverein-donaustadt.at

PERSONENREGISTER

I

J

K

R

S

Die *Im-Schatten*-Reihe im Czernin Verlag

In Salzburg ist die Gegenwart – fast unsichtbar und doch immer spürbar – mit Abgründen der nationalsozialistischen Vergangenheit verbunden. Auf engstem Raum sind Hitlers und Himmlers Machtzentren mit den Schicksalen heimischer Widerständler verknüpft – Gegensätze, die dieser Reiseführer erstmals begehbar macht.

Im Schatten von Mozartkugeln und prachtvollen Bergen findet man in der Region Salzburg besonders viele „braune Flecken" der Vergangenheit. Auf dem Obersalzberg befand sich Hitlers globale Machtzentrale. Der Massenmörder Heinrich Himmler lebte in jener Villa, die der Familie Trapp geraubt worden war. Nördlich von Salzburg liegt Hitlers Geburtsstadt Braunau. Im Salzburger „Haus der Natur" frönten Wissenschaftler dem Rassenwahn und der Tibet-Esoterik. Auf der anderen Seite kämpfte die couragierte Ordensschwester Anna Bertha Königsegg gegen die NS-Euthanasie. Es wundert nicht, dass Salzburg niemanden kaltließ und -lässt.

„Das Buch gehört ins Handgepäck eines jeden Festspielbesuchers."
taz

Fotos: Stadtarchiv Salzburg/Privatarchiv Franz Krieger

Die *Im-Schatten*-Reihe im Czernin Verlag

Das vielfältige und prachtvolle Bundesland Oberösterreich war Hitlers Heimat. Der verstoßene Dichter Carl Zuckmayer nannte das Innviertel „Hitlers Bruthecke" – und rückblickend mutet es unheimlich an, wie eng in Oberösterreich die Schicksale von NS-Verbrechern wie Eichmann und Kaltenbrunner mit jenen der Vertriebenen, der KZ-Häftlinge in Mauthausen und seinen Nebenlagern oder der Widerstandskämpfer verbunden sind.

Hitler hatte große Pläne für seinen „Heimatgau": Industrialisierung im Dienste der Kriegswirtschaft und auf Kosten Zehntausender KZ-Häftlinge und Zwangsarbeiter, ein „judenfreies" Land für Nazibonzen und Linz als neue Kulturmetropole. In Sichtweite des Konzentrationslagers von Mauthausen rauchten bei Linz die Hochöfen der „Hermann-Göring-Werke", der späteren VOEST. Auf der anderen Seite leisteten Regimegegner in organisierten Gruppen im Salzkammergut, im Mühlviertel und den Industriestädten Widerstand. Doch die Verdienste der mutigen Männer und Frauen gerieten im Nachkriegsösterreich schnell in Vergessenheit, ebenso wie die NS-Zeit.

„Eine beklemmende tour de force … sicher kein Baedeker für Nazi-Tourismus."
Kleine Zeitung

Foto: Stadtarchiv Linz

Susanne Rolinek
Gerald Lehner
Christian Strasser

IM SCHATTEN VON HITLERS HEIMAT
Reiseführer durch die braune Topografie von Oberösterreich

300 Seiten
Klappenbroschur
Durchgehend farbig, mit zahlreichen Abbildungen
11,5 x 19 cm

978-3-7076-0315-6
€ 19,80